FinTech：
中小银行数字化变革新驱动

范大路　冯国鑫　著

中国金融出版社

责任编辑：陈　翎
责任校对：李俊英
责任印制：陈晓川

图书在版编目（CIP）数据

FinTech：中小银行数字化变革新驱动／范大路，冯国鑫著．—北京：中国金融出版社，2019.12
ISBN 978 - 7 - 5220 - 0340 - 5

Ⅰ.①中…　Ⅱ.①范…　②冯…　Ⅲ.①中小企业—商业银行—银行发展—研究—中国　Ⅳ.①F832.33

中国版本图书馆 CIP 数据核字（2019）第 248732 号

FinTech：中小银行数字化变革新驱动
FinTech：Zhong - xiao Yinhang Shuzihua Biange Xinqudong

出版
发行　**中国金融出版社**

社址　北京市丰台区益泽路 2 号
市场开发部　（010）63266347，63805472，63439533（传真）
网 上 书 店　http：//www.chinafph.com
　　　　　　　（010）63286832，63365686（传真）
读者服务部　（010）66070833，62568380
邮编　100071
经销　新华书店
印刷　北京市松源印刷有限公司
尺寸　169 毫米 × 239 毫米
印张　22.25
字数　330 千
版次　2019 年 12 月第 1 版
印次　2019 年 12 月第 1 次印刷
定价　58.00 元
ISBN 978 - 7 - 5220 - 0340 - 5
如出现印装错误本社负责调换　联系电话(010)63263947

序言一

伟大的时代产生伟大的作品。大数据、云计算、区块链、人工智能等技术的发展及其与金融的深度融合，推动着金融科技时代的来临。金融科技不仅包括技术层面的含义，而且还包括应用新技术、新管理创造的新模式、新流程与新业务等。金融科技在打通多元化渠道、推动场景应用、加强跨界联合与完善风控等方面的优势不断显现，日益成为银行解决实体经济"痛点"和顺势推进自身转型的关键要素。中小商业银行囿于品牌效应、资产规模、业务资质等内外部资源的约束，在面向金融科技重塑金融服务模式与金融业生态格局的背景下，面临着日益严峻的冲击与挑战。但中小商业银行不会消失，中小商业银行厚植区域优势，深耕本土，机制灵活，善于借力。它们通过技术追随、模仿与突破性创新，形成金融科技赋能，为其全面转型升级提供核心驱动力。本书展示了中小商业银行进行时与未来时的样式，从金融科技的框架开拓性分析和前瞻性思考中小商业银行迈向未来的发展态势。

经济形势、监管形势、技术形势变化的相互叠加，推动着中小商业银行开启数字化转型。全球经济复苏的不确定性及国内经济的下行压力，过剩产能加剧实体经济风险向金融领域传递。在此背景下，供给侧结构性改革以及金融严监管加速金融回归实体经济，而金融科技为金融解决实体经济发展"痛点"提供了新的技术手段，驱动金融支持方式的变革，即金融在服务实体经济的方式上不同于以往，诸如支付、结算、融资等在表现形式上都发生了极大的变化。这种改变得以实现的深层次原因是，大数据、云计算、区块链、人工智能等技术与金融在功能上是耦合的，这种天然的耦合推动科技和金融的融合，从而催生了新金融业态。因此，对发展契机的把握有利于中小商业银行发挥后发优势，实现跨越式发展。

多元化的理论视角，印证了中小商业银行转型的内在逻辑。从价值链理论看，中小商业银行内外部价值链的变化，带动价值创造方式的变化，匹配产业升级的高端金融需求带动中小商业银行从金融中介向服务中介高端价值链跃升。从第一性原理看，中小商业银行以用户为中心对业务流程、运营模式、风控管理等进行变革，增强用户体验，进而转变价值创造方式，深挖用户价值贡献。从制度金融学理论看，我国银行业变革是在交易成本作用下，强制性变迁与诱发性变迁结合的结果，即从商业化改革、市场化改革到现在的数字化转型，其根本逻辑均在于内在化收益与外在化成本的比较下，多重博弈力量共同演化。因此，在金融科技赋能的框架下，中小商业银行只有把握核心能力，联合外部资源与力量，强化组织柔性，变革运营管理，创新风控模式，才能有效驱动中小商业银行的价值跃升。

中小商业银行在数字化转型方面进行了积极的探索，比如渠道创新、平台建设、生态化场景改革等，但仍存在一些困境，阻滞中小商业银行金融科技的发展。长期大量投资与短期速赢战略之间的矛盾、内部数据资源封闭与外部开放合作诉求之间的冲突、偏重外部资源开发与轻视内部资源积累之间的缺口，都阻碍了中小商业银行的转型。中小商业银行需要寻找最小阻力之路，即结合区域优势与特色，探索差异化转型模式，为中小商业银行转型蓄势赋能。

中小商业银行定位及其转型策略是迈向未来的关键。中小商业银行定位决定了其发展的境界与高度。中小商业银行关注区域优势、资源优势与能力优势等，立足自身特点，加强对外合作，打造核心技术能力，即进一步提升信息化水平，加强业务集中处理能力，实现规模化、标准化的作业模式，最终达到经营管理的全面集中和集约，有效降低生产运营成本，控制经营风险。同时，持续进行数据平台建设，将银行内部各管理系统按照统一的信息技术架构全部整合到一个系统管理平台，实现各系统互联互通，实现数据集中、整合、共享、挖掘，提升业务管理水平和风险管理水平。但不同中小商业银行具有异质性的要素禀赋，其转型所蕴含的意义在于，不能完全照搬同业经验，需另辟蹊径，开创别具一格的转型路径。

总之，本书基于金融科技的分析框架，从中小商业银行面临的经济、技术与监管环境出发，分析了中小商业银行未来发展的方向，提出了金融科技框架下中小商业银行未来发展转型策略和路径，这不仅对中小商业银行转型发展具有重要的理论指导意义，更具有极大的政策价值。在金融深化改革的背景下，中小商业银行需要厘清自身优势，锻造核心技术能力，借助外部力量，整合内外部资源，创新价值创造方式，加快发展。期待本书的出版能为我国中小商业银行转型发展贡献力量，也希望更多的研究者、从业者为中小商业银行未来发展提供支持。

徐诺金

2019.8.26

序 言 二

近年来，科技与金融发展已从分立颠覆走向协同共赢。一方面，在科技力量的支持下，金融衍生出新的业态与模式，推动金融服务提质增效；另一方面，金融促使科技成果从后端技术转移至前端展业。在金融与科技相互交织、相互融合的作用下，金融科技迅速发展，正在重构着金融的方方面面。面对金融科技发展带来的颠覆性变革，银行纷纷加快转型步伐，将发展金融科技列为重要战略，在更高起点上推动银行金融科技转型的进程。正当我们遐想银行金融科技发展路径之时，作者在本书中为我们呈现了中小商业银行未来的模样。"从技术视角看，未来银行是基于人工智能等技术，随时随地提供无感知金融服务的银行；从组织视角看，未来银行是基于第一性原理，快速响应客户需求与迅速迭代产品服务的敏捷化银行；从模式来看，未来银行是基于数据驱动的数字化银行、虚拟银行与开放银行；从价值链视角看，未来银行是推进工业4.0与创新驱动发展的方案银行"。总之，未来银行将无处不在，"所想、所闻、所见即所得"将不再遥远。这令中小商业银行心驰神往，且信心满满。

中小商业银行开始以更加包容的理念和更加开放的心态，制定金融科技发展战略，加大科技资源整合，发挥后发优势。21世纪以来，人工智能、区块链、云计算、大数据、生物识别等技术的发展，推动其账户、支付、融资、风控、数据等原有业务的重塑和核心能力重构。但金融科技远不止于此，未来将采用的5G、AR、VR、量子计算等，使银行通过机器学习、智能应用、智慧洞察，构建金融大脑，以及借助场景赋能、科技赋能、平台赋能、生态赋能，颠覆传统的风控模式，优化产品定价策略和创新金融服务，驱动商业模式的颠覆式创新，改变金融服务的供给方式。在金融科技赋能下，中小商业银行通过引入合作伙伴、创新服务渠道入口以及注重服务渠道协同发展等方式，正在从单一的产品与服务向综合价值创造者的角色转变，让银行可以更好地理解客户，从而无感知地为客户提供金融服务，最大限度挖掘客户价值。

中小商业银行从金融科技的追随者正在嬗变为引领者。中小商业银行囿于资产规模、技术储备、品牌价值等方面的不足，一直是信息技术最为积极的运用者与追随者。但随着技术的非线性发展以及网络化创新方式的变革，越来越多的技术突破从机制灵活的中小商业银行出现，成为行业先进技术的引领者。在示范效应、溢出效应等影响下，中小商业银行致力于产品服务的现代化、多元化、专业化甚至智能化，将自身打造成一种价值系统的整合者。正如作者所言，"未来，以数据和连接为核心的智能化技术正在引领银行未来的变革方向"。可以预见，那些拥有海量数据资产或具备智能化技术的中小商业银行将成为行业的佼佼者。

前途光明，但道路险阻。中小商业银行转型面临着战略之困、创新发展之困以及运营改革之困等。中小商业银行在经营理念、组织管理、创新文化等方面与大型银行等不同，这决定着中小商业银行的金融科技创新路径不能完全复制成功者的经验，而是根据自身业务发展需要，确定重点方向和内容，做到"有所为和有所不为"。正如书中所言"中小商业银行应依据差异化定位，结合区域优势，寻找金融科技发展的方向，扎实人才、技术、制度基础，加快与金融科技的融合，推动中小商业银行转型与变革，实现差异化突围"。

未来全球银行增长点在于金融科技。中小商业银行业未来的发展将取决于金融科技已成为银行竞争发展的新维度，未来好银行须以金融科技实现"基因再造"，即通过洞察客户需求，借助先进分析和数字技术的力量，融入客户的日常财务管理与生活中，锻造差异化的竞争力。作者基于深厚的理论功底与实践经验，以前瞻性的思维、清晰的逻辑和准确的预见性，分析了中小商业银行转型必然、逻辑、困境与路径等问题，给中小商业银行发展带来更深层次的启发。本书也为中小商业银行依据金融科技迈向未来发展，提供了可操作性的指导。中小商业银行需要重新审视其运行机制和流程，结合自身特色进行前瞻布局，为获取新一轮竞争优势赢得主动。希望本书的出版可以为中小商业银行金融科技创新发展及其转型带来更多启发，使中小商业银行能够把握机遇，解放思想，勇于创新，推动金融科技更好地服务社会。这是个"最好的时代，同时也是个最坏的时代"，中小商业银行只有"苟日新、日日新"才能更好地驱动中小商业银行持续转型发展。

2019. 9. 29

目 录

第一篇
新时代驱动中小银行转型再出发

第1章 新经济，催生金融需求与服务模式的变革

党的十八大以来，全球经济形势发生了深刻变化。从国际看，世界经济处在危机后的深度调整期，外部经济环境面临诸多不确定性，地缘政治等非经济因素影响加大；从国内看，过去支撑经济高速增长的要素条件和市场环境发生明显改变，经济潜在增长率趋于下行，趋势性、阶段性、周期性矛盾相互交织。面对新的更加复杂的经济环境及其发展态势，金融发展呈现出分化趋势，中小商业银行依据经济形势，对经营策略、资源配置策略、运营模式等做出调整，以适应创新驱动、工业4.0时代对金融的需求，把握新经济发展机遇，以新理念指导新实践，以新战略谋求新发展，为中小商业银行迈向未来提供发展空间、业务机遇，以塑造其核心竞争能力，为正处于创新进程中的实体经济提供更好的金融服务。

1.1 国际国内经济变化，驱动金融转型新方向

当前国内外经济形势发生了重大变化，全球经济复苏态势分化，中美经贸摩擦持续以及国内经济增速换挡与结构调整等叠加，给金融运行带来了新问题和新挑战。在此背景下，忽视环境变化和延续传统发展模式的金融机构风险多发。中小银行依据经济发展态势对经营策略做出调整，顺势转变产品与服务的供给方式，开拓新的发展空间。因此，金融分化趋势，需要中小商业银行准确判断当前的基本经济形势，创新发展思路，锚定未来金融发展需

求，强化核心能力，迈向未来，实现跨越转型发展。

1.1.1 全球经济环境错综复杂

2019 年，国际经济环境复杂严峻，阻碍经济复苏的不确定性因素依然不少。美欧经济增速放缓，而新兴经济体经济复苏面临更多的困难，全球贸易扩张的力量有所减弱，中美经贸摩擦持续，全球跨国贸易和投资放缓。整体来看，全球经济复苏，仍面临着全球供应链调整的不确定性，全球贸易的不确定性以及英国脱欧后政治不确定性。这些问题的解决，依赖于全球治理机制的完善和世界主要经济体的共同努力。

一是全球供应链布局的整体性调整面临的较大不确定性。全球化浪潮下，国际分工由传统的产业间分工向产业内分工转变，供应链、产业链、价值链相互交织与融合，形成全球范围内的有序互动。但美国政府提出"美国优先"的口号，重返制造业，以期提振就业，这将深刻影响全球产业链布局的调整。美国制造业调整政策通过影响国内企业家以及全球 FDI 的投资热情、意向以及预期，在产业布局上从微笑曲线两端逐渐向中间区域扩展，从而对全球供应链形成较大的影响和冲击，各国为应对全球供应链的变化，为防止技术的空心化，调整自身的供应链。

二是世界贸易进展面临的不确定性。贸易规则的改变，对世界贸易格局带来了深刻的影响，对世界贸易稳定发展形成了负面影响。美国挑起的全球贸易战，提出的"非市场经济国家"的"毒丸"条款，破坏了全球贸易秩序，恶化了全球贸易环境。另外，贸易规则运行不畅，给世界贸易发展带来负面影响。当前世界贸易组织仲裁机构仅有三名法官，并且美国对世界贸易组织法官的增补进行干涉，导致世界贸易组织仲裁机构运行不畅。而且，运行规则不能保障有效实施，这会导致全球贸易难以继续保持比较稳定的增长。

三是英国"脱欧"后的地缘政治不确定性。全球经济发展的不确定性，加剧了美国利率政策的不确定性，并由此导致国际金融市场的巨幅波动，这也加大了各国经济政策的不确定性。日益紧密的全球经济，任何的经济或政策波动，都会给金融带来较大的影响，给金融发展带来较大的挑战，即经营环境不确定性更加明显，变化更加频繁，且不同市场之间的连锁反应会更加剧烈。

1.1.2　国内经济发展稳健向好

国内宏观经济总量呈现稳定增长，经济结构日益优化。而且，在供给侧结构性改革的框架下，经济发展质量正在逐步提升，宏观经济发展形势向好。

1. 宏观经济稳固筑底

我国 2018 年国内生产总值（GDP）达到 90 万亿元，同比增长 6.6%。分季度看，第一、二、三、四季度的 GDP 同比分别增长 6.8%、6.7%、6.5% 和 6.4%。虽然各季度同比有所下降，但下降空间不大，宏观经济稳固筑底。分产业看，第一、二、三产业增加值同比分别增长 3.5%、5.8% 和 7.6%。第三产业较快增长说明宏观经济增长动能在转换，高端现代服务业的发展带动经济转型以及拉动第二产业的升级，为我国高端切入全球价值链提供支撑。

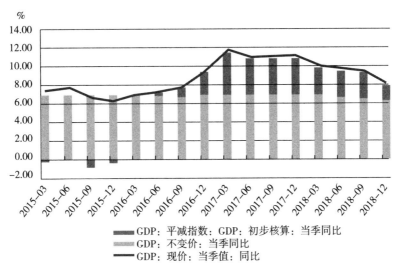

数据来源：Wind。

图 1-1　我国 GDP 增长情况

经济筑底、动能转换、发展变革凸显了供给侧结构性改革的政策效果。同时在金融供给侧结构性改革和金融严监管背景下，推进金融回归实体经济，加快支撑科技企业发展等，落实与创新驱动相适应的金融体制，全面推进

"中国制造2025"以及推进经济的高质量发展。在经济、财政、金融等政策的共同作用下，加快对产业政策的优化调整，培育全球产业竞争核心优势，提升经济发展质量。经济结构、产业结构、金融结构的协调发展，正使我国经济迈向"新平衡"。

2. 产业结构持续优化

第三产业发展情况反映了产业结构升级的整体状况。2018年我国第三产业增加值达到46.9万亿元，同比增加7.6%。第三产业同比增速高于GDP的同比增速1个百分点，这表明第三产业在经济发展中持续发挥引领作用。第二产业增加值虽然同比仅增长5.8%，且环比下降0.1个百分点，但制造业正在蓄势待发，更加注重发展质量，为产业升级提供动能支持。第一产业增加值同比增长3.5%，环比下降0.5个百分点。

产业贡献率和对经济的拉动率同样印证了第三产业对经济的拉动作用正在加大。2018年，第三产业对GDP增长的贡献率、拉动率分别为60.1%和4%，超过了其他产业的贡献率和拉动率，对经济增长的驱动作用日益巩固。这也可以从2018年全国服务业生产指数同比增长7.7%中得到印证。其中，信息传输、软件和信息技术服务业，同比增长37%，而租赁和商务服务业也有较快增长，达到10%。除此之外，铁路运输业、电信广播电视和卫星传输服务、货币金融服务、保险业和其他金融业等行业商务活动指数均位于较高景气区间。生产性服务业的发展给制造业的升级带来新的机遇。随着服务业的发展，尤其是生产性服务业的发展，将带动产业的转型升级。

随着互联网信息技术的发展以及人工智能技术的进步，我国加快了产业智能化改造速度。高端制造业、新能源、新材料、电子信息等战略性新兴产业呈现出较快发展。其中，高技术制造业、装备制造业、新能源汽车、生物基化学纤维、锂离子电池和集成电路产业增加值同比增长5.5%、1.9%、40.1%、23.5%和9.7%。产业的高端化带动产业链联动跃迁，提升了产业整体的发展质量。

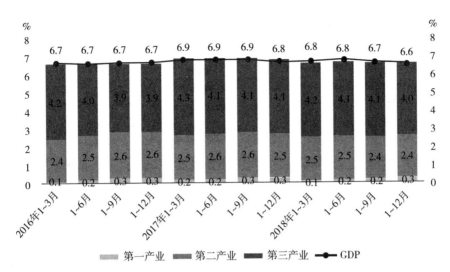

数据来源：国家统计局。

图 1 – 2 我国历年 GDP 实际增速及历年三次产业拉动作用

3. 经济增长动力转换

经济增长动力的深入调整，带动经济发展动能转换。2018 年，消费成为推动经济增长的重要力量。虽然进出口贸易作用在减弱以及投资力量在放缓，但内部增长动力在快速调整和转换，正在为高质量发展模式切换积蓄力量。

（1）消费成为经济发展主要动力

随着我国消费支出在 GDP 中的占比逐年增加，消费对经济的拉动作用逐渐增强。2018 年社会消费品零售总额达到 38 万亿元，同比增加了 9%，实现了快速增长。消费快速发展反映了我国扩大内需政策的效果日益显现。2014—2018 年我国最终消费支出对经济增长贡献率分别为 47%、49%、60%、65% 和 59%，且高于投资对经济增长的贡献率，表明消费对经济的拉动作用日益增强和稳固。

2018 年，全国居民人均消费支出同比名义增长 8.4%，扣除物价等因素外，实际同比增长 6.2%。其中，城镇居民人均消费支出名义增长 6.8%，扣除物价等因素外，实际增长 4.6%。农村居民人均消费支出名义增长 10.7%，扣除物价等因素外，实际同比增长 8.4%。农村居民人均消费支出的快速增长体现了政策对乡村振兴的支持，以大量的农村投资带动农村的繁荣发展。城市居民与农村居民增速的同步共振，带动供给侧结构性改革，加快产业结构调整和过剩产能出清。不仅升级类商品销售加快，市场供给方式也在不断创新。商务部统计数据显示，2018 年，全国网上零售额达到 9 万亿元，其中，实物商品网上零售额 7 万亿元，同比增长 25%，这表明在规模实现增长的同时，线上线下融合、业态模式创新、质量服务提升等新消费动能正在加速形成。

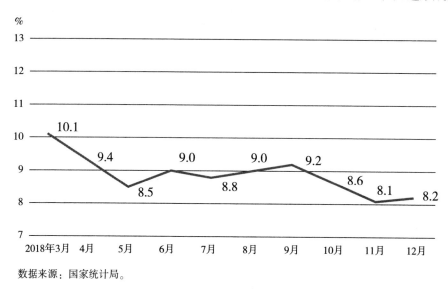

数据来源：国家统计局。

图 1 - 3　我国社会消费品零售总额分月同比增长速度

（2）投资结构不断优化

从三大类投资来看，基建投资增速显著放缓，2018 年全年基建投资（不含电力）同比增长 3.8%，大幅低于 2017 年 19% 的增速，而房地产和制造业投资增速则有所加快。2018 年，房地产投资累计同比增长 9.5%，增速较 2017 年同期加快 2.5 个百分点。年内新开工面积累计同比增长 17.2%，增速较 2017 年提高 10.2 个百分点。2018 年，商品房销售面积和销售额同比增速分别为 1.3% 和 12.2%，较 2017 年有所下滑，市场情绪转冷带动第四季度投资趋缓。

分地区看，2018 年中部地区投资最高，东部次之，西部最低。其中，东中西部地区投资同比分别增长 5.7%、10% 和 4.7%，这表明中部正在崛起。

分产业看，第一、二、三产业投资额分别增长 13%、6% 和 9%，同比分别增加了 1.1 个、3 个和 4.7 个百分点。第二产业的投资通过提质增效淘汰过剩产能，加快区域优势产能的形成和发展，增强地方"去产能"的积极性和效果。其中，专用设备、计算机、通信和其他电子设备等高新制造业投资保持快速增长，投资结构正呈现出优化发展态势，这进一步增强了发展动能。

分类型看，民间投资加快。2018 年各项企业减负政策增强了民营企业家的投资信心，并且营商环境有了较大的改善，从而带动民间投资较快增长。

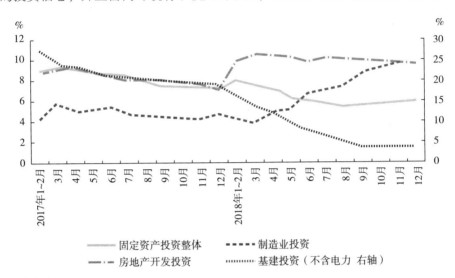

数据来源：Wind。

图 1 - 4　固定资产及三类主要投资增速（累计同比名义增速）

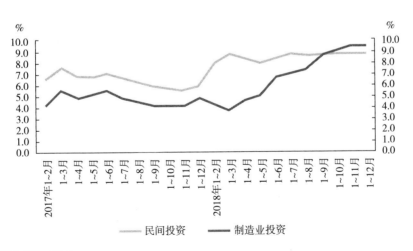

数据来源：Wind。

图 1 - 5　民间固定资产投资及制造业投资累计同比名义增速

（3）进出口稳健增长

2018年，我国进出口发展呈现出整体发展平稳态势。其中，进出口总额为30万亿元，同比增长9.7%。其中，出口总额16万亿元，同比增长7.1%，进口总额14万亿元，同比增长13%。进出口贸易呈现出贸易伙伴增多、进出口稳步增长、出口质量提升以及民营企业出口增加等特点。

开展对外贸易的企业主体增多，2018年参与进出口企业增加到47万家，这表明我国进出口贸易的活力持续增强，质量上升，企业的全球市场竞争力有所增强。

对外贸易的伙伴增多。随着"一带一路"的深入推进，国际市场得到进一步拓展。我国与"一带一路"沿线国家、拉美、非洲进出口增速分别高于进出口平均贸易增速的3.6个、6个和6.7个百分点。

进出口贸易增长动力增强。2018年我国进出口数量指数分别为106.4和103.6，并且进出口数量对进出口的贡献率都超过了50%，可以看出，对外贸易进出口增长动力在持续增强。

进出口贸易质量不断优化。一些高附加值产品呈现出较快的出口增长势头，比如手机出口同比增长10%，加工机床出口同比增长19%，汽车出口同比增长8%。同时，一些关键设备和零部件产品的进口也出现了快速增长，比如集成电路进口同比增长17%。

民营企业对进出口的贡献超过一半。2018年，我国民营企业进出口额高达12万亿元，同比增长13%。其中出口额为7.9万亿元，同比增长10%，进口4.1万亿元，同比增长18%。由此可见，民营企业对进出口的拉动作用增长强劲。

当前国内经济长期稳中向好的发展势头没有改变，中央围绕稳外资、稳对外贸易，出台了一系列政策措施，其效果正在逐步显现，为对外贸易持续良好发展提供了坚实的政策基础。

1.1.3　中小银行发展方向变革

国内外经济形势的变化，给中小银行发展带来了新的压力与挑战，顺应经济形势快速调整经营策略、运营模式的银行获得了新的发展机遇，调整了资产负债结构，稳步降低了不良率，重塑了核心竞争力。一些反应迟缓的中小银行则陷入了"发展陷阱"。在此背景下，金融发展呈现出分化趋势。面向创新时代、工业 4.0 时代，中小银行能从区域优势中发现新机遇，成为中小银行突出重围、绕开陷阱、实现转型的必然选择。经济增长要素、驱动力与产业结构的变换，进一步改变了金融的发展方式及其产品服务供给方式，中小银行关注产业金融、消费金融和零售金融等领域，以此把握发展新机遇，在金融分化变革中，赢得未来发展先机。

1. 产业金融

劳动过剩、资本过剩导致的产能过剩，进一步向金融领域传导，推动银行不良率高企。银行亟待转型发展。产业金融正好符合银行转型的方向。产业金融是指依托并着重服务于实体经济发展的金融活动的总称。产业金融通过市场来实现金融体系对产业发展的支持。

产业发展主体多元化特征，使不同产业类型的企业对金融需求差别显著，因而需要调整金融结构，以适应产业发展中多层次的金融需求。中小银行厚植区域优势，对不同地区的产业极其熟悉，可以更好地对接产业不同类型的金融需求。

一方面，随着分工的精细化，企业之间的分工协作日益深入，围绕核心企业的供应链呈现出联系日益紧密等特征。核心企业的引领作用和集聚效应更加明显。依托供应链的融资支持催生新的金融需求。中小银行依托紧密联系的核心企业，推进供应链融资，为中小企业提供持续的融资支持和金融服务，加快金融资源的优化，为改善我国经济结构提供支持。

另一方面，形成与创新驱动相适应的金融体系，才能更好支撑战略性新兴产业的发展。这需要中小银行深入了解区域核心需求，为培育战略性新兴产业，增强国家的核心竞争实力提供支持。

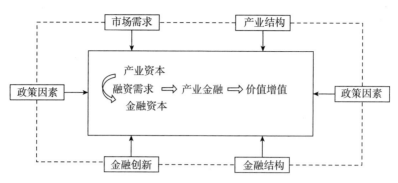

资料来源：《制度金融与金融创新应用分析》。

图 1-6　产业金融运作机制

2. 消费金融

消费金融是指银行等金融机构向消费者提供消费贷款的一种服务方式。伴随消费观念、消费习惯的改变及互联网的发展，我国消费金融逐渐释放出巨大潜力。

表 1-1　　　　　　　　　　　　关于促进消费金融的系列文件

时间	事件	相关部门	内容
2018.08	《中国银保监会办公厅关于进一步做好信贷工作提升服务实体经济质效的通知》	银保监会	适应多样化多层次消费需求，创新金融服务方式，满足旅游、教育等升级型消费金融需求
2018.09	《中共中央　国务院关于完善促进消费机制体制　进一步激发居民消费潜力的若干意见》	国务院	顺应居民消费升级趋势，满足基本消费，持续提升传统消费，培育新兴消费，激发潜在消费
2018.09	《完善促进消费体制机制实施方案（2018—2020）》	国务院办公厅	建立健全消费领域信用体系以及其他促进消费的政策

资料来源：根据公开资料整理。

我国消费信贷规模虽然以较快的速度增长，但在信贷总额中占比仍低于发达国家 60% 左右的比重。央行数据显示，2018 年，我国金融机构人民币各项贷款余额 136.3 万亿元，同比增长 13.5%。其中，住户消费性贷款余额 37.8 万亿元，同比增长 20%。随着消费观念的转变以及老龄化社会的来临，消费金融将发挥出更大的作用。

消费金融吸引了银行、消费金融公司以及互联网金融公司参与。随着我国政策加码，如宽松牌照发放等，加大对消费金融发展支持力度，互联网消费金融呈现出快速发展态势。随着消费金融领域的跨界竞争加剧，中小银行围绕消费场景，也加快推进产品和服务创新，加快服务便捷化，提振其发展规模和效益。

3. 零售金融

零售金融是中小银行转型的重要领域。零售金融受经济周期影响小，风险低，但需要精耕细作。发展零售金融必须控制成本和风险，以对公思维扩展小微客户，无法控制成本，以零售思维则无法控制风险。在此背景下，一方面，银行需要关注客户核心诉求，增强客户体验；另一方面，银行转变发展模式和运营方式，通过金融科技手段对当地客户资源深入挖掘，推动银行转型升级。

1.2 经济发展动能转换，深化价值创造新机遇

近年来，我国经济增速出现下滑，过去依靠廉价资本和劳动力、以出口和投资为导向的经济增长模式遭遇瓶颈，我国经济从旧经济向新经济过渡、从高速发展向高质量发展转变，已是大势所趋。党的十九大报告指出，我国经济正处在转变发展方式、优化经济结构、转换增长动力的攻关期，需要深化供给侧结构性改革，培育新增长点，形成新动能。新经济的发展将带动以实体经济服务作为出发点和落脚点的金融业的新变革。这为中小银行的价值创造模式变革带来了新的机遇，从经济发展态势中，把握中小银行盈利点的布局，捕捉新经济带来的历史性机遇，成为中小银行未来发展的重要着力点。

1.2.1 新经济内涵与本质特征

"新经济"最早用于描述 20 世纪 90 年代美国信息产业发展，以及与此相关的高新技术产业。当时对新经济的描述侧重于经济增长重心从传统制造业向服务业转变。不同时期，"新经济"有不同的内涵，并伴随着互联网、大数据、人工智能和实体经济融合，呈现蓬勃发展态势。

1. 新经济内涵

2016 年《政府工作报告》正式提出"新经济"。新经济不仅指互联网、物联网、云计算以及电子商务等新兴服务业和新业态，也包括工业当中的智能制造、大规模的定制化生产等，还涉及第一产业当中有利于推进适度规模经营的家庭农场、股份合作社，农村第一、二、三产业融合发展等。

2. 新经济特征

相对于传统经济而言，新经济具有高成长、轻资产、深融合等特征。新经济发展符合我国经济转型升级方向，这些特征对于优化经济结构、转换增长动能具有重要意义。

（1）高成长

2018 年，以高技术制造业、战略性新兴产业和装备制造业为代表的新经济，其工业增加值分别同比增长 12%、9% 与 8%。增速分别高于规模以上工业 5.5 个、2.7 个和 1.9 个百分点。新能源汽车、生物基化学纤维、锂离子电池和集成电路的产品产量同比增长 40.1%、23.5%、9.7%。2018 年全国服务业生产指数同比增长 7.7%，实现较快发展。其中，信息传输、软件和信息技术服务业，租赁和商务服务业分别增长 37% 和 10%。此外，新兴业务模式和新业态不断发展，保持了良好的发展态势。

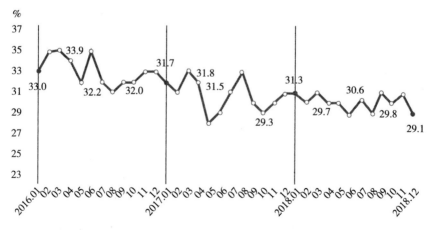

数据来源：财新智库和 BBD（数联铭品）。

注：新经济指数 = 新经济投入占整个经济投入的比重。

图 1-7　中国月度新经济指数

新经济指数覆盖了节能与环保业、新一代信息技术与信息服务产业、生物医药产业、高端装备制造产业、新能源产业、新材料产业、新能源汽车产业、高新技术服务与研发业、金融服务与法律服务、体育文化和娱乐等 10 个类别，超过 140 个行业。

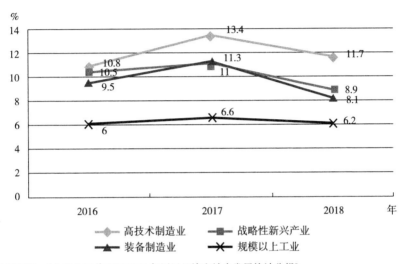

数据来源：《中华人民共和国 2018 年国民经济和社会发展统计公报》。

图 1-8 高技术制造业、战略性新兴产业和装备制造业增加值增速

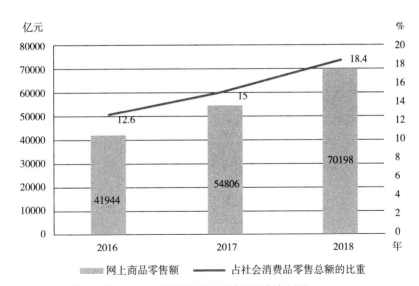

数据来源：《中华人民共和国 2018 年国民经济和社会发展统计公报》。

图 1-9 实物商品网上零售额及比重

（2）轻资产

经济发展从要素、资本驱动向新经济的创新和知识驱动转变。新经济是围绕知识开发与应用为中心的新型发展模式。与之相对应的是，企业核心资产由土地、设备转变为专利、技术、商誉等无形资产。从我国专利数据可以看出，2018 年我国专利申请量为 340 万件，同比增长 17%。国际专利申请量超过 5.5 万件，有效专利 838 万件，每万人发明专利拥有量为 11.5 件。这表明经济发展正在迈向新经济阶段，呈现出更加轻盈的资产结构特征。

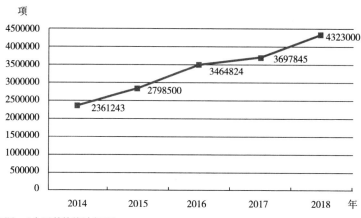

数据来源：《中国科技统计年鉴》。

图 1-10　专利申请受理量

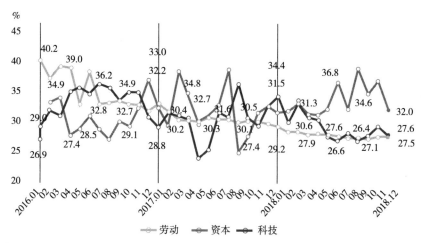

数据来源：财新智库和 BBD（数联铭品）。

图 1-11　NEI 一级指标

（3）深融合

互联网、云计算、大数据、区块链、人工智能等技术的发展及其与实体经济的融合，催生新技术、新业态和新模式，是新经济的又一重要特征。一方面，由于新经济中多产业跨界关联，产业交叉互动，催生出新的产业与模式；另一方面，新经济带动产业之间信息流、资金流、物流交互，带动产业上下游发展，形成新的产业生态。"融合"使传统产业焕发出新的生机，推动制造业迈向价值链高端，推动经济转型与升级。

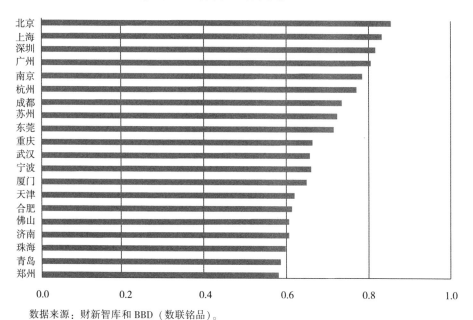

数据来源：财新智库和 BBD（数联铭品）。

注：NEI 二级指标总量平均百分位（2018/06—2018/12）。该排序计算每个投入指标在所有城市中的排序百分位，再将百分位加权平均，体现的是近半年城市间新经济总量排名。

图 1－12　城市新经济总量排名前 20

1.2.2　新经济带来发展新机遇

银行不仅为实体经济服务，还依赖实体经济，并且随着经济模式的转变而转型。经济兴，金融兴；经济强，金融强。金融业价值创造方式因新经济的迅速发展而拥有更多机遇。

首先，"新经济"带来新的金融需求及推动价值创造方式变革。一是带来新的融资需求。发展迅猛的新经济亟须大量的资本投资，即基础设施建设所需要的大量投资以及企业发展带来的融资需求等。二是带来投资银行、资产管理类金融服务需求。主要业务为债券承销、上市辅导、收购兼并、股权激励、产业基金等。由于拥有核心技术的初创企业业务扩张受融资约束等因素的限制，从而产生强烈的借壳发展需求，从而导致收购兼并需求激增；同时并购整合已成为行业优质企业满足其强烈的扩张需求和实现迅速发展的主要方式。三是带来账户服务、支付结算、结售汇等非融资性金融服务需求。开设银行账户既是企业的一个基本运营条件，又是银行挖掘客户、服务企业的开端。与此同时，各种新型经济主体的快速增长给银行的账户增长提供了诸多机遇。

其次，银行价值创造转型得益于"新经济"技术、业态以及模式上的创新。在技术运用上，大数据、云计算、互联网、人工智能等前沿科技成为"新经济"的有力支撑，"新经济"随着技术的进步而拥有强大的自我更新能力，并始终保持其技术的先进性。在业态拓展上，"新经济"不仅为新兴业态积极布局，而且带动传统行业进行转型升级，逐渐打造拥有内生动力的发展生态圈。在模式创新上，"新经济"的推进依托于环境、土地、人力等有限资源的传统经济转型进程，同时落实新发展理念，构建健康可持续的发展模式。当前，金融机构转型依托于"新经济"的发展，例如，大多数金融机构在新型业态背景下，纷纷利用金融科技手段重塑自身组织架构，形成金融服务模式创新，并且成效显著。

最后，国家出台的一系列与"新经济"相关的政策既为银行业务开展创造了优质的政策环境，又加快了"新经济"的发展进程。比如，《2018年国务院政府工作报告》提出，"设立国家融资担保基金，支持优质创新型企业上市融资，将创业投资、天使投资税收优惠政策试点范围扩大到全国"。之后，政府将进一步加强财税和货币政策对"新经济"的支持，通过产业基金、财政补贴、结构性减税、项目支持等手段，为企业的技术创新、上市融资、海外扩张、并购整合提供有力的金融支持。

表 1 – 2   新经济相关政策

优惠项目	优惠对象	文件依据
所得税税率优惠	高新技术企业	《中华人民共和国企业所得税法》《企业所得税优惠政策事项办理办法》
所得税减免优惠	动漫、集成电路企业；技术转让的居民和企业等	《关于软件和集成电路产业企业所得税优惠政策有关问题的通知》《关于集成电路生产企业有关企业所得税政策问题的通知》
加速费用扣除	从事新技术研发或委托境外研发新技术的企业	《关于完善固定资产加速折旧企业所得税政策的通知》《关于提高科技型中小企业研究开发费用税前加计扣除比例有关问题的公告》《关于企业委托境外研究开发费用税前加计扣除有关政策问题的通知》
投资方税收优惠	投资于高新技术企业的创业投资企业和有限合伙企业	《关于有限合伙制创业投资企业法人合伙人企业所得税有关问题的公告》
增值税留抵税额退还	装备制造等先进制造业和研发等现代服务业	《关于 2018 年退还部分行业增值税留抵税额有关税收政策的通知》
增值税即征即退政策	动漫产业、软件产业	《关于软件产品增值税政策的通知》《关于延续动漫产业增值税政策的通知》
视情况减免车船税、车辆购置税与消费税、关税	节能汽车、新能源汽车	《财政部、国家税务总局关于调整和完善消费税政策的通知》《关于免征新能源汽车车辆购置税的公告》《关于节能新能源车船享受车船税优惠政策的通知》
出口退税	机电、文化产业	《关于提高机电文化等产品出口退税率的通知》
免征进口关税和进口环节增值税、消费税	科学研究机构、技术开发机构、学校等单位	《关于"十三五"期间支持科技创新进口税收政策的通知》

资料来源：根据公开资料整理。

═══ 专栏 1 – 1 ═══

新经济带动银行价值创造方式的变革

党的十九大报告提出"树立新发展理念、加快建设创新型国家"的战略目标，创新驱动下的新技术、新产业、新业态的发展变革趋势随之形成，同时以模式和技术创新为核心的"独角兽"企业加快了新兴行业的发展速度。"独角兽"企业作为新经济中的典型代表，为银行业务收入提升带来了机会，许多银行为此类企业量身定做了相应金融服务。

2018年农业银行制定了《"独角兽"企业综合金融服务方案》（以下简称《方案》）。农行通过掌握企业发展规律，有针对性对其服务和产品进行创新，引领自身业务融入新兴发展的需求，为"独角兽"企业提供更加优质的服务。《方案》对"独角兽"企业的概况和划分规律进行了分析，依据主要研究机构发布的"独角兽"企业榜单，对"独角兽"企业的特点进行总结，并参照企业的模式和技术创新中生命周期的各个阶段，将"独角兽"企业分门别类。《方案》明确了"独角兽"企业服务原则与目标。服务原则是"创新引领、差别营销、专属服务、风险可控"。围绕总体原则，对业务创新、服务发展以及风控管理等，构建整体工作目标。在此基础上，根据企业特点及其发展阶段，制定针对性的营销计划以及为这些企业提供定制化的金融服务，为这些企业金融服务提供制度和组织保障。

浦发银行在中概股回归方面作出突出贡献。药明康德的美股私有化对境内外投贷联动需要具有较高的依赖性。浦发银行依托境内外分支机构、浦银国际境外投行平台的支持，实施了"私有化银团+浦银国际境外直接投资"的投贷联动模式，实现了药明康德的美股私有化。随后浦发银行深挖其业务需求，先后帮助药明康德解决了股权构架重组、分拆上市以及提升跨境资金使用效率等问题，而且通过咨询顾问方式实现了药明康德对相关领域的收购，增大了业务规模与竞争实力。

上海银行针对临港科创金融示范区内高端制造、集成电路、生物医药、新材料、航空航天等高端产业以及大数据、云计算、人工智能等技术的发展，通过业务创新，提供全周期的金融服务，加大对"独角兽"企业的支持力度。目前，已形成与一大批"独角兽"企业的合作关系。

资料来源：根据公开资料整理。

═══ **专栏1－2** ═══

交通银行的智慧化转型

新经济时代，大数据、人工智能、云计算等技术的应用改变了传统银行的运营模式，数字化转型成为银行发展的必然趋势。在此背景下，交通银行开启了数字化、智慧化转型之路。通过技术手段，提升服务和管理水平，打造新一代集团信息系统智慧化转型工程。

一是数据整合增强运营水平。交通银行将数据资产提高到非常重要的地位，通过数据分析服务业务，革新价值创造模式。具体地，交通银行通过数据地图技术，对客户消费、投资数据以及浏览信息、交易数据等进行综合分析，精确对接客户的需求；通过客户数据行为分析，对客户进行贷后管理、风险预警以及审计监督等，降低授信用信风险。在运营支持条件下，不断丰富客户服务的场景。

二是跨界整合提升服务水平。交通银行与互联网金融公司、金融科技公司等进行跨界整合，打造"金融＋场景"的生态服务体系，即围绕行业特征深挖客户需求，培育新业务、新模式，全面对接客户需求。比如，交通银行构建了"买单吧"生态平台体系，对接支付、结算服务，融入多元化的消费场景，实现对客户服务水平的提升。

三是整合文化，提升客户体验。交通银行以"有态度""有准度""有温度""有尺度"为原则，向客户传递文化因素，提升客户体验。通过建立健全服务渠道，加强智能化网点建设，应用智能语音技术等，促进智能化服务体系发展，实现可见即可得的金融服务，快速感知客户需求，并迅速实现对接客户需求，增强客户体验感。

资料来源：根据公开资料整理。

1.2.3　深化转型提升价值创造

商业银行在新经济的快速发展背景下迎来了更多的发展机遇。但由于新经济"轻资产、重知识"的特征，导致我国银行融资模式与新经济的融资需求在诸多方面存在不匹配，从而限制了新经济的发展。此外，产业经济、金融环境、技术创新的发展，促使客户的金融和非金融需求与银行落后的服务和组织能力之间的矛盾不断升级，逐渐发展为银行的主要矛盾。因此，银行需要深化转型，围绕新经济的"痛点"，改变价值创造方式，推进银行服务实体经济。

一是新经济多元化融资需求与商业银行以信贷为主的业务模式存在不匹配。新经济企业在新技术、新业态、新模式、新产业等方面的多样性需求决定了金融服务的多层次性，从而对金融服务提出不同的要求。同时，新经济的高知识性和高成长性特征使其更加依赖资本性夹层融资、风险投资、股权投资等融资方式。但当前我国融资模式比较单一，依然是以传统信贷为主，多元化融资能力较弱，产品多以制式化为主，导致对"新经济"企业的适应性较弱。近年来，虽然我国也在尝试新的融资方式，但由于相关制度的限制和政策不够完善或难以落实，使新经济得不到有力支持。比如，股权投资领域与新经济企业融资需求适应度更高，但商业银行难以进入该领域。根据我国银行业相关法律规定，一般情况下，银行不能向非银企业进行股权投资。为支持新经济企业的用信需求，银行通过银信合作等方式，规避监管，为新经济提供支持，但这加大了企业的负担，而且也给银行的信用风险管理带来了新的挑战。

二是新经济企业资产的"软"特征与银行注重"硬"资产抵押之间存在着不匹配。传统银行业务模式主要是在假设企业经营趋势不变的条件下，对企业进行信用评级，注重企业土地等硬资产的状况。但新经济企业较多的资产主要集中在知识产权、专利技术方面，无形资产价值较多。而这些知识资产难以得到银行认可，主要原因在于估值的困难。一方面，由于技术的快速发展导致相关技术抵押物资产价值快速贬值，另一方面，《物权法》《担保法》等法律相关规定使技术质押面临合规问题，这导致新经济企业与银行授信之间存在着矛盾。需要银行另辟蹊径，探索支持新经济企业发展的路径。

三是新经济企业融资多元化、差异化与传统银行产品规模化、标准化之间存在着不匹配。与工业化经济相对应的银行，基本依据支持工业化发展的思路，建立规范化的操作模式，形成了规模化、标准化产品与服务模式。而新经济企业发展特点不同于传统企业，其面临较大的技术不确定性，从而风险较大，且融资需求以中长期为主。基于新经济企业的这些特征，应对其准入进行严格控制。

四是新经济企业对融资需求的快速迭代与传统银行创新不足之间存在着不匹配。传统银行固守发展规模、发展速度至上模式，对创新文化认识不足，对组织体系改革滞后，对产品与服务革新推进不力。传统银行观念保守，难以容忍创新失败，力图避免试错成本等限制创新能力发展。由于对抵押物过于重视，导致其接受新事物、新模式的速度较慢，与新经济企业不断更新的需求之间形成了较大鸿沟。传统银行同质化竞争问题严重，传统银行业务类型相似，资产负债结构相近，管理粗放，风控技术水平不高，组织惰性日益固化，针对市场需求快速产品开发能力不足，内部组织之间相互分割，对客户需求响应不足，这制约了银行对新经济企业发展的支持力度。

五是新经济企业的融资风险与传统银行现有风控能力之间存在着不匹配。新经济的企业大都以技术创新为核心，由于技术更新的速度日益变快，技术的不确定性较大，从而面临较大的技术风险，特别是基于互联网平台的生态圈建设和商业模式创新风险，跨行业、跨文化的资源整合风险，依靠资本市场的市值管理和股权投资风险，不确定性的政策风险等，这些风险具有明显的交互性和叠加性，从而需要银行在支持新经济企业金融需求中提升自身的风控技术和风控能力。

专栏 1-3

工商银行金融服务模式探索与变革

新经济背景下，工商银行积极探索新的业务模式，推进产品、组织、风控等方面的创新。工商银行率先打造了工银"融 e 联"垂直社交金融服务平台。"融 e 联"战略目标是建立银行与客户、客户与客户、银行间的即时信息沟通平台，逐步实现信息沟通、大数据汇聚、移动金融服务的功能。

"融 e 联"逐步完善金融服务功能。一是服务渠道拓展，实现服务方式的突破。"融e联"与工商银行的客服系统实时对接，不仅可以进行业务咨询，还可以与客户经理进行沟通，深入对接客户需求。二是精准营销直达客户，深挖客户价值贡献。"融e联"通过客户行为数据分析，精准对接客户需求，理解客户需要，精准将基金、投资理财、外汇、贵金属等相关的产品信息及市场行情发送给客户，便于客户及时了解信息和进行投资决策等。三是服务便捷，可见即可得。"融e联"平台为客户提供了转账汇款、购买投资理财产品、服务充值、电子工资单及账户信息查询等服务。同时，"融e联"平台还融合了网络购物等功能。四是安全防范能力提升。"融e联"对客户直接发送的信息提醒等，从技术上来说更加安全，保障客户的资金安全。

资料来源：根据公开资料整理。

1.3 实体经济转型升级，催生金融服务新变革

国内实体经济的转型升级，带动金融需求与服务模式革新。具体而言，经济增速换挡、提质增效的战略实施，驱动银行围绕"一带一路"倡议，乡村振兴战略、大众创业、万众创新战略等，开展推进业务创新。产业升级催生金融服务模式变革。在此基础上，为适应创新资源的组织方式，不断加快金融服务创新、重塑客户体验，银行加快发展金融科技，以此更好满足经济发展带来的金融需求与服务变革需求。

1.3.1 经济战略引致金融需求

当前我国经济形势面临的基本国情是，产业过剩、资本过剩和金融过剩。在此背景下，国家提出了"一带一路"倡议、"走出去"和"大众创业、万众创新"等战略。其中，"一带一路"倡议推进过剩资本转移，企业"走出去"战略消化过剩产能，"大众创业、万众创新"战略支撑经济转型，成为战略突围的重要基础。这些政策的实施，带来了新的金融需求，为银行服务变革奠定了基础。

1. "一带一路"带来的金融需求

"一带一路"建设项目的投资周期长、规模大，银行应重点满足其投融

资、结算服务等需求。一是满足投融资需求。亚洲开发银行的测算显示，2016—2020 年，亚太地区国家（不包含中国）每年在基础设施上投资的金额大约为 5000 亿美元，而公共部门和私人部门每年仅提供 2000 亿美元的资金，难以满足"一带一路"建设项目投融资需求。二是满足结算的需求。随着"一带一路"沿线各国合作深度和广度的拓展，新产业、新业态、新模式的跨境发展将更加繁荣，多国家、多币种、多业务的跨境合作将更加密切，因而，更加需要高效、便捷的资金清算体系。同时，统一结算货币能够有效规避汇率风险，促进项目投资更加稳定、更加安全。三是满足对金融服务的需求。"一带一路"建设项目的金融服务需求基本实现了对项目运作流程的全覆盖，主要涉及六大领域，即基础设施的投融资需求、贸易融资需求、产业投资需求、发展融资需求、金融市场和服务双向开放等的制度性需求、金融基础设施以及金融政策合作协调的需求。

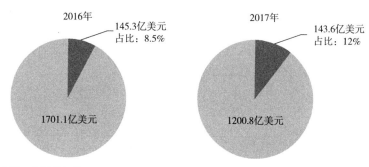

数据来源：中国商务部。

图 1-13　中国对"一带一路"沿线国家的投资占总投资额变化情况

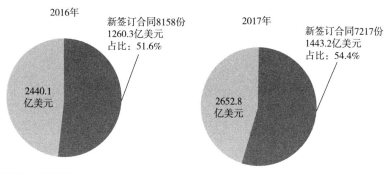

数据来源：中国商务部。

图 1-14　中国对"一带一路"沿线国家新签外包项目占比情况

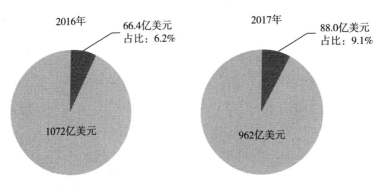

数据来源：中国商务部。

图 1 - 15　中国对"一带一路"沿线国家实施并购占海外并购总额

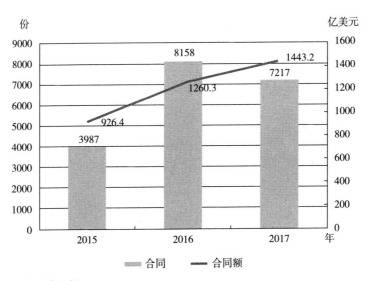

数据来源：中国商务部。

图 1 - 16　2015—2017 年新签对外承包工程项目

随着"一带一路"倡议的实施，银行拥有更多机遇迎接新业务、新市场、新客户。在此背景下，银行需要从交易金融、融资、境外资产管理、财务等方面对金融服务进行创新，开拓更加广阔的国际市场，促使沿线国家为"一带一路"建设提供更多的投入与支持。"一带一路"倡议为银行转型发展提供了巨大机遇，主要包括跨境收购、跨境资金往来与归集、各种跨境金额交易结算与结构设计等方面。

2.“走出去”战略对企业金融需求的影响

针对“走出去”战略，企业在银团贷款、出口信贷、内保外贷、并购贷款等方面对银行表现出相应的金融需求。

“走出去”企业的需求，一是银行需要对结算产品进行改善，主要包括跨境人民币结算、进出口信用证、电汇、光票托收、汇票解付、保函等产品。二是以跨境人民币结算为基础的规避汇率风险的金融需求。在人民币国际化进程逐渐加快的背景下，“走出去”企业加大了对跨境贸易人民币结算、交易与投资等业务的需求。尤其是对规避汇率风险，将人民币融资加入出口买卖方信贷业务，跨境发行人民币债券以及跨境掉存通、汇兑通等产品组合方面的需求日益迫切。三是对依托全球现金管理业务的结算便利的需求。随着“走出去”战略的实施，银行机构提供了全面综合化的现金管理，企业对这种全球范围的服务需求不断增长。其中，企业可以利用电子银行对账户信息进行查询管理，以便企业在全球范围内进行风险管理和流动性管理以及控制其在境内外的资金运营状况，同时可以通过便利的结算对收付款和流动性进行管理，实现有效规避汇率风险。

═══ **专栏 1-4** ═══

中国银行支持企业“走出去”的服务新变革

经营性租赁与项目融资无缝对接是中国银行提出的创新型结构，为优秀企业“走出去”提供了强有力的支撑，同时提高了市场份额、深化自身在国际市场总的影响力。为了对荣海通信集团拓展市场提供资金支持，增强企业拓展东盟市场的能力，中行融合了投资银行、商业银行的业务并加以创新，提出“债权＋认股权”结构融资方案。“中银中小企业全球跨境撮合服务”引进了国外优秀中小企业的先进管理、技术和资金，是中行为助力国内中小企业提高市场竞争力和生产技术水平而提供的服务，可以有效规避银行授信风险，并且打破国内中小企业的融资困境。由此可见，中行在“一带一路”的引领下，不仅能够对国内外两种资源、两个市场充分利用，即借助“一带”将国外企业的先进管理、技术和资金引入国内，借助“一路”拓展国际市场，

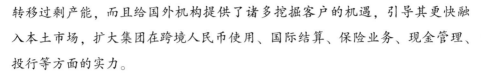

转移过剩产能，而且给国外机构提供了诸多挖掘客户的机遇，引导其更快融入本土市场，扩大集团在跨境人民币使用、国际结算、保险业务、现金管理、投行等方面的实力。

资料来源：根据公开资料整理。

3. "大众创业、万众创新"对金融需求的影响

对"大众创业，万众创新"提供金融服务支持的同时，银行将迎来新的要求和形势。高成长、高风险是创新创业的特征，"双创"群体在不同阶段、行业、主体中对金融服务的需求也是多种多样的，一直以来，银行对全行业、全主体的"双创"企业给予多方位、全周期的金融服务，不断对其产品体系进行优化和完善，以期达到全产品序列，全主体覆盖的目标，为"双创"企业的发展提供全方位的帮助。

银行需要以不同阶段和不同创新创业主体为中心，对金融产品和服务进行创新。从创新创业主体的个性化和需求多样化出发，在现有的金融工具箱中挑选与之相配的服务工具，如果现有的工具箱未能满足需求，就要丰富、创新金融工具箱。总的来说，需要充分满足创新创业主体的各种金融需求。

银行需要在生命周期的各个阶段向客户提供全面的服务。比如德国储蓄银行所提供的服务，在创业阶段，为客户提供参股资金、创业咨询和融资服务；在增长阶段，为客户提供自有资本、次级资本以及融资投资服务；在成熟阶段，为客户提供用于生产设备等的结构性融资服务；在巩固整合阶段，为客户提供专门的融资支持；在继承安排阶段，提供规划继承方案，比如管理层收购、转让出售等。

银行需要通过革新技术手段来加强对中小企业的支持。大众创新创业主体的资金需求具有"短、频、快"的显著特征，针对这些特征，通过互联网金融模式，打造互联网操作平台，通过这一平台实时完成客户的全部金融业务，同时提供"定制化"的金融服务。银行按照客户的需求为其量身定做相应的金融产品，实现金融产品从集体"批发化"到个性"定制化"的转型，可以充分满足大众创新创业因主体不同而产生的多样性金融需求。

银行服务小微企业的专属贷款模式创新

中国建设银行提出了"小额化、标准化、集约化、网络化、综合化、智能化"的思路，支持小企业业务发展，即利用大数据、互联网以及评分卡等新工具新技术将技术优势智能化，加快智能银行转型的进程；同时以"一圈一链一平台"为主线，对客户群批量化产品模式进行创新与完善，不断研发相应的创新产品。例如，绝大多数处于创业期的小微企业，都存在有效抵押物或其他增信物短缺的问题，建行利用大数据工具，分析和挖掘客户的历史数据，相继研发出小微企业"五贷一透"（"善融贷""创业贷""信用贷""POS 贷""税务贷"和"结算透"）大数据信贷产品，以向企业主保证连带责任为前提，依据信用记录、结算信息、客户交易等核心数据，对小微企业短期运营周转发放信用贷款。建行在技术处理和数据沉淀上具有绝对优势，利用大数据技术对小微企业进行精准信贷，这不仅可以为实体经济提供金融支持，同时还可有效控制和规避金融风险。

资料来源：根据公开资料整理。

1.3.2　经济升级加快服务变革

从要素、资本驱动到创新、知识驱动的经济发展模式转变，需要银行转变服务方式，即更加关注客户体验、简化流程、创新风控等，从更高层次对接金融需求，支撑经济转型升级。

新型服务模式重视客户体验。金融科技是银行业务领域中改进客户服务，形成模型化、标准化服务流程的手段。比如苏宁银行的智能机器人能够向客户提供咨询服务；而花旗集团的智能客服可以根据问题准确推断和演绎出答案。传统银行伴随着人工智能的发展不断向轻型化、智能化转型。"虚拟化"增强了客户业务办理的便利性，优化了客户体验。对各业务场景的服务入口进行全面整合，通过电视、手机、短信、微信、网银等途径打造能够满足客户多样化需求的服务平台。大数据的建设需要以行为数据与客户信息收集为基础。另外，提高便捷性与安全性就要加强对技术研发的重视程度，在业务场景中引入新技术、新算法。

新型服务模式重视对长尾客户群体的服务。数字化银行为长尾群体提供金融服务成为可能，当打破数据孤岛后，通过大数据技术，数字银行对低收入群体、中小微企业提供信用服务，并对客户的历史数据进行分析，借此对企业的信用值进行判断，依据其信用值提供相应的授信额度。

新型服务模式颠覆传统业务流程。区块链是分布式数据存储与传输等计算机技术的新型应用模式，它的本质是一个去中心化的数据库，是密码学、网络技术、经济原理相融合的产物，适用于解决交易去信任化和网络去中心化等问题，能够颠覆既有的行业规则、基础设施和组织架构。区块链在支付领域中也有优势，通过对银行支付体系的清算方式和底层架构进行改变，压缩烦琐的流程，如发起、回馈、记账、交易、对账等，继而提高支付效率。在构建信任方面，将智能合约与分布式逻辑融合以完成征信，能够改善信息不对称等问题。在业务流程方面，能够有效克服业务系统与后台连接环节多、流程长等缺点，对内部审计的透明度、后台运营效率以及运维成本都有全面改进。

新型服务模式重视风险防范。一方面，通过大数据变革风控与信用模式，在金融科技创新背景下，对大量数据进行整合，精准甄别客户信用信息，打破传统模式中难以度量的状态。其次是对客户的服务体验进行改善，以数据处理规模化为基础，利用客户的个性化画像实现智能营销和精准预测。银行应从数据收集与分析、产品设计与服务的角度出发，构造全流程、全方位的风险控制体系。另一方面，完善风险控制机制，对各种业务可能产生的风险加以防范，这既是保持数据银行持续发展的前提，也是对国家控制金融风险的践行。

═══ 专栏1-6 ═══

民生银行"远程银行"变革服务模式

由民生银行提出的"远程银行1.0"计划将逐渐向外部提供四类服务。

一是向客户提供以面对面"视频"为基础的交易服务；二是向客户提供以多媒体咨询服务为基础的"云管家"服务；三是向客户提供财务管理服务；四是向客户提供直客贷款服务。

以面对面"视频"为基础的交易服务。通过该服务模式，银行可以准确锁定客户身份并及时了解客户需求，以远程方式最大限度满足客户的金融需求，因此该服务模式将成为客户获得银行结算服务的通道。

以多媒体咨询服务为基础的"云管家"服务。"云管家"服务在整合当前单一的产品咨询和提醒服务基础上，秉持"以客户为中心"的原则为客户提供全面化管家式服务；同时，民生手机银行和微信银行为客户提供了"云管家"服务，客户可以通过这些软件与线下理财经理即时连接，从而获得全方位金融咨询和服务。

财富管理服务。以"财富圈"和"财富规划书"为导向，为客户提供以资产配置为核心的财富管理服务，实现从产品代理人到客户代言人的身份转变。

直客贷款服务。对贷款流程进行全面重构可以缩短以往冗长的贷款步骤和程序，减少浪费和流转损耗，从而实现线上进件、前置审批、一站式签约的直客贷款服务模式，提高整体贷款服务时效及客户在贷款时的可获得率。

资料来源：根据公开资料整理。

1.3.3　金融科技推进银行创新

新经济带来金融需求的变化，需要银行通过对业务、运营和技术做出调整，提高服务水平及客户满意度。敏捷的组织架构适应新经济条件下对资源配置的需求，推进银行快速实施产品与服务创新、增强发展能力与竞争能力。

金融科技发展促进了组织结构变革。建立专业化经营组织框架以适应新型金融的发展，加强信息技术和网络金融等部门的专业化程度。在推进流程化和智能化进程的同时，加强现有业务的联动发展与综合服务能力。强调多渠道集成与协调，在互联网技术的支持下，完成自助设备、柜台等渠道与大数据平台的无缝对接，实现集产品集成、流程衔接、信息共享和服务协作于一体的解决方案，为客户提供一体化流程体验，增强客户的获得感和体验感。以协调业务部门的实施为手段，实现数字化组织端到端流程的持续改进。在该领域居于领先地位的金融机构主要采用精益流程方法论，大多侧重于无纸化和流程加速。此外，重审行政、职能、后台流程、职能，简化产品组合，从而缩短前中后台的距离。在金融科技的助推下，银行通过推出模块化的商业服务来达到规范业务流程的目的，实现通用数据和业务流程与规则的快速配置，运用创新和简化的运营流程来增加客户收入，从而提升客户的获取率，降低运营成本，在消除阻碍商业洞察力的同时，以信息为手段，提高银行竞争力。

金融科技推动银行"轻管理"和"轻运营"。近年来，资产管理、资产托管、教育银行、投资银行等业务的比重不断得到提升，银行在非息收入比重提高的同时，实现运营方式综合化转型。比如兴业银行在建立并完善"商业银行＋投资银行"战略的同时，在投行业务方面，加快推进轻型银行战略的深度落实，不断完善资产证券化流转机制。在资金业务方面，全面发展固定收益、外汇和大宗商品业务（FICC）的联动协同机制，同时拓展代客管理业务，向轻资本方向转型，从而达到"低资本消耗、高代客服务和获利能力"的目的。随着金融科技的发展，银行业也有更多机会获得轻型服务工具，为进一步实现"轻管理"和"轻运营"的发展战略，各家银行纷纷加入高科技行列，运用新技术使效率、成本和风险三者达到平衡。比如，招商银行基于强零售业务，在批发金融业务领域，建立"客户服务体系"和"客户经理管理体系"，在总分行两级对战略客户、同业客户、机构客户和小企业客户进行集中专业化经营，提升银行专业化水平与服务能力，用资本占用低的知识密集型专业化服务带来大量的融资项目，实现以小博大。

但科技只是辅助工具，服务客户才是银行真正的目的。客户体验是一切工作的起点和准则。当银行重回服务客户的轨道时，中国银行业的转型成功也就指日可待。建立"以客户为中心"的创新组织，比如美国安快银行鼓励员工与客户积极互动并主动联系客户，使员工融入社区成为一种可能，进而融入客户的生活，充分了解客户的需求与想法，定期向组织进行反馈。同时，安快银行还鼓励员工有自我意识，将员工的个性融入工作中，打造一个有热情、有灵魂的组织。网点员工并非是具有明确岗位划分的专岗专责员工，而是全能行员，具有综合服务能力，能够为客户提供全面的服务。此外，管理层也需要充分了解各个网点的近况，经常走访各个网点，并与员工和客户进行互动，从而发现尚存的问题并解决。为提高服务质量，安快银行在各个网点均设置了意见反馈渠道，通过该渠道客户可将意见直接反馈给首席执行官。

═══ 专栏 1-7 ═══

上海银行运用金融科技加快转型

1. 选择试点领域，从创新业务起步

上海银行研发应用的在线直销银行业务的特点是"快速时效、外联方多"，在如何实施支持这一新兴业务的相关研发工作中面临更多的挑战与问题。

一是上海银行的软件研发体系以传统的 CMMI 开发模式为基础，在安排软件开发时强调按部就班遵循项目管理的工作思路，缺乏灵活性；二是科技和业务部门相对独立的界面使科技业务融合局面难以形成，面向产品的管理思路尚未完全建立，进而无法精确判断并把握市场先机。上海银行通过推进在线直销领域的变革来解决以上问题。

2. 创设融合团队，转型产品管理思维

上海银行通过大胆创新和改进，建立了第一支科技业务融合团队，并将互联网应用开发团队归入在线直销银行部，对其进行双线管理，把业务人员、业务分析师、应用架构师、产品经理、开发测试人员集为一体，打造无缝集成的端到端全功能的新型组织团队。团队围绕产品经理开展工作，在需求排序、联调协调、开发协作、投产支撑、用户体验反馈等多个方面进行优化，实现团队的深度融合，激发团队活力，建立以 2～4 周为迭代交付周期的顺畅通道。

3. 夯实技术基础，沉淀技术能力

基于产品管理理念，一是在传统面向 SOA 的应用架构中把互联网相关应用剥离出来，以"互联网核心"系统、自有的交付控制系统和独立外联接入体系为依托开发新产品，最大限度降低互联网产品开发和传统构架相关应用的关联度；二是线上业务具有"高并发、大容量"的特点，针对此特点优化技术架构，使应用框架体系向着分布式结构发展；三是不断增强基础技术能力并完善技术平台组件的相关功能，从而保证产品的快速迭代及连续性运营，打造服务于产品管理的技术中台。

上海银行在不断创新和实践的努力下，基本实现了在线直销领域内项目向产品的整体转型，产品功能特征的月平均产量高达60～70个，且能实现两周一次迭代，在技术架构方面也实现了前中后台的完美协同。到2018年底，互联网客户数已超过2000万，推动新型支付、结算和现金管理、理财、跨境、贷款等五大类业务的创新实践，其中包含13款互联网金融产品，同时，基于B2B2C、B2B2B的"互联网＋行业＋金融"发展模式得以实现，并与平台型企业如电商、国企等的合作进一步加深，银行的品牌知名度也在不断提升，迈出创新转型的第一步。

资料来源：根据公开资料整理。

第2章 新监管，加速金融回归实体经济的本源

金融严监管背景下，监管逻辑发生了重大变化，即金融行业从机构监管向职能监管、行为监管转变。在此基础上，金融监管部门加快制度改革与政策布局，着力降低企业负债率、抑制居民杠杆率、压缩同业投资、规范交叉金融产品、遏制房地产泡沫化、整顿隐性债务等，重塑金融关系，以确保不发生系统性金融风险。金融监管的新逻辑，在于着力解决风险化解问题，由此重构了金融监管新体系，开创了金融监管的新局面，这一监管从严趋势，加快了金融回归实体经济。中小银行围绕支持实体经济发展，探索新的差异化出路。

2.1 金融监管新逻辑，着力防范化解金融风险

2008 年国际金融危机以来，我国推出了"四万亿"刺激政策，在宽信用、宽货币政策下，房地产市场、地方债务平台过快发展，由此导致房价飞涨、通胀升温，地方政府债务上升、产能过剩等问题日益凸显。为应对可能发生的系统性金融风险，金融严监管揭开大幕。

2.1.1 金融严监管实施的起因

自 2012 年我国经济进入"三期叠加"阶段以来，经济由高速增长向中高速增长转变。为应对经济增速下降问题，国内推出了一系列财政、金融政策，刺激商业银行扩张表外业务、委外业务以及同业套利等业务，在支持实体经

济发展的同时，也加大资产泡沫风险，加剧产能过剩、债务风险等。

1. 刺激政策扩张

2012年，我国经济增速开始出现下行。为应对经济增速下滑问题，我国采取了金融市场化改革，增加投资等扩张政策，以刺激经济增长。

金融市场化改革加速。金融改革的一个重要组成部分是利率市场化改革。2013年7月，全面放开金融机构贷款利率管制。2014年11月，央行宣布将人民币存款利率上限进一步扩大到基准利率的1.2倍。随后，存款利率上限于2015年3月、2015年5月分别扩大到基准利率的1.3倍、1.5倍。2015年6月，央行公布针对企业、个人的大额存单管理暂行办法，利率市场化范畴进一步扩大。2015年8月，放开一年期以上定存上限。2015年10月，央行宣布对商业银行和农村合作金融机构等不再设置存款利率浮动上限。存款利率的市场化标志着我国利率市场化改革完成（见表2-1）。

表2-1 中国利率市场化进程

阶段	时间	内容
货币市场利率市场化，贷款利率开始浮动	1993	党中央、国务院确定利率市场化改革目标和任务
	1996	放开银行间同业拆借利率
	1997	放开银行间债券回购利率
	1998	开始市场化利率浮动区间
	1998—1999	多次扩大贷款利率浮动区间
贷款利率完全放开，存款利率开始浮动	1999	中资商业银行对中资保险公司试办由协商确定利率的大额定期存款
	2002	8个县（市）的农信社时点存款利率上浮
	2003	放开外币小额存款利率管理
	2004	完全放开人民币贷款利率上限
	2005	放开金融机构同业贷款利率
	2007	上海银行间同业拆放利率（Shibor）投入运行
	2012	存款利率允许上浮1.1倍，贷款利率下限降为0.7倍
	2013	全面放开贷款利率管制，取消票据贴现利率管制
存款利率完全放开	2014	存款利率上限调整至1.2倍，存款利率期限档次简并
	2015	存款利率上限调整至1.3倍、1.5倍，最终不再设置上限

资料来源：根据公开资料整理。

央行货币政策相应调整。在稳增长的目标下，我国央行进行了多次降准降息操作。央行通过公开市场操作等方式，着力建立"利率走廊"（见图 2 – 1）。具体地，央行锚定目标利率，通过短期融资工具操作，以央行存贷款利率上下限为区间，构建了一条"利率走廊"。一方面，央行通过"利率走廊"，约束货币市场利率的波动幅度；另一方面，央行通过公开市场操作，形成合理的货币市场利率中枢，使货币市场利率接近央行的锚定目标利率。"利率走廊"的实施增强了央行对货币市场利率的调节能力和政策的运转空间。

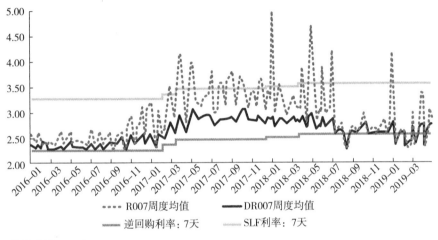

资料来源：Wind。

图 2 – 1　利率走廊

2. 金融业务过度扩张

利率市场化加剧了银行之间竞争的激烈程度，使银行有动力找寻新的利润空间，从而加快银行进入利润较高的同业业务、资管业务以及银政合作等项目，加快金融过度扩张和无序空转，从而加大金融的系统性风险。

银行积极推进表外业务扩张。通道和委外业务是银行业务出表的主要方式。通道业务是银行通过信托等通道将资金投给具体明确的投资标的。信托等通道企业仅收取通道费，而对银行投资行为管理不足。由于表外业务仅计提 25% 的同业风险权重，起到了扩充规模，降低风险资产权重的作用，从而对银行规模扩充产生了较大的影响。委外业务是银行将资金委托给专业的机构管理人，专业的机构管理人按照委托方要求对资产进行管理。在此业务方式下，形成了"同业存单—同业理财—委外"的模式，迅速推高了金融机构的整体杠杆，加剧了金融风险。

利率市场化压缩银行利润空间。当利差缩小时，银行更有规模扩张的动力来弥补缩小的利润，降低整体的不良率。银行向"资产驱动负债"的主动负债管理模式转变。同业存单是银行实施主动负债管理的重要工具，通过发行同业存单，可以实现期限错配加杠杆以获得期限利差，从而形成了由资金充裕银行流向资金短缺银行的传递路径。

地方政府融资平台大量发债，拉升了债务杠杆。由于地方与中央之间的财权与事权的不对等，以及地方政府投资建设的冲动，发债发展动力充足。自 2012 年城投债净融资大幅增加，年均净融资超过 1 万亿元。地方银行与政府关系紧密，使银行通过表外业务为地方政府融资平台提供了大量资金支持（见图 2－2）。

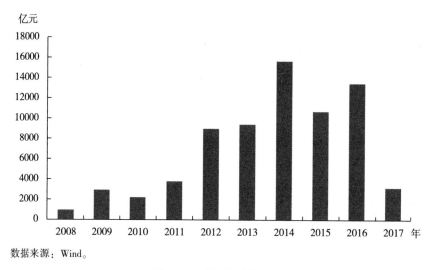

数据来源：Wind。

图 2－2 城投债融资净额

2.1.2 金融系统风险传导路径

资金池、刚性兑付、期限错配、多层嵌套、通道业务、非标业务，构成了金融系统风险的传导路径，放大了金融风险。这些业务在支撑实体经济发展的同时，偏离了原来的业务本质，放大了金融风险，并向实体经济传导风险。

1. 资金池

"滚动发行，集合运作，分离定价"是资金池的主要特征，通过资金池可以实现期限错配，获取收益。资金池业务的刚性兑付以及期限错配等方式违背资管业务核心要求，加大了银行风险。被投资产品出现违约，可能引发流动性等风险，影响资金池的偿付，进而可能会引发连锁反应，带来系统性风险（见表 2 - 2）。

表 2 - 2　　　　　　　　　　　　资金池风险点

底线	越界表现
不同资产管理产品不得进行混同运作，资金与资产应明确对应	（1）先筹资金、后定标的；（2）在销售环节无法披露具体投资标的；（3）期限错配、短募长投；（4）分期募集，集合运作，各期产品无固定期限；（5）投向非标资产，非标资产有劣后级受益人筛选组合
产品之间应当进行独立核算	（1）不同产品未单独建账；（2）多个产品合并编制一张资产负债表或估值表
资产管理产品在开放申购、赎回或滚动发行时应进行合理估值，不得脱离对应资产的实际收益率进行分离定价	（1）各期产品风险收益不匹配；（2）产品净值按照投资标的预期收益率进行估值，后期投资者承担较大风险；（3）实际收益率与资产收益分离

资料来源：根据公开资料整理。

2. 刚性兑付

不同于资管产品的"受人之托、代人理财"，银行理财产品多依据预期收益率为客户支付理财收益，分散了客户承担的风险。从项目方来看，政府担保会导致一系列不良影响，一方面，可能会引发经济参与者的道德风险和策略行为；另一方面，为攫取高额投资收益，经济参与者可能会倾向于采取激进投资和投机的行为。从银行来看，政府的隐性担保可能致使项目尽职调查缺失，导致风险控制失效，加剧道德风险和投机行为的滋生，最终导致金融风险频发。

3. 期限错配

在金融行业中，期限错配呈现出资金来源短期化、资金运用长期化的特征。银行理财产品通过短期负债类理财匹配长期资产，通常需要滚动发行，以实现融资资金的连续性。而且，这些短期资金都倾向于投资长期项目，如房地产项目等，表现出明显的期限错配。期限错配容易引发流动性风险和信用风险。在期限错配情况下，资产经过多轮的内外循环，杠杆不断加大，导致资金链缺乏持续性、稳定性。当面临严监管、经济下行等挑战时，资金链各环节息差都将被压缩，导致资金链失去平衡，进而对整个市场产生较大的冲击。

4. 多层嵌套

多层嵌套模式在银行的运用，不仅为银行拓宽投资范围提供了资金来源，还为银行达到特定业务规则要求提供了通道，同时也为银行规避监管要求提供了便利。在此背景下，我国金融机构资产管理业务表现出显著的交叉持有、跨界经营特征（见图 2 - 3）。据有关统计数据，2017 年，我国金融机构资产管理业务的规模已经突破 100 万亿元，而其中包含的交叉持有规模多达 40 万亿元。

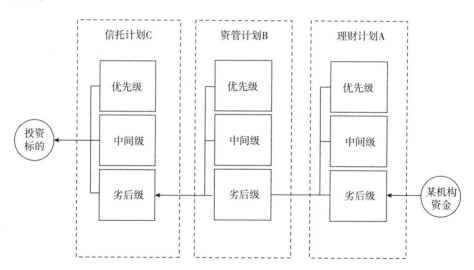

图 2 - 3　多层嵌套模式

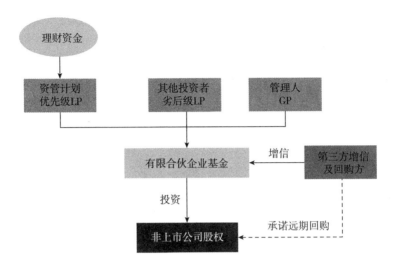

图 2 - 4a　银行资金嵌套模式

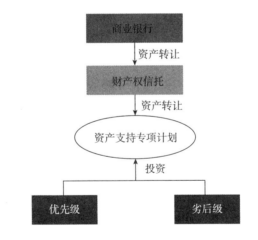

图 2 - 4b　银行资金嵌套模式

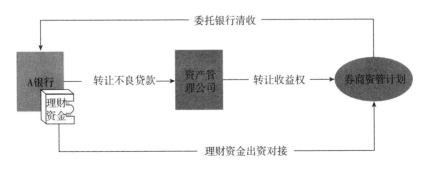

图 2 - 4c　银行资金嵌套模式

多层嵌套业务模式给银行带来了较大的风险（见图 2 - 4a、图 2 - 4b、图 2 - 4c）。一是风险传递快。多层嵌套业务模式横跨多个金融机构、金融市场与金融产品。过长的业务环节，层层相扣，任一环节的风险敞口都会引起链式反应。多层嵌套业务模式的风险主要通过股权、债权等，将金融机构进行相互串联，形成紧密联系的风险传导机制，当流动性缺乏时，足以引发局部流动性危机，甚至是区域性、全局性的系统性风险。二是风险隐藏深。多层嵌套业务模式将风险隐藏比较深，产品层层嵌套，监管者分块管理，难以交叉协同配合，导致投资者难以穿透看清底层资产，交易透明度不高，隐藏风险传导路径，并衍生道德风险等，从而使相关金融产品风险更具有隐蔽性。三是风险复杂程度高。多层嵌套业务模式在资金端和资产端之间嵌入特殊目的载体（SPV），金融机构之间相互签订抽屉协议互保，为加大规模，会通过各种杠杆方式进行。由于交易环节多、结构过于复杂，金融产品各参与方契约关系复杂，权责界定模糊，这可能会产生较大的操作风险。

5. 通道业务

银行的资产管理业务通过各种"通道"实现对监管的规避，投向各类非标资产，追求高收益，这同样给银行带来了较大的风险。通道业务将银行信贷资产出表，形式上降低了银行的风险资产比重，但实质上却放大了银行承担的风险。

通道业务快速增长的动力来自银行调整资产负债表，美化利润报表，腾转信贷额度等需求。通道业务大都投向了房地产、地方融资平台等非标产品。提供"通道"的金融机构，对相关金融业务不承担监管风险，容易产生操作风险，并且可能增加整个金融体系的运行风险。

6. 非标业务

非标业务一般流程是通道方首先设立特殊目的载体（比如资管计划等）向融资企业提供贷款资金，然后由银行通过募集理财资金等方式，购买通道方的收益权等，实现理财资金对接融资方的目标。非标业务从银信合作，再到之后的银政、银保合作，形式日益多样，结构日益复杂，风险日益增大（见图 2 - 5）。

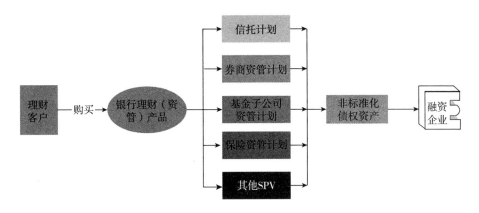

图 2 - 5　非标业务模式

理财产品成为影子银行的原因在于非标准化债权资产扩张，而且因为对其监管不到位，银行可以通过表外理财以及其他种类的资产管理业务进行表外存贷款，流动性、不良率、资本充足率等监管指标对它起不到约束作用，也没有明确的规定约束贷款投向，最终成为监管套利的手段。首先是信贷规模套利，这是为了逃脱信贷的控制监管。例如，利用券商资管计划与理财资金的无缝对接，资管计划再通过信托贷款、委托贷款、委托债权等途径委托信托公司或他行给客户提供融资，就可以逃脱信贷规模的控制和监管。其次是信贷行业监管政策套利。银行利用投资非标准化债权资产将理财资金投向地方政府的房地产和融资平台领域，实现绕开国家行业、产业信贷政策的目的。这将会集中信贷资金，政策调整和行业周期也会对其产生影响，增加一些隐蔽性信用风险。财政部对政府违规债务进行严格检查，不断加码对房地产的调控政策，在此背景下，政府融资平台以及房地产等传统投资领域的风险将会越积越多。再次是规避资本监管套利。银行通过非保本理财资金投放授信企业，企业信用（信用风险权重为100%）就可以转为表外信用（信用风险权重为零），从而减少对风险加权资产的核算，达到资本监管套利的目的。最后是规避监管指标套利。例如用 AMC 将不良贷款转让，理财资金再与资管计划对接将其接回，人为地调整贷款拨备率、拨备覆盖率以及不良贷款率等指标。除此之外，非标资产的投资主体是银行，如果它不尽职尽责地调查最终的非标投向，没有进行专业有效的风险防控工作，在监管不到位的情

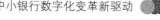

况下，非标资产投资的风险隐患将会进一步增大。

2.1.3　金融潜在风险日益暴露

金融杠杆上升。我国的金融业监管采取的是分业监管模式，监管当局难以在资产管理方面达到穿透监管的地步，导致出现可以套利的机会。一是多层嵌套，叠加杠杆。杠杆层数随着套得资产管理产品的增加而增加，风险也会随之增大。由于存在"多层嵌套，叠加杠杆""资金池""链条过长，规避监管""隐性刚性兑付"等问题，金融加杠杆和金融套利被同业套利链条推向了顶峰。资本脱实向虚是金融杠杆虚高导致的，这还使得资产价格泡沫高涨，大类资产上涨幅度相继增大，使得金融市场波动加剧，金融系统性风险增大。二是实体产能过剩加剧。虽然"产能过剩行业"受到了银行的贷款限制，但是银行大量的融资工具、负债扩张创新行为大大放宽了流动性，部分流动性以非标资产形式渗透到实体经济中，最终向产能过剩行业流去。最后，这些成为僵尸企业的产能过剩行业企业将面临日益增加的资产负债率。尽管资产管理扩张和各种金融创新放宽了流动性，但是各类有需求的实体企业并没有得到资本投入，资本则大幅投向过剩产能企业与有高额回报和土地抵押的地产企业，具有政府信用背书的平台企业，许多实体企业因此遭到信贷挤出，从而降低了资源配置效率，加剧了风险债务。

资产泡沫风险加剧。房地产市场流入大量资金。利率受到高度宽松的货币流动性的影响，不断下跌，房地产公司的发债融资成本下降幅度持续上升，其在债券市场进行大规模融资。房地产公司除了债券融资以外，还利用基金子公司通道、信托通道、银行表外业务等渠道引进资本投入。冗长的资金嵌套链、不明确的底层资产以及监管不到位导致大量的资金流向房地产市场时绕道而行。

2.2　金融监管新局面，全面重塑金融监管体系

金融工作的本质任务是对金融风险进行防范控制，尤其是对系统性金融

风险防控。为解决改革中遇到的新危机、问题及挑战，中央设立金融委，对监管体制进行重构，从制度出发，对行为和职能的监管加以完善。基于此，围绕金融活动的增量与存量，制定相应的政策，创新监管的技术、理念以及制度，为严格金融监管开辟新道路。

2.2.1　完善金融监管制度框架

党中央、国务院为了协调金融监管格局、填补金融监管空白，以金融监管的大局为主线，成立国务院金融稳定发展委员会（以下简称金融委），实现有效监管、统筹金融监管局面。金融委通过加强对一行两会的协调，从而填补混业经营下分业监管的空白，同时"机构监管"等传统监管模式也向"行为监管、功能监管"模式转型。跨行业监管不足是资产管理监管一直存在的问题，而本轮自上而下的监管和一行三会的共同合作从根本上解决了此问题。

建立金融委是为了让机构监管、行为和职能监管真正融合，构建更加坚实的监管栅栏。国务院金融委在 2017 年 11 月 8 日成立并召开第一次会议。在此次会议上，明确了工作的要点和主要职责，并强调要秉持稳中求进的工作态度，坚持实施稳健的货币政策，推进统筹金融监管进程，增强风险防控意识，更好地促进金融服务实体经济，更好地保障国家金融安全，更好地维护金融消费者合法权益。通过建立金融委，行为监管和职能监管距实现协调统一更近了一步。

统筹协调是金融委的主要职责所在；宏观审慎管理主要由人民银行负责，而行为监管和微观审慎监管更多是由证监会和银保监会负责。行为和功能监管的重要性在这次金融监管机制改革中得到进一步提升。

在央行监管方面，一是健全货币政策和宏观审慎政策"双支柱"调控框架。二是增强微观方面的风险监控防范能力，坚持积极稳妥的去杠杆政策，尤其是在银行资产质量和地方政府债务风险、企业债务风险、流动性风险、存款保险风险、金融控股公司、资产管理业务等方面加强监管。三是增强协调监管。通过对货币政策传导机制的疏通，打破企业融资困境，围绕资金需求端和供给端，综合制定策略。深化统筹资金供给端的信贷、货币和财税政策，推进金融体制改革，改善金融机构服务、回归本源。

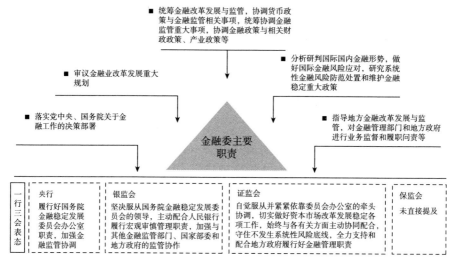

资料来源：新华社。

图 2 - 6　金融委主要职责

在银保监会监管方面，金融去杠杆、去通道、去嵌套是焦点，在 2017 年明确的表外、理财、同业三个重点领域以外，还进一步对抑制居民部门杠杆率、降低企业负债率提出要求；对交叉金融产品严加监控，相继拆解影子银行；对金融控股公司进行整顿，对银行高风险机构陆续处置；坚持杜绝房地产泡沫化趋势，主动与地方政府配合完成清理规范隐性债务的目标。同时，银行业的内部控制会在银保监会的推进下得到加强，自控防范风险体系进一步完善，如改进公司法人治理架构，增强银行业机构股权的管理，完善内部风险防控体系。

协调跨部门监管对宏观审慎管理与微观审慎监管相结合的监管形式来说非常重要，各种新模式的金融结构业务发展都需要进行及时地分析、预判与监管，避免出现新的系统性金融风险和高危漏洞。需要注意的是，尽管金融监管在危机后具有了空前绝后的宏观审慎内涵，但是微观审慎并不能因此而被淡化或忽视。

实践中，在信息基础构建、促进和激励政策机制传导等方面，微观审慎监管都具有不可或缺的地位，微观审慎监管是所有宏观审慎管理政策的基础。

所以，微观审慎监管与宏观审慎管理是互补而非代替的关系。金融机构在危机中暴露的各种问题，例如，过分重视创新和短期收益而忽视风险管理，对外部评级过度依赖、注重薪酬激励机制忽略约束，这些问题都体现出微观审慎的不足与漏洞。因此，宏观审慎管理与微观审慎监管更要相互协调，奋力向前。

=== **专栏 2-1** ===

欧盟金融监管改革

欧盟的金融监管协调架构已越来越不适应于当前的金融环境，在应对危机中暴露出明显缺陷，导致欧洲金融竞争力和金融体系信心骤减，欧盟迫切需要建立一个全新的金融监管框架来应对当前危机。《欧洲金融监管》提出，未来欧盟金融监管框架的改革将从宏观和微观两大支柱入手。在宏观层面，设立欧洲系统性风险委员会（European Systematic Risk Council，ESRC），作为系统性风险监管组织的欧洲系统性风险委员会（ESRC），致力于对欧洲整个金融市场的风险进行监测和评估，形成系统化泛欧层面风险评估体系，对原有的风险预警机制进行完善，对于已识别风险要及时敦促成员国进行跟踪监控，形成单一可持续发展的欧洲市场。在微观层面，建立欧洲金融监管体系（European System of Financial Supervision，ESFS），该体系由欧洲银行业管理局（EBA）、欧洲保险和职业年金管理局（EIOPA）和欧洲证券业管理局（ESA）三家欧洲监管机构组成。欧洲金融监管体系（ESFS）的职责是联合各国监管机构，制定出能够将所有金融机构纳入同一框架的统一监管方案，推动统一监管规则的形成，从而保障金融领域消费者的权益。

ESRC 和 ESFS 需要在以下方面加强沟通和互动。共同应对风险预警或建议，共同分享有关宏观审慎监管分析的一切微观审慎监管信息，加强和 FSB 和 IMF 等国际机构的交流沟通等。在面临紧急情况时，三家监管机构有权强制要求各成员国监管机构针对跨境监管协调问题采取行动。除此之外，金融集团联合委员会的工作将由欧盟监管机构联合委员会全权接手，欧盟监管机构联合委员会也将承担起协调好三家监管机构的重任，并竭力处理好关于金融集团跨业经营问题，而监管本国和单个金融机构的职能则继续由各成员国承担。

资料来源：根据公开资料整理。

2.2.2 健全金融监管政策体系

监管机构应当极力防止"黑天鹅"和"灰犀牛"等风险事件发生。梳理相关监管政策发现，2017 年重点整治银行体系面临的金融风险，对于银行同业、资管业务、理财、表外等风险高发的领域，更要集中力量整治。

2017 年金融风险整治的重点在于银行体系，尤其银行同业、理财、表外和资管业务等风险突出的领域更是重中之重。原银监会从 2017 年 4 月开始，陆续出台相关文件，力图严厉整治"三套利、三违反、四不当、十乱象"等问题。2018 年，随着金融监管部门出台一系列重磅监管政策，强监管的序幕也逐步拉开，监管的思路正在逐渐明确，即银行业务以去杠杆、去通道的方式回归本源，对交易行为和市场投资进行调整，2018 年银监系统监管继续保持高压态势。

表 2 - 3   金融监管部分政策汇总

文件名称	时间	主要内容
《商业银行委托贷款管理办法》	2018.01.05	明确委托贷款的业务定位和各方当事人职责；规范委托贷款的资金来源；规范委托贷款的资金用途；要求商业银行加强委托贷款风险管理；加强委托贷款业务的监管
《中国人民银行公告》	2018.02.27	规范银行业金融机构发行资本补充债券的行为。资本补充债券包括但不限于无固定期限资本债券和二级资本债券。资本补充债券可以实施减记，也可以实施转股。鼓励银行业金融机构发行具有创新损失吸收机制或触发事件的新型资本补充债券
《关于规范商业银行股东报告事项的通知》	2018.03.19	清理规范银行存量不合规股东，主要布置了整改和报告两大任务

续表

文件名称	时间	主要内容
《关于规范金融机构资产管理业务的指导意见》	2018.04.27	资管新规将带来四个方面的直接变化：统一规制；净值化管理；禁止非标期限错配；信息透明，限制嵌套
《互联网金融从业机构反洗钱和反恐怖融资管理办法（试行）》	2018.10.10	规范互联网金融从业机构反洗钱和反恐怖融资工作，切实预防洗钱和恐怖融资活动，从而需要建立监督管理与自律管理相结合的反洗钱监管机制，同时建立对全行业实质有效的框架性监管规则
《中国银行保险监督管理委员会职能配置、内设机构和人员编制规定》	2018.11.13	银保监会强化监管职责，加强微观审慎监管、行为监管与金融消费者保护；向派出机构适当转移监管和服务职能，推动机构业务服务下沉，更好发挥金融服务实体功能等
《关于规范银行业金融机构异地非持牌机构的指导意见》	2018.12.29	进一步规范银行业金融机构异地非持牌经营行为

资料来源：根据公开资料整理。

2.2.3　创新金融监管的新思路

随着金融行业的不断发展，金融监管的思路也在进一步完善。自 2017 年以来，针对银行、证券、资产管理、保险、地方政府投融资、债券固收监管、票据业务、货币信贷、支付业务、跨境交易及反洗钱、互联网金融及类金融、司法及税收等领域，一行两会发布的监管文件已多达四百份，此外，在多次重要会议上高度强调金融改革的重要性，并要求缩减银行表外资产，严格防范并规避金融风险，使金融回到服务实体经济的轨道上。

从国际来看，国际金融监管的主要趋势依然是从严从紧。2008 年，各种重大风险在美国次贷危机引发的全球金融危机中频频暴露，在此背景下，全球金融监管机构为应对危机发布了从严从紧的监管政策。作为备受瞩目的危机发源地，美国签署了《多德—弗兰克法案》，旨在加大金融监管力度，严格规范投资机构的过度投机行为；银行自营交易受到限制。从统一协调的国际金融监管来看，为应对国际金融危机后的形势变化，在多处进行了调整和强化，其中提升商业银行的资本充足率水平和资本缓释风险的水平（资本质量）最受关注。此外，国际系统重要性银行的监管指标体系也建立起来，对系统重要性银行提出更高要求，比如提高对资本充足率水平的监管标准等，至今，监管机构仍沿用从严从紧的监管思路，并对其进行修改和完善。

从国内来看，近年来，我国的金融监管发生了重大变化，不仅加强监管责任，还坚持从严问责。从成立银保监会，到出台资管新规，再到实施股权管理新规，都表明我国金融监管从紧趋严的态度和决心。第一，成立银保监会。因监管部门不同，金融机构之间存在不合理的套利行为，为减少或消除这种现象，2018年国务院行政机构改革方案提出成立中国银行保险监督管理委员会。第二，发布并落实资管新规，完善相关细则。由原一行三会制定的监管新规旨在统一监管政策，将银行、证券、信托、保险、基金等各类金融机构放在同一体系下进行监管，避免金融机构由于监管领域不同而出现相互套利的现象。同时，大量理财业务得以回归本源，净值化管理的实施，为有针对性解决刚性兑付问题提供了依据。第三，实施股权管理新规。股权管理新规旨在实现穿透式监管，强调真实、合规的管理原则，形成规范化、透明化的股权结构，促使金融机构依法进行合规经营和可持续发展。

1. 金融监管的目标

监管机构密集出台一系列监管政策并对监管制度进行改革，其目的在于使金融回归实体经济，实现全覆盖化职能监管与行为监管和政策的协调运行，守住不发生系统性风险的底线。

一是坚持金融服务实体经济的功能定位，促进资金运用脱虚向实。引导同业业务回归流动性管理工具本源、理财业务回归资产管理工具本源，确保资金投向实体经济的关键领域和薄弱环节，防止资金空转。2017年，一行三会在金融机构资金投向方面加大监管力度，从而遏制"影子银行"过度扩张的趋势，促使金融回归服务实体经济。

二是实现金融监管全覆盖。2017年，为实现金融监管全面覆盖，监管机构对体制机制进行大幅度调整，主要体现在央行对宏观审慎评估体系（Macro Prudential Assessment，MPA）的探索实践上。党的十九大提出以"货币政策

+宏观审慎政策"为双支柱的金融政策框架，是金融监管体制改革取得突破性进展的重要标志。央行依托 MPA，把同业存单和表外理财归入广义信贷的范畴，在加大对系统重要性互联网金融业务的监管力度的同时，以因城施策为核心，加强加快对住房金融宏观审慎管理框架的构建，将"现金贷"、虚拟货币行业乱象等作为重点整治对象，明显填补了金融监管空白。

三是确保监管机制协调运行。2017 年金融监管的内外部联动效能得到有效提升。首先，金融系统内部监管协调明显提升。成立国务院金融稳定发展委员会意味着金融统筹监管和监管协调完成顶层设计，对央行宏观审慎管理和系统性风险防范职责起到了强化作用，为各金融监管部门协同落实监管职责起到了推动作用。其次，财政监管和金融监管的功能协同显著提高。财政部在 2017 年上半年陆续发布多份文件，对地方政府负债和融资问题进行规范，防止银行以不合法途径使地方政府隐性负债增加，由此可见，金融监管大力支持地方财政风险防控。

四是牢牢守住不发生系统性风险的底线。金融工作以防范发生系统性金融风险作为永恒主题。从本质上讲，维护金融安全是监管从严的根本目的，而银行是我国金融系统的中坚力量，监管从严时期也理当成为重点监管对象。银行从业者也应该从思想上深刻体认强监管的重要性，在实施监管政策时加强责任意识和发扬担当精神，为各项监管政策的切实落实贡献力量，彻底杜绝系统性风险的发生。

2. 金融监管理念创新

推动金融发展是实现金融服务实体经济的基础。监管理念要不断创新才能跟上金融发展的步伐，为更好促进金融发展和实体经济的相互融合，必须秉持开放包容的心态看待并支持创新。

一方面，按科学、完整、系统的原则从金融未来发展走势来把握金融风险。金融与科技密不可分，科技的运用赋予现代金融以新的活力和生命力，没有科技的支撑，也就不存在现代金融。金融的业态和风险会由于科技植入而发生变异，应该用科学的手段将传统风险与这种变异风险进行比较。将金融与科技结合起来，以前瞻性的眼光从金融发展趋势的视角来观察，才能正确认识如今金融体系中存在的一系列问题。另一方面，秉持科学、完整的原则来理解风险，在控制风险中，不仅要提高金融效率、推动金融变革和科技进步，还要使客户的需求尽可能得到满足。金融的本质就是服务实体经济和人民生活，推动经济社会的发展，满足人民群众的需求。以多层次、广覆盖、有差异的结构特点来构建银行体系，坚持以市场需求为导向，扩大中小金融机构的业务比重，增加其数量，对小微企业和"三农"金融服务进行改善。形成风险投资、债券市场、银行信贷、股票市场多层次、全方位金融支持服务体制。防范并化解金融风险以实体经济健康发展为基础，严格落实金融改革开放任务，从我国发展战略需要出发，依据当前国际金融发展形势，推出新的改革开放策略。

2.3 金融监管新趋势，加快金融回归实体经济本源

党的十九大明确了新时代金融工作的基本方略，并指出要"深化金融体制改革，增强金融服务实体经济能力"。随后中央政治局会议和中央经济工作会议延续了党的十九大精神，明确要重点防控金融风险，"要服务于供给侧结构性改革这条主线，促进形成金融和实体经济、金融和房地产、金融体系内部的良性循环，做好重点领域风险防范和处置，坚决打击违法违规金融活动，加强薄弱环节监管制度建设"。在此背景下，金融监管更加强调金融回归本源，更加重视发挥金融对实体经济的支持作用。金融监管将在保持强化基调上，将微观审慎监管与宏观审慎管理有机结合起来，并高度重视金融科技应用对于强化金融监管能力和促进金融转型发展的双重作用。立足于实体经济的金融服务需求，通过监管政策的推动，优化调整金融体系结构，促进金融资源有效配置和经济结构调整，提升金融供给的质量和效率，实现金融总供给和总需求的平衡。

2.3.1 金融监管趋势依然从严

随着金融监管趋严，系统性金融风险得到了有效遏制，但对于金融市场

的发展，金融监管的深度和广度仍有待拓展。未来，金融监管应加强宏观审慎管理、微观审慎监管、行为监管等方面，应更加重视发挥金融服务实体经济的作用，推进金融回归实体经济本源。

1. 金融监管绩效

自金融从严监管以来，监管部门对同业、理财等多个领域进行了专项治理和综合整治，有效控制了银行业资金的脱实向虚，降低了金融体系内部的杠杆率。金融监管是一个金融纠偏的过程，最终要纠正金融机构过度出表和监管套利行为，并降低由此引发的金融系统脆弱性。

一是宏观杠杆率整体回落。金融严监管之前，银行总资产扩张速度高企，最高高于信贷增速 10 个百分点，大规模资金存在严重的空转问题。而随着 2017 年以来金融监管趋紧，银行资产扩张步伐开始放缓，并首次出现资产增速低于信贷增速。统计数据显示，银行对银行、非银的债权扩张远较银行对企业部门的债权增长之差，在 2016 年达到极值并突破 15 个百分点，而到 2017 年则缩窄至 −4.8 个百分点。

二是债市微观杠杆大幅下降，无风险利率快速上行。金融严监管对债市的影响主要体现在流动性层面。从 2017 年的利率债、NCD 等指标来看，金融市场利率高升。随着质押收紧、资管杠杆趋严、资金走高和波动加大，信用债表现出萎缩势头，金融严监管对债市的影响逐渐由流动性与利率层面转向信用层面。

三是股份行和中小行资产出表放缓，同业、理财等业务全面收缩。在金融严监管环境下，股份行和中小银行的发展表现出新的特征。一方面，资产增速明显降低。相关数据显示，2017 年新增贷款增速为 12.6%，而银行总资产增速仅为 8.7%，其中股份行、城商行总资产增速回落最为明显，分别降至 6% 和 16.6%。另一方面，同业、理财、非标、委外业务增速全面回落。中小银行理财增速显著降低，其中，城商行、农商行理财增速分别下降了 47.4 个和 105.7 个百分点，同业理财同比减少 2.2 万亿元；2017 年新增委托贷款同比少增 1.06 万亿元，中小银行新增"股权和其他投资"项同比少增 5.67 万亿元。

四是券商资管、基金子公司等影子银行通道业务断崖式缩水。金融严监管背景下，2017 年影子银行非标通道业务同比少增 6.9 万亿元，呈现出逆转断崖式下滑现象。2016 年银行对非银机构净债权新增规模远超 12 万亿元，受监管影响，2017 年该新增规模较 2016 年高峰顶点缩水 2 万亿元。2017 年以来，基金子公司总规模和券商资管规模分别缩水 2.54 万亿元和 2036 亿元，分别较 2016 年同期少增 5.1 万亿元和 4.07 万亿元。

五是资管业务模式发生根本性转变。在资管业务和产品息差不断压缩、资管规模严重萎缩的背景下，以"刚兑＋非标＋通道"为标志的影子银行模式将受到进一步冲击，平台和牌照的溢价能力将会持续减弱，资管业务将逐渐回归"受人之托、代人理财"的本质（见表 2-4）。

表 2-4　　　　　　　　　　　　资管业务增速

资管类型	2014—2016 年复合增速	2017 年同比
大银行		
—债券投资	14.8%	9.7%
—股权及其他投资	66.7%	-6.5%
中小银行		
—债券投资	39.5%	18.1%
—股权及其他投资	84.9%	5.5%
银行理财	41.7%	-2.2%
—全国性银行	16.5%	3.0%
—股份行	44.7%	8.4%
—城商行	60.2%	17.4%
—农商行	74.2%	12.5%
券商资管	52.0%	10.2%
—集合资管	83.2%	2.7%
—定向资管计划	82.4%	12.5%
基金专户和子公司	127.0%	-17.3%
—基金专户	121.3%	2.9%
—基金子公司	138.6%	-28.6%
信托	22.8%	34.3%

数据来源：根据公开资料整理。

六是银行资产端更加重视信贷，负债端更加重视一般存款和长久期同业负债。随着金融监管趋势从严，银行对资产端和负债端的管理呈现出新特征。从资产端来看，银行更加重视信贷业务且能够摆布的空间有限。一方面是MPA 考核限制了广义信贷的快速扩张，约束了资本充足率的提升；另一方面，随着票据和同业资产压缩空间的限制，加之非标和委托贷款等回款压力增大，银行表内资产端腾挪难度不断加大。从负债端来看，由于银保监会流动性新规等的影响，银行更加重视一般存款和长久期同业负债。2018 年，央行拟于将同业存单纳入 MPA 同业负债占比考核，并设置存单的发行额度限制，导致部分中小银行的负债端调整和腾挪压力剧增，且需要密切关注流动性和资金链断裂风险。

七是银行面临较大的补充资本金压力。如果非标等融资需求入表变成信贷资产，资本金的消耗就会大幅增加，派生存款消耗也将面临超储压力。同时，银行也越来越难将不良资产藏匿到表外，局部的坏账风险会不断加大，而 MPA 考核等最终都指向资本充足率。

2. 金融风险依然存在

尽管成绩斐然，但是仍然存在五大问题，接下来需要继续从严监管，避免系统性风险爆发。

一是表外业务错综复杂。表外业务发展迅速的原因在于对表内业务的严格规模限制，并且表外业务具有更加灵活的表现形式以及更加广泛的投向，所以表外业务比较活跃。例如，2014 年到 2017 年资产管理业务的规模翻倍，且超过了表内规模和宏观经济的增速，这都是通道业务带动的结果，并且资产管理业务之间已经相通，难以对其实施穿透监管，以致监管套利、嵌套等资产管理行为普遍存在，金融风险成为资产管理领域最大的风险。

二是金融科技监管存在滞后现象。虽然我国传统的金融机构规模不小，但是其覆盖面积不够大，特别是一些偏远的村落区域，由于提供服务的覆盖范围局限，所以对低收入人群覆盖程度较低。近年来，我国移动通信设备和互联网的普及率较高，金融科技借此良机迅速崛起，突破传统金融机构业务的限制。但是，因为对金融科技的监管尚未完善，所以互联网金融仍存在盲目发展的趋势，且风险隐患较大。

三是金融业务存在高杠杆、期限错配等问题。近年来，金融机构的收益水平随着货币政策的宽松而提高，高杠杆水平和期限错配得以加强，以银行理财和各类资金池业务模式作为主导，长期投资借助滚动发行募集的短期资金，导致期限错配的特性尤为突出，存在高流动性风险。另外，由于部分资产管理产品和委托投资的高杠杆性质，尽管有一定程度的限制，但是仍然存在利用各类变通渠道运作高杠杆业务的现象。

四是金融控股集团监管不到位。盈利能力不足，部分传统企业开始逐渐深入金融领域，加大金融业务的收购量，许多企业的运营模式逐渐转变为金融控股集团模式，由于缺乏高水平的管理，加之频繁的内部关联交易，业务交叉、风险隐瞒等原因，致使金融控股集团膨胀过度，难以实施有效的监管。

五是资金流向违规领域。当前资金违规流向问题仍然存在，例如，向部分不符合信贷要求的房地产项目提供资金支持，房地产监管对冲，不断刺激房价泡沫；信贷资金违规流入股市，会产生一定的投资风险。

3. 金融监管趋势

国际金融危机之后，G20集团在2009年建立较为统一的监管体系，增强了金融监管的有效性。国际中的主流发达国家都对金融监管政策及组织进行了变革，并且以G20所达成的共识为导向，从宏观审慎、微观审慎、行为监管出发，进一步推进监管变革。

一是逐步深入宏观审慎监管。英国安排英格兰银行在金融稳定中履行金融稳定法定职责，负责宏观审慎监管，保证整个金融机制运行稳健；美国把美联储安排在系统性风险监管的核心位置，赋予美联储认定和监管一级金融控股公司的权力；欧盟成立了欧盟系统风险监督委员会，负责宏观审慎监管。

二是加强对银行资本、流动性以及杠杆水平的监管。国际金融危机之后，巴塞尔委员会改进了巴塞尔协议，正式出台《巴塞尔协议Ⅲ》，并且全面实施。在《巴塞尔协议Ⅲ》中，资本要求得到强化，指标风险敏感性提升，杠杆率以及净稳定融资比例、流动性覆盖率等流动性监管指标都得到了增强。欧盟和美国都对银行增强了压力测试，以保证即使处在极端情况下，资本充足率也能满足监管的要求。

三是加强系统重要性机构监管。"大而不倒"很可能会产生道德风险，全球金融稳定理事会为解决此问题，决定把每年识别出的全球系统重要性银行纳入名单内，在审慎监管指标、风险治理体系等方面对名单内的银行提出更高的要求，另外，将陆续添加总损失吸收能力的要求，确保那些经营失败的机构受到处置时可以有充足的债务工具以通过转股和减记的方式转为普通股吸收损失。与此同时，让这些机构针对经营失败的可能制定恢复与处置计划，达到能够有序退出或自我恢复运营的目标。美国《格拉斯—斯蒂格尔法》规定，金融稳定委员会具有识别系统重要性金融机构和对非银机构监管的权力。

四是拓宽监管范围，加强影子银行的监管约束。在金融危机爆发之前，并未有效解决影子银行和场外衍生品交易方面的问题，然而在金融危机中，没有被监管的金融活动表现出了风险性，所以金融危机过后，各个国家都对监管范畴进行了拓展，建立了如欧盟《金融工具市场指令Ⅱ》这种场外衍生品中央交易对手清算机制，并且《金融工具市场指令Ⅱ》涵盖了所有的金融工具以及大量的交易场所。另外，为了解决影子银行的对冲基金、货币基金以及资产证券化监管不到位、透明度低等问题，欧盟和美国陆续革新了基金货币的监管，对赎回限制、压力测试、信息披露等问题的监管提出了更高要求。欧盟全新出台了《另类投资基金管理人指令》，增加监管对冲基金、私募基金等另类投资的力度，美国在监管范围中加入了对冲基金。

五是增强金融消费者保护力度。金融危机过后，各个国家增强了消费者保护力度，以免遭到不公正待遇。美国《格拉斯—斯蒂格尔法》规定必须要成立美国消费者金融保护局，负责监管所有对消费者销售金融产品和服务的活动。消费者可以向它投诉，针对投诉相关机构会提供说明与反馈。在欧洲负责保护消费者和微观审慎监管机构是保险和养老金监管局、欧洲银行业监管局、证券和市场监管局，并且欧盟的《保险分销指令》《消费者信贷监管指引》《金融市场工具指令》中有很多关于消费者保护的规定。

2.3.2　金融监管理念机制创新

创新金融监管理念、变革金融监管机制以及重塑金融监管规制是强化金融监督应对新挑战、新问题的主要途径。以防范套利式创新为基础的包容性、主动性金融监管理念，为发展实体经济的金融创新提供了支持。中国版"监管沙盒"机制，是为了寻求金融风险与金融创新之间的平衡，不仅可以刺激创新还能控制风险，以及重塑新型金融产品的监管规则，为发展实体经济打下坚实基础。

1. 监管理念的变革

金融科技作为金融产品、中介以及市场创新的主要推动力量，其本身更加智能化、数据化、技术化，同时应适时变革监管理念，发展金融科技已经不再需要传统的响应式、被动式静态监管，所以金融科技监管应该具备前瞻性，将响应式、被动式监管转换为包容性、主动性监管。监管当局既要把技术作为主要手段来提高智能化监管水平和金融服务效率，还应该对技术所带来的风险加以重视，对监管理念进行变革，形成适应性、包容性、主动性、协调性、功能性监管理念，推进监管理念变革进程，增强监管的协调性。

2. 监管机制的创新

全球越来越多的国家为了迎合金融与科技结合的金融创新趋势，纷纷制定战略规划支持发展金融科技，建立创新与风险平衡的监管机制是其中一项重要的内容。各个国家都积极响应由英国提出的"监管沙盒"计划，它为探索金融科技创新监管开辟了新路径，美国、澳大利亚、新加坡等国家已经率先执行，而且在此过程中不断对"监管沙盒"计划进行完善。我国金融科技监管变革可以借鉴"监管沙盒"经验，克服当前金融监管体系的缺陷，达到创新与风险之间的平衡。

针对中国版"监管沙盒"计划，国务院金融稳定发展委员会可以设立一个创新中心，负责主导整个金融科技的创新事业。把创新中心作为一个"安全空间"，金融科技企业可以在这个空间范围内对创新营销模式、商业模式、金融服务和产品进行实景测试，而且不会立即被监管规则约束。"监管沙盒"的本质是以严防风险外溢、维护消费者权益为前提，在适当放宽监管规定的情况下，降低金融科技创新规则的局限性，激励更多的创新方案变为现实。在此过程中，金融风险、金融科技与金融监管之间存在问题可以通过"监管沙盒"有效解决，而且使有效管控风险与金融科技创新共赢的局面得以形成。

2.3.3 金融监管科技广泛兴起

如今科技发展迅猛，金融与科技深度融合，监管科技在此背景下已然成为防范系统性金融风险的重要工具，如何对金融监管的及时性、针对性、全局性及统筹性进行强化，如何对金融消费者和金融普惠性进行有效保护和保障，如何对金融科技监管的理念、技术、组织、体系进行改进，将成为金融监管科技的发展态势和重要责任。

1. 监管科技助力金融监管

在强化监管方面，监管科技以对金融风险进行有效防范，降低合规成本为目标，成为金融科技的重要组成部分。监管科技是一项新技术，数字安全和监管合规性要求都能得到有效满足，其提升监管效率的技术主要有人工智能、生物识别技术、机器学习、分布式账本、云计算以及数字加密技术等。监管科技能够让金融监管机构进行合规性审核时更加快捷、高效和精准，降低人力支出，实时把控金融市场的变化，继而对风险防控和监管政策进行动态匹配调整；而且金融从业结构与监管政策实现无缝对接，可以对经营行为进行及时自测与核查，形成主动识别并控制风险的局面，从而有效提高合规能力，降低合规成本。

美国金融监管十分具有前瞻性，美国金融稳定监督委员会（FSOC）将金融的主要风险中加入了信息技术风险，对金融业信息技术的监管与保护非常重视，这也是未来监管的发展趋势。近几年来，金融监管部门越来越重视监管科技。金融管理部门将合规性要求和监管政策通过科技手段转化为数字化监管协议，在业务流程中引入风险技防能力，全方位构造金融风险检测和预判机制，对大量金融数据资源的层次结构和逻辑关系进行梳理与分析，对金融业务风险进行精准识别，从而提高金融监管的质量和效率。2017 年中国人民银行出台的《中国金融业信息技术"十三五"发展规划》指出，"要加以重视金融科技（FinTech）和监管科技（RegTech）的研发与应用"。而且 2018 年证监会出台的《中国证监会监管科技总体建设方案》为监管科技展现了一幅周密详细的发展蓝图。

═══ **专栏2-2** ═══

监管科技助力金融监管

2019年，在大型互联网金融科技公司BAT（百度、阿里巴巴、腾讯）等的助力下，监管科技应用逐渐成为新常态。云计算、大数据和人工智能等在金融领域的应用已逐渐深入，金融业务相互交织，金融市场也变得更加错综复杂。金融业务在金融科技的助力下表现出去中心化、去中介化等特征，产生了新的风险特征和风险场景，增加了金融监管的难度。在此背景下，全球金融监管机构达成共识：以科技应对科技。

互联网巨头百度集团较早对外公布其在金融监管方面卓有成效。百度金融（度小满金融）在2017年5月对外宣布，其与贵州省政府金融办、大数据局等部门深度合作推出的"贵州金融大脑"，是国内首个以互联网数据打通政府、企业和金融机构之间的连接壁垒，解决中小微企业融资困难的智能融资撮合平台，其主要功能是为中小微企业提供综合评估系统、融资撮合和智能监管等技术。

2017年，腾讯与北京市金融工作局就共同开发北京市金融安全大数据监管平台达成战略合作协议，双方将通过资源互通共享，达到识别并检测各种金融风险的目的。此后不久，腾讯与深圳市金融办合作，共同开发深圳地区金融安全大数据监管平台，以金融风险识别与预警机制为依托，为地方金融监管助力，为金融业务安全保驾护航。2018年8月，腾讯与河北省金融办达成战略合作协议，腾讯将协同河北省金融办打造金融安全大数据科技平台，双方将在金融科技领域开展长期、全面、深度的战略合作。

阿里巴巴通过蚂蚁金服紧跟时代步伐。2019年，蚂蚁金服与北京市地方金融监管局合作开发"风控驾驶舱"系统，该系统是北京市金融监管局的超前管理理念与丰富管理经验和支付宝金融科技融合的产物，其主要功能是加强金融风险系统性防范，实现穿透式监管。此外，蚂蚁金服在2018—2019年已陆续与北京、天津等十多家地方金融监管部门达成合作意向，利用"蚂蚁风险大脑"提前感知风险的优势提高监管部门风险防控能力，防范金融风险。

资料来源：根据公开资料整理。

2. 政府加码金融科技监管

金融科技监管受到政府各级机构（国务院、央行、银保监会等）的高度关注。2016—2018 年，关于互联网金融的政策监管文件相继出台，监管政策逐步细化，互联网金融在政策监管下结束野蛮生长状态，向规范化时代迈进。从关于第三方支付、现金贷、首次发行代币（ICO）和虚拟货币交易场所的监管经验来看，快速识别、及时应对和严格监管是避免风险积聚和蔓延的有效手段，充分体现防范和化解系统性风险的监管基调。《中国互联网金融年报 2018》指出，我国互联网金融风险专项整治工作历时两年多，最终取得显著成效，除了增量风险和存量风险均得到有效遏制或化解外，对于高发频发的风险案件管控也逐步加强，行业向着规范化方向发展的趋势越发明显，行业治理机制也得到进一步完善（见表 2 – 5）。

表 2 – 5　　　　　　　　　　金融科技监管政策梳理

项目	2016 年发布政策名称	2017 年发布政策名称	2018 年发布政策名称
金融科技监管	①《国务院关于印发"十三五"国家科技创新规划的通知》②《国务院关于印发北京加强全国科技创新建设总体方案的通知》	《新一代人工智能发展规划》	①《中国证监会监管科技总体建设方案》②《中国银行业信息科技"十三五"发展规划监管指导意见（征求意见稿)》③《云计算技术金融应用规范技术架构》④《移动金融基于声纹识别的安全应用技术规范》

续表

项目	2016 年发布政策名称	2017 年发布政策名称	2018 年发布政策名称
互联网金融监管	①《互联网金融信息披露规范（初稿）》 ②《互联网金融风险专项整治工作实施方案》 ③《开展互联网金融广告及以投资理财名义从事金融活动风险专项整治工作实施方案》 ④《非银行支付机构风险专项整治工作实施方案》 ⑤《P2P 网络借贷风险专项整治工作实施方案》 ⑥《股权众筹风险整治工作实施方案》 ⑦《网络借贷信息中介机构备案登记管理指引》	①《商务部关于开展融资租赁业务风险排查工作的通知》 ②《关于进一步做好互联网金融风险专项整治清理整顿工作的通知》 ③《关于进一步加强金融审判工作的若干意见》 ④《关于将非银行支付机构网络支付业务由直连模式迁移至网联平台处理的通知》 ⑤《关于规范整顿"现金贷"业务的通知》 ⑥《关于做好 P2P 网络借贷风险专项整治整改验收工作的通知》 ⑦《网络借贷信息中介机构业务活动管理暂行办法》	①《互联网金融逾期债务催收自律公约（试行）》 ②《支付业务许可证》 ③《关于对非银行支付机构发起涉及银行账户的支付业务需求进行调研相关文件的通知》 ④《互联网金融从业机构反洗钱和反恐怖融资管理办法（试行）》 ⑤《关于加大通过互联网开展资产管理业务整治力度及开展验收工作的通知》
银行业有关金融科技监管		①《中国银监会关于银行业风险防控工作意见》 ②《关于规范金融机构资产管理业务的指导意见（征求意见稿）》 ③《关于银行业风险防控工作的指导意见》	①《银行业金融机构数据治理指引》 ②《商业银行互联网贷款管理办法（征求意见稿）》
ICO 监管		①《处置非法集资条例（征求意见稿）》 ②《关于防范代币发行融资风险的公告》	《关于防范以"虚拟货币""区块链"名义进行非法集资的风险提示》

资料来源：根据公开资料整理。

（1）对第三方支付的监管

中国人民银行 2010 年在《非金融机构支付服务管理办法》中设置了第三

方支付牌照。同年，中国人民银行给支付宝和财付通等第三方支付平台发放牌照。2016 年，新的机构——网联诞生，加大了对第三方支付机构的监管力度，要求集中存管落地备付金，第三方支付机构不再具有直接连接各家银行的资格，需要通过网联进行跨行支付等操作。

（2）对互联网销售金融产品的监管

互联网销售金融产品是指互联网企业利用其客户平台销售由金融机构推出的金融产品。以余额宝为例，拓宽销售渠道是余额宝最大的创新点，以支付宝平台积累的海量客户为基础，借助互联网平台来销售产品，产品类型依旧是传统的金融企业产品。有区别的是，余额宝推出之后，投资者的投资方式由以往在商业银行网银系统或基金公司网点购买或赎回市场基金份额转变为直接在支付宝账户下进行这一系列操作。此外，余额宝较低的起投门槛也对投资者有巨大吸引力。然而，余额宝的货币市场基金份额的法律属性并未因为这些创新而发生改变，在支付宝平台中嵌入余额宝，只是拓宽产品销售渠道的一种手段，而不是改变余额宝作为金融产品的属性和结构，投资者无论选择余额宝还是其他方式进行投资，其承担的风险和获得的收益是一样的。但是，天弘基金公司正是凭借这种巧妙而简单的设置，从小公司转变为最大的公募基金管理公司。

第3章 新技术，支撑中小银行 创新化转型的基础

在金融严监管背景下，金融科技发展为金融服务实体经济提供了新的出路。大数据、云计算、人工智能与区块链等的发展，为银行创新金融产品与服务模式提供了技术支持，增强了银行的价值创造力和创新发展的活力。中小银行对金融科技的运用，补足其在成本控制、风险控制、客户价值挖掘等方面的短板，并与金融科技融合，形成新的发展模式与业务，增强其转型发展的技术能力基础。

3.1 金融科技新发展，指引中小银行转型方向

金融科技是技术变革驱动的金融服务创新。金融科技带来新的技术应用、商业模式、产品和业务流程，进而影响金融服务的供给。在金融分化发展的新时代，把握金融科技发展趋势，成为中小银行转型发展的关键。

3.1.1 金融科技发展及其前沿

金融科技的概念最早由金融稳定理事会提出，经过国内外实践探索，金融科技内涵不断丰富和拓展。银行对金融科技的应用，不断推进金融科技发展，尤其是中小银行对金融科技应用表现出较大的兴趣，成为其发挥优势，规避劣势的利器。

1. 金融科技概念

金融科技是技术驱动的金融创新，是对金融市场、机构、服务供给产生重大影响的新模式、新技术、新产品等，既包括前端产业，又包括后端技术。

表 3 – 1　　　　　　　　　　　　金融科技概念

维度	内涵
技术论	将金融科技等同于技术，特别是人工智能、云计算、大数据、区块链等
机构论	运用金融科技的金融机构，均属于金融科技的范畴
业态论	将金融科技等同于几个具体的业务模式，比如 P2P、众筹、第三方支付等
生态论	涵盖金融科技上下游整个生态

资料来源：根据公开资料整理。

2. 金融科技发展阶段

银行与科技之间的结合经历了金融科技的 1.0 阶段（金融 IT 化）、金融科技的 2.0 阶段（金融互联网化）、金融科技的 3.0 阶段（金融科技化）。金融科技发展阶段反映了科技对银行运营的渗透深入过程。

金融科技的 1.0 阶段，即金融 IT 化阶段，该阶段的主要特征是金融机构基础设施的 IT 化。自 1980 年以来，随着计算机与通信技术的迅猛发展，计算力不断上升和存储容量不断增大，计算机技术开始在金融行业得到推广应用。银行开始组建科技部门，加快计算机、通信技术在金融业的运用。从信贷业务来看，银行在这一领域的典型应用主要表现在三个方面，一是把业务流程中获得的各类信息进行数据化处理，即线下表单转到线上数据库；二是把线下流程转变为线上流程；三是把流程中的一部分转变为自动化过程，比如线下核对、复核等环节。为实现上述目标，银行重新设计开发了核心业务系统，系统整合了客户管理、资金结算、风险控制等模块，较大幅度降低了运营成本，提高了服务效率，最终形成"以账户为中心"的金融服务体系。

金融科技的 2.0 阶段，即金融互联网化阶段，该阶段的主要特点是金融渠道网络化。随着移动互联网技术的飞速发展及其与金融的紧密结合，银行开始通过互联网、移动终端建立多元化渠道。该阶段伴随着零售银行转型呈现较快发展，主要表现为电子银行、手机银行等业务模式的快速成长。银行基于技术手段，一方面对流程中内外"接口""渠道""终端"进行电子化改造；另一方面，改造了流程中信息产生机制，实时引入大量非流程上下游的"关联化"信息。在此基础上，移动互联技术成为银行与用户连接的重要渠道，通过打通资金端、资产端、支付端、交易端等，简化了业务流程，创新了服务模式，将传统业务上传至移动互联网，推动了银行从"以账户为中心"向"以客户为中心"转型。

金融科技的3.0阶段，即金融科技化阶段，该阶段的主要特征是，金融与科技深度融合，围绕"规则"智能化深化发展。由于银行业务的复杂性、客户的多样性等，导致机器判断标准的固化，难以跟得上时代需求，还需要机器不断从案例中学会新的判断准则，所以银行业信息化系统中一些关键处置规则，需要人工处理。这就推进了人工智能、大数据、云计算、物联网等技术的发展，人工智能、机器学习用以形成并输出判断规则、处置规则，并自动运行规则；大数据技术用以提供充分信息和信息加工处理；云计算技术用以提供足够强大的计算力；区块链用以保证聚在一起的信息的私密性。多元技术的协同应用，推进理财、支付、融资业务的发展，重塑银行业务模式和运营模式，提升金融服务效率，成为践行普惠金融、发展数字经济的新引擎。

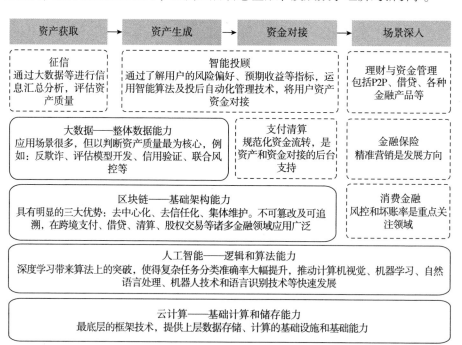

图3-1 金融科技在金融业务中的应用

3.1.2　金融科技特征及其规律

金融科技作为新形势下科技驱动金融转型升级的技术力量，将有力推动我国金融实现跨越式发展。区块链、大数据以及人工智能等先进技术与金融服务深度融合，促进金融创新与防范金融风险的进步，一方面，表现为服务效率提升与客户体验改善；另一方面，则表现为进一步催生出新的金融业态与商业模式。在新时代背景下，中小银行只有更好更快适应环境，才能更好地发展。

1. 金融科技发展新特征

金融科技具有七个典型特征，即客户导向、全新设计、轻资产、可扩展、简单化、创新性和重合规。

银行借助金融科技力量，服务更加智能化、注重场景化以及凸显数据资产价值。一是服务更加智能化。银行运用机器学习、图像识别、自然语言处理等新技术，打造智能系统、创新产品模式等，全面提升客户体验。二是更加注重场景化，银行运用金融科技手段，实现可见即可得的金融服务，在医疗、教育、购物等场景融入金融服务。三是银行数据资产价值凸显，拥有大量数据的银行成为未来竞争取胜的关键。数据的整合有利于提升精准营销能力、风控能力等，推进银行从传统价值创造方式向依托数据创造价值方式转变。

2. 国内金融科技应用及发展

金融科技的发展以及在国内的应用沿着支付、信贷、理财等发展，最终实现跨界融合发展。

金融科技最先在支付领域取得突破。支付手段的进步使支付服务时间大幅缩短，并且导致支付不再被银行垄断。数据显示，非银行支付比率从2015年18%上升到2017年的50%。这表明银行的支付功能被跨界竞争者渗透，银行支付手段的固化，拉大了银行与客户之间的距离。

金融科技之后在信贷服务领域取得进展。互联网电商企业在积累了大量客户交易数据之后，通过预测分析客户行为，进行客户画像等，开始为客户提供消费信贷，满足客户信贷需求。

金融科技然后在理财服务方面有所发展。互联网分销方式和大数据预测模型的成功，加快了互联网理财业务的发展。余额宝可以根据客户投资习惯为其推荐基金和理财，更好对接客户需求。

金融与科技最后实现跨界融合发展。在银行与科技公司跨界融合发展的基础上，加快银行金融产品与服务的迭代更新，更加灵活对接创新时代的金融需求。比如工行与京东的合作、农行与百度的合作、中行与腾讯的合作、交行与苏宁的合作等，开启了金融与科技全面融合发展新时代。

3.1.3　金融科技发展趋势及其机遇

金融科技发展趋势体现在打造开放平台、挖掘数据价值与开发人工智能等方面，这为中小银行培育新的商业模式、风控模式、运营模式提供了机遇。借助金融科技力量，加快前瞻布局，成为中小银行及时转型的出路。

1. 开放平台：培育新的商业模式

开放平台是基于大开放与大合作模式，按照既定规则将多方市场整合在一个开放式的平台上，构建发展共生、合作共赢的生态圈。开放平台的构建，一是需要清晰认识行业发展趋势、明确自身发展转型方向；二是需要重点关注技术、产品、机制、协同等基本要素，借助开放平台培育开放的文化，不断促进硬支撑水平与软实力的提升；三是需要与互联网企业或电商平台公司建立良好的战略合作关系，加快构建合作共赢的金融服务新生态。

开放平台能够重塑金融机构竞争优势，促进金融机构产品创新、服务效率提升和业务流程优化，并最终培育新的商业模式。开放平台的构建有利于加快传统金融服务的转型升级。实施开放平台战略，金融服务机构不仅需要有契合的战略定位，还需要进行内部管理的创新与变革。一方面要充分发挥协同效应，从现有服务模式向场景融合的服务模式转变；另一方面要秉持生态思维，实现金融服务和相关产业的深度融合。

2. 数据价值：催生新的风控模式

信息时代，数据资源已经成为重要的资源，具有不可忽视的商业价值。

尤其对于金融科技行业，数据不仅是构成商业信用体系的核心要素，还能有效促进风控质量的提升。建立数据驱动的风控新模式，需要深入分析客户交易数据和行为信息，并基于此抽象出客户360度全景画像。建立风控新模式的前提与关键就在于"化抽象为具体"，具体可分为数据模型和分析模型，这为预测客户未来需求、洞察客户行为特征、准确评估客户风险状况并提升风险防控水平提供了基础。

新的信用风险管控模式的核心是数字信用评估体系的建立，不仅需要分析传统财务数据，还需要进一步关注电商交易数据、物流配送数据等多维数据。此外，还需要借助大数据技术实时分析客户的风险特征，实现面向交易过程的授信和全流程管控。在贷前环节，银行可利用企业经营与认证数据分析企业经营管理情况，判断企业的还款意愿和还款能力。在贷中环节，银行可通过企业的交易与行为数据，实时分析并监控企业的交易情况、现金流动情况，为风险预警提供信息。在贷后环节，银行建立监控机制，通过对企业数据实施分析与监控，追踪企业经营动态，把握企业经营行为。

3. 人工智能：提供新的发展动力

人工智能为银行的业务发展提供了新动力。比如人工智能在投资理财领域的运用，能够使银行更加有效分析与预测市场行情，更加准确把握客户需求，提升客户服务质量和服务效率，还能够进一步提升风险管控能力。人工智能的运用很好地突破了客户经理的服务瓶颈，通过自动化与智能化的投资理财服务以及交易处理，极大地改善了客户投资理财体验。

人工智能改变了传统的金融服务模式，加快了智能投资服务模式的产生与发展。作为一种新的金融服务模式，智能投资服务更具便捷性、高效性。一方面，智能投资服务可以有效分析客户需求与风险偏好，自动为客户提供最合适的投资理财方案；另一方面，智能投资服务能够实时监测客户端和产品端的风险变化，动态调整资产配置方案，为客户提供全生命周期的投资服务。

3.2 金融科技新技术，增强中小银行竞争能力

以金融科技为代表的技术力量快速兴起，正日益成为金融系统变革的重要力量。当前的金融科技领域主要有人工智能、区块链、云计算和大数据等技术，这四项技术与银行业务均有广泛联系，并且这些技术已在降低产品与服务成本、提高服务效率、增强客户体验、提升风控能力等方面具有广泛的应用。中小银行面对科技创新带来的颠覆性变革，纷纷加快转型步伐，将发展金融科技列为重要战略，以增强市场竞争力。

3.2.1 大数据增强中小银行风控力

在金融科技的发展进程中，大数据技术发展最为成熟、应用最为广泛。大数据是高容量、高速度和多样性的信息资产，体量大、结构多样、产生处理速度快。"大数据"概念的出现，体现了当前一种全新的资源观。通过大数据技术应用，银行可以更加全面地掌握客户的需求及行为，从而推动银行落地实施精准营销。同时，银行还可通过对客户的行为轨迹和交易信息进行实时监测，实现对风险的全面预警和防控。

1. 大数据的特征

大数据的特征可归纳为"5V"。第一，数据体量大（Volume），这是大数据最直观的特征。第二，数据类型繁多（Variety），包括以事务为代表的传统结构化数据、以网页为代表的半结构化数据和以视频、语音信息为代表的非结构化数据。第三，真实性（Veracity），大数据的数据质量真实性高。第四，价值密度低（Value），大数据的体量大，但数据的价值密度较低。第五，处理速度快（Velocity），大数据具有较强的时效性，对数据处理速度具有较高的要求。

2. 大数据在金融行业的运用

大数据技术在金融行业备受重视。与一般商业分析相比，大数据分析能够使银行的战略制定、业务决策更具前瞻性、合理性和科学性，有利于实现

企业资源的优化配置，对市场变化做出及时的反应，提升客户服务体验。同时，大数据分析还能够加快资金周转，降低库存积压的风险，从而帮助企业实现更高利润。

在银行业，大数据主要用于信贷风险评估和供应链金融。在信贷风险评估方面，大数据分析突破了以往银行在企业客户违约风险评估上的局限性，不再仅仅依赖于信贷数据和交易数据等静态数据，而是整合内外部数据资源，使信贷风险评估更具前瞻性。在供应链金融方面，大数据技术依据企业间的交易往来关系绘制企业关系图谱，能为银行提供更有价值的企业分析，提高银行风险管控能力。

=== **专栏 3-1** ===

大数据技术在银行运用的案例

交通银行通过大数据实现快速建模、实时预警与在线智能监控报表等功能，以达到实时接收官网业务数据，整合客户信息、设备画像、位置信息、官网交易日志、浏览记录等数据的目的。

该系统通过为交通银行卡中心构建反作弊模型、实时计算、实时决策系统，帮助拥有海量历史数据、日均增长超过两千万条日志流水的银行卡中心，形成电子渠道实时反欺诈交易监控能力。利用分布式实时数据采集技术和实时决策引擎，帮助信用卡中心高效整合多系统业务数据，处理海量高并发线上行为数据，识别恶意用户和欺诈行为，并实时预警和处置；通过引入机器学习框架，对少量数据进行分析、挖掘构建并周期性更新反欺诈规则和反欺诈模型。

系统上线后，交通银行迅速监控电子渠道产生的虚假账号、伪装账号、异常登录、频繁登录等新型风险和欺诈行为。系统稳定运行，日均处理逾两千万条日志流水、实时识别出近万笔风险行为并进行预警。数据接入、计算报警、案件调查的整体处理时间从数小时降低至数秒，监测时效提升近3000倍，上线3个月已帮助卡中心挽回数百万元的风险损失。

百度的搜索技术正在全面融入百度金融。百度金融使用的梯度增强决策树算法可以分析大数据高维特点，在知识分析、汇总、聚合、提炼等多个方面有其独到之处，其深度学习能力利用数据挖掘算法能够较好地解决大数据价值密度低等问题。百度"磐石"系统基于每日 100 亿次搜索行为，通过 200 多个维度为 8.6 亿账号精确画像，高效划分人群，能够为银行、互联网金融机构提供身份识别、反欺诈、信息检验、信用分级等服务。该系统累计为百度内部信贷业务拦截数十万欺诈用户，拦截数十亿元不良资产、减少数百万元人力成本，累计合作近 500 家社会金融机构，帮助其提升了整体风险防控水平。

资料来源：根据公开资料整理。

3.2.2 云计算增强中小银行运营力

云计算是一种基于因特网的超级计算模式，通过使计算分布在大量的分布式计算机中，而非本地计算机或远程服务器中，企业数据中心的运行将更与互联网相似，使得企业能够将资源切换到需要的应用上，根据需求访问计算机和存储系统。云计算提供了一种新的经营方式。在竞争激烈的金融业务中选择一个私人云，公共云或混合云社区云的混合需要创建新的商业模式。

1. 云计算的特征

根据部署方式，云计算通常分为公有云、私有云、混合云和社区云等。其中，公有云是由第三方服务商设计，用户通过租用的范式来使用的云计算平台。私有云是为企业或机构内部使用而设计的云计算平台。在私有云的基础上，通过租赁部分公有云资源并实现二者无缝对接的云计算平台即为混合云。社区云是将云的基础设施分享给若干个组织并可支持某个特定社区的云服务平台。

云计算技术具有多重特征。一是超大规模。云计算具有超大的规模，比如，谷歌的云计算就需要几十万台服务器作为支撑。二是虚拟化。云计算突破了传统服务中存在的服务时间和服务地点限制，为用户提供了更加便捷、高效的服务体验。三是高可用性。借助数据多副本容错、计算节点同构可互换等措施，云计算能够确保服务的高可用性。四是通用性。基于云计算可以构造出大量的应用，同一个"云"能够同时支撑不同的应用运行。五是弹性扩展。云计算具有动态伸缩特性，可以根据应用和客户规模的变化进行动态调整。六是低成本。随着云计算技术的发展与运用，企业运营成本将会进一步降低，运营效率也会进一步提高。

2. 云计算增强中小银行运营力

一是有效降低银行的信息化成本。云计算通过虚拟化技术将物理IT设备虚拟成IT能力资源池，以此满足金融机构算力和存储的需求。在物理设备上，云计算采用服务器和磁盘阵列作为基础设施。此外，通过云操作系统可以实现IT设备的负载均衡，提高单位IT设备的使用效率，降低单位信息化成本。

二是云计算提升信贷数据处理能力。基于云计算的新型银行业务模式具有信息资源系统化整合、按需提取及分享、多方管理协同、支持服务标准化、信息资源透明化、支持多种访问形式等特点。借助云计算，银行能够大批量存储和处理分析各类数据，为业务人员开展信贷业务提供有效的数据支持。

三是云计算优化信贷业务操作。云平台中的专业数据处理软件和分析工具能够同时满足多数业务人员的使用需求，有效突破了业务人员能力或团队规模的局限性。内外部政策条件的变化能够及时反映在数据的分析和使用中，业务人员可以借助云计算的协同服务提高业务沟通效率，降低业务沟通成本。同时，银行还可以借助云计算打破分行业务办理的地域限制，解决机构分割难题，缓解协同难题，促进跨地区业务发展。

=== **专栏 3-2** ===

中国工商银行的云基础设施建设

工行从2010年开始推进基础设施云项目的建设工作。基础设施云项目旨在通过提供存储资源、计算能力和网络服务等基础设施资源服务，解决银行业务中面临的实际问题。工行参考同业基础设施云项目建设经验，结合行内系统环境以及客户需求，通过自主研发对现有技术进行创新、扩展现有功能和流程优化。具体地，工行首先在确立基础设施云项目的目标、框架的基础上，按照"先原型、再研发、后迭代优化"的推进方法、按照"先研发测试环境试点、再研发测试环境推广、最后生产环境"的建设步骤，将领先的理念转变为现实生产力，最终实现基础设施云项目建设目标。

在技术架构方面，工行基础设施云通过总、分行联动的分布式云平台部署架构，在每个一级机构、安全区域内部署一台介质服务器，其中企业级标准化介质由软件开发中心统一制作发布。不同的机构有不同的视图，架构上支持跨机构调配资源。全行统一部署架构和服务门户，实现企业级的资源管理及任务调度。

在业务功能方面，工行基础设施云向用户提供部署、回收、变更功能，同时提供统计与管理等功能，实现了资源的优化调度和配置。

资料来源：根据公开资料整理。

3.2.3 人工智能增强中小银行营销力

人工智能加速发展，围绕人工智能的技术与应用已开始渗透各行各业，银行业凭借海量数据和多维度应用场景给人工智能的发展应用提供了优良的"土壤"。同时，在银行业传统盈利模式受到冲击的影响下，也正需要人工智能技术来助推银行业加速转型。通过语音识别、知识图谱、机器学习与神经网络技术等一系列人工智能新技术的广泛应用，银行业将在快速分析、精准服务、风险管控等方面焕发新的活力与生机，具备更好的服务展现力、更强的分析洞察力和更优的自我表现力，增强中小银行业务的精准营销与客户价值挖掘。

1. 人工智能的本质与特征

分布式技术、神经网络算法等方面的飞跃发展加快了人工智能技术的成熟与进步，在计算力、算法、存储等技术突破的基础上，人工智能提高了任务处理效率。一方面，人工智能对非结构化数据的处理能力得到了提升，比如文本信息、语音信息、视频信息、图像信息等；另一方面，人工智能对数据处理能力以及基于知识图谱的分析能力得到提升，降低了业务的风险。

人工智能具有数据分析、感知环境、动态迭代特征。人工智能主要是以数据为基础，通过数据的清洗整理、分析挖掘等发现新的知识、模型，为决策提供支持。人工智能可以实现对外部环境的感知，即依托传感器等感知物物相连的世界。人工智能可以根据外部数据、环境的变化对现有模型进行修正，实现动态更新。

2. 人工智能给银行带来的机遇

人工智能的发展以及在银行业的应用，为金融产品与服务创新提供了重要的机遇。人工智能可以在银行推进精准营销、降低营销成本以及防范营销风险方面作出贡献。加强人工智能的应用，拓展人工智能的服务领域，成为银行把握发展机遇，实现数字化转型的重要契机。

一是人工智能可以有效促进客户的精准营销，并能够有效提升客户体验。人工智能技术可以根据客户的消费行为偏好等数据，精准判断客户需求，为其推荐合适的金融产品和服务。同时，人工智能技术改变了客户与系统的交互方式，简化了业务流程，从而更加便捷地为客户传递服务，增强了客户体验。目前银行对人工智能较为典型的应用有智能投顾等。

二是人工智能可以有效降低营销成本。零售转型是大多数银行未来发展的重要选择，但零售业务需要精耕细作，面临的"痛点"主要是成本控制问题。人工智能技术通过文字语音转换技术、图像识别技术等，推出了智能语音服务，这一技术的发展将大量减少话务服务人员、催收人员人数，并且结合智能推荐技术，可以增加银行服务效率，降低营销成本。银行已经开始运用智能客服、柜员业务辅助、大堂智能引导等技术，实现对业务成本的有效控制。

三是人工智能可以有效降低营销风险。传统银行注重融资企业的抵押物状况，轻视融资企业的实际经营状况，从而为融资企业伪造资料骗贷等提供了可乘之机。人工智能技术弥补了银行审核、贷后管理的漏洞。人工智能结合大数据、云计算等技术，一方面，基于人工智能的反欺诈技术可以更好排除不合格客户，从而有效降低营销风险；另一方面，基于人工智能的信用评级分析，以及根据外部环境动态变化的预警分析，可以更好把控信贷风险。

当前银行运用知识图谱技术于征信与风险控制、反欺诈等领域，防范营销风险。

3.2.4 区块链增强中小银行信任力

区块链是基于非对称密钥加密技术，以"智能合约"为核心理念，建立的一种新型的社会公信力机制，具有公开可信、不可篡改、可追溯等特点。作为一种分布式账本技术，区块链技术可以用来记录全部节点上发生的交易。由于分布式账本上产生的每一笔交易都需要经过节点间的共识机制检验后才能通过，并且一旦记录在区块链上将难以被伪造或篡改。

1. 区块链的本质与特征

依据区块链的公开性及共识机制的差异，可以把它分成公有链、私有链和联盟链等类别。其中，公有链的分布式账本是完全开放的，参与者均可匿名提交、读取交易记录，并通过一定的认证机制来确保区块链的安全性，根据其特性，公有链主要用于比特币等加密货币方面。私有链与联盟链则存在中心化或多中心化的结构，但具有规则比较灵活、信息比较安全等特点。

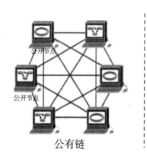

公有链　　　　　　　　私有链　　　　　　　　联盟链

资料来源：根据公开资料整理。

图 3 - 2　区块链网络架构

表 3-2 　　　　　　　　　　　区块链不同网络结构对比

	公有链	私有链	联盟链
中心化程度	去中心化	中心化	多中心化
参与者	任何人	中心指定参与人员	预先设定，具有特殊特征成员
信任机制	工作量证明	自行背书	共识机制
记账者	所有参与者	自定	参与者协商决定
优点	完全解决信任问题，全球用户访问，应用程序易部署，进入壁垒低	规则修改容易，交易量与速度无限制，节点授权进入	容易进行控制权限定，具有很高的可扩展性
缺点	交易量受限	接入节点受限，不能完全解决信任问题	不能完全解决信任问题

资料来源：根据公开资料整理。

2. 区块链增强业务信任

区块链技术适用于银行的一些业务应用场景，尤其是不同机构之间有数据交互的业务场景，把共性数据放在链上，以区块链数据流转状态来体现业务协作处理。从这个角度来看，区块链可广泛应用于跨境清算、数字票据、数字货币、慈善公益、积分兑换、数字资产登记、电子合同等，用于提高整个业务运行效率，降低业务运营成本。

一是区块链技术能够解决信息的信任问题。区块链技术可以对资金及物流进行动态监管，使得交易过程更加透明，从而有效降低信用证和相关单据的发放和追踪成本，提高处理效率。基于此，区块链技术可用于供应链金融业务的交易背景核实以及交易问题。2016 年，澳大利亚联邦银行联合富国银行、棉花贸易集团 Brighann Cotton，运用区块链技术实现了贸易交易。当货物从美国发出后，通过物联网触发区块链智能合约执行，一旦货物到达目的地，物联网系统与区块链协议发生数据交换，智能合约给银行支付指令，则安全实现交易。

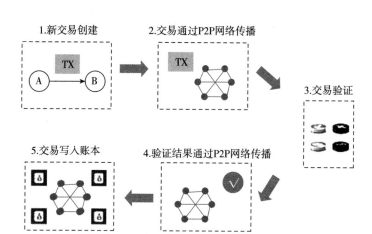

图 3 - 3　区块链交易原理

二是区块链技术能够提升银行业务效率。在资产交易方面，区块链技术常用于同业、票据等资产的交易。邮储银行与 IBM（中国）公司联合推出了基于区块链的资产托管系统。该系统是以区块链的共享账本、智能合约、隐私保护、共识机制为基础，可以实现信息共享、安全校验、托管资产使用情况的监督等功能。在设置了资产委托方、资产管理方、资产托管方、投资顾问、审计方的资产托管业务场景测试中，实现了上百笔交易。该系统缩短托管原有业务流程 60% ~80%，信用交换更高效。

3.3　金融科技新应用，催生新金融业态与模式

金融科技的应用，催生了互联网借贷、众筹、大数据征信等新金融业态。其中互联网借贷更加有效连接融资双方，弥补银行覆盖短板；众筹更加有力支持新经济发展，弥补银行服务领域空白；大数据征信服务金融机构，降低业务风险。

3.3.1　第三方支付发展的分析

第三方支付是一种新型网络支付模式，支持具有信誉保障和一定实力的独立机构通过与各大银行签约，对接银行支付结算系统的方式进行交易。第

三方支付在移动智能手机和互联网的推动下迅速兴起，其中典型代表有支付宝和财付通。

2018年国内网络支付市场发展具有以下特点。第一，行业竞争依然激烈。商业银行和银联强化了支付业务的布局，通过对自身产品进行改进，开始与第三方支付企业正面较量，其中银联的"云闪付"产品用户超过了一亿。第二，支付场景不断延伸。在医疗健康、公共交通等领域，网络支付应用占有一席之地，目前网络支付已经被引入我国大部分三线及以上城市的公共交通系统。第三，支付方式更加多样化。车牌识别和人脸识别等无感支付是在扫码支付普及后又一类进入成熟商用期的支付方式。指纹识别支付是基于生物识别技术的一种高效、快捷的支付方式，并且已经得到广泛应用。2018年，互联网的应用范畴持续增大，逐渐打通贫困区域网络基础设施"最后一公里"，推进了弥合"数字鸿沟"的进程；降低移动流量资费，取消跨省"漫游"，放宽居民入网条件等举措提高了信息交流的效率。互联网的迅速发展，不仅能够带动基础设施建设不断优化，还对创新驱动发展起先导作用，促进产业改革，它是这个时代鲜明的特征。

近年来，智能移动终端蓬勃发展，电商消费各类平台逐渐移动化，第三方移动支付在此基础上得到广泛的应用，该行业的发展呈现明显上升趋势。易观数据显示，中国移动支付行业的首次爆发是在2013年，第三方支付移动端交易规模在2013年为1.3万亿元，而到了2017年就增加到109.1万亿元，复合增长率达到202.6%。然而，2018年以来，因为对互联网理财以及消费金融的监管加码，我国第三方支付交易受其影响，规模增长步伐明显放缓。非银行支付机构2018年的网络支付业务成交量为105306.10亿笔，金额为208.07万亿元，同比分别增长85.05%和45.23%。移动支付业务量在2018年迅速上涨，网上支付业务成交量达到570.13亿笔，金额为2126.30万亿元，同比分别增长17.36%和2.47%。

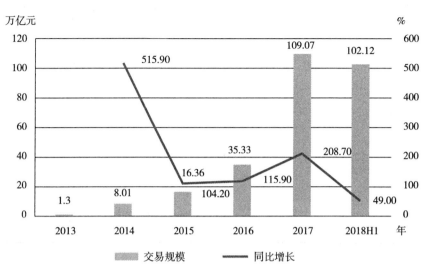

数据来源：前瞻产业研究院。

图 3 - 4　第三方支付市场规模

数据来源：中国互联网发展状况调查统计。

图 3 - 5　第三方支付规模及使用率

　　从竞争局势考虑，支付宝和腾讯金融的市场份额仍占据移动支付领域的绝大部分，两大巨头合计份额高达 91.8%。其中，2018 年支付宝红包等活动不断，推动它的转账等业务持续增长。同时，支付宝继续对个人商户提款转账等业务提供免手续费服务，继而稳定了个人类交易规模。总的来说，在移动支付领域，2018 年支付宝的市场占有率不断提高，占据移动支付市场一半的份额。

支付宝虽然在互联网支付领域的市占率第一，但是远不及其在移动支付领域的市场竞争优势。支付宝和银联商务在 2018 年第二季度的市场份额都超过了 20%，并且两者之间的差距较小。然而，相比之下腾讯金融远落后于两大平台，其市场占有率还未达到 10%。另外，由于银联商务、支付宝和腾讯金融加大在移动支付领域的资源投入，所以总规模略有下降。同时，其他总量较小的支付机构的交易规模有一定的增长，以至于这些机构分走了三大机构部分市场份额。

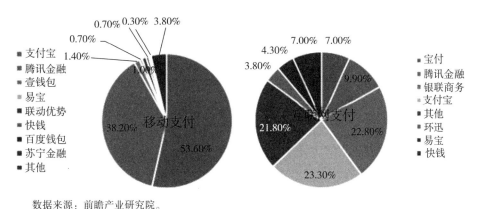

数据来源：前瞻产业研究院。

图 3 - 6　第三方支付市场份额

该行业因调整客户备付金集中存管政策而受到重创。2018 年，第三方支付行业规模的增速因金融监管政策加码而放缓。实际上，在第三方支付行业中，2018 年备付金集中存管政策相继推出，对业内机构的影响力更强。近年来，备付金集中存管比例持续提高，这加大了支付机构的生存难度。由于在支付机构中客户备付金利息收入有较大占比，而通常小规模的地方性第三方支付机构的收入来源较为简单，更加依赖备付金利息收入，这种政策调整极大提高了它们的生存难度，甚至直接将有些机构淘汰出局。而接触商业银行业务时，大型支付机构也有一定的优势损失，与银行议价的能力会有一定程度降低。因此，虽然支付机构可以在备付金新规的帮助下回归本源，但是整个支付行业也会因为收入来源空间的缩小而遭到重创。总体来说，第三方支付行业将会在短期内进入阵痛期，预计行业整顿洗牌将愈演愈烈，小规模机构遭淘汰，市场集中度将进一步提高。

3.3.2 互联网借贷发展的分析

互联网借贷（P2P）是一种民间小额借贷模式，是把小额资金聚集之后借贷给有资金需求的群体。网络为人与人之间接触、联络提供了新模式，这种新模式为人们之间点对点融资提供了可能。

我国的 P2P 平台主要在四个行业领域内发展，即汽车贷款、消费贷款、不动产贷款和小企业贷款。人人贷引入优先自动出价工具，帮助借贷人自动匹配报价。我国 P2P 发展迅速，2011 年陆金所成立，两年后成为一家拥有 90 亿元贷款额度的公司，而美国 Lending Club 则用了 5 年的时间才达到类似的贷款水平。甚至 Lending Club 在 2016 年的贷款量也没有超过美国贷款总额的 0.5%。

在我国发展迅猛的 P2P 市场已经出现了各种乱象。P2P 平台十年内成立了 5962 家，其中 4008 家相继出现问题，主要涉及无法提款、纠纷、停业、管理层逃债以及刑事调查等方面。零壹财经的统计显示，自 2018 年以来，在中国互联网金融协会登记披露平台的 119 家 P2P 网贷平台中，97 家平台披露了截至 2018 年底的运营数据。2018 年，97 家平台贷款总额达到 1.1 万亿元，借贷总余额达到 6237.3 亿元，在整个行业中的占比分别超过 67.3% 和 80%，目前有 684.9 万出借人。到 2018 年底，97 家平台累计代偿金额总数达到 625.5 亿元，其中 7 月和 10 月的代偿金额分别为 56 亿元和 96 亿元，是一年中代偿金额较高的两个月份。借贷余额在 2018 年上半年持续增长，下半年稍有下降，一年增长了 2.8%。平台发展呈现出明晰的两极分化状态，有的平台反向增长翻了 6 倍，而有的平台的贷款余额下降了 90% 以上。

P2P 行业在互联网金融强监管下有不断清退的趋势，即监管机构将进一步加强网贷监管，继续提高对信息披露的要求。信息监管将会纳入更多地方网贷机构，对规避互联网金融风险提供很大的帮助。

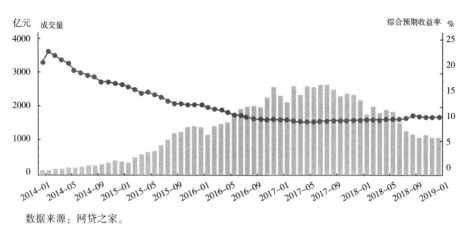

数据来源：网贷之家。

图3-7　2014—2018年网贷成交量

3.3.3　互联网众筹发展的分析

众筹是通过公开或非公开的形式、依托互联网平台，向大众投资者募集资金的一种行为，其目的是为个人活动、公益项目或其他商业组织提供资金支持，其特征是门槛低、多样化、依靠大众、注重创意等。股权众筹、权益众筹、物权众筹、公益众筹等模式是当前常用的众筹模式。在合规与发展并重的引导下，众筹行业陆续发布新的监管政策，众筹行业的发展在众筹试点政策的实施下迎来新的发展机遇。中小企业融资难的现状对众筹融资提出了更高的要求。众筹行业信息不对称问题在区块链技术的支持下得到有效解决，逐步趋于透明化。到2018年，共有147家众筹平台在运营，其中有52家是股权众筹平台。向融资方收费、从投资收益中收费、向投资方收费是股权众筹常用方式。

表3-3　　　　　　　　　　　众筹平台发展历程

年份	事件
2009	Kickstarter在纽约成立，国外众筹模式兴起
2011	国内第一家众筹平台"点名时间"成立
2014	各大互联网巨头进军众筹平台，行业进入爆发期
2017	行业监管趋严，行业进入深度洗牌
2018	区块链技术发展为行业带来新机遇

资料来源：根据公开资料整理。

表 3 - 4　　　　　　　　　　　众筹平台类型及代表企业

类型	代表企业	特色
股权型	人人创、众筹客、第五创、众筹中原	公司出让一定比例的股份，面向普通投资者，投资者通过出资入股公司，获得未来收益
权益型	点筹网、淘宝众筹、开始吧、摩点网	投资者对项目或公司进行投资，获得产品或服务
物权型	维 C 物权、智仁科钱车网、e 资产	筹资用于收购实物资产，通过资产升值、变现获取利润，其回报为经营收入、租金分红及物权未来增值收益
公益型	水滴筹、腾讯乐捐、绿动未来、米公益	不以营利为目的，筹资用于救助灾害、救济贫困等公益事业
综合型	苏宁金融、众筹网、聚募众筹、多彩投	众筹项目多样，包括智能科技、影视娱乐、音乐书籍等

资料来源：根据公开资料整理。

表 3 - 5　　　　　　　　　　　互联网众筹平台监管政策

机构	时间	文件	主要内容
证券业协会	2014.12	《私募股权众筹融资管理办法（试行）（征求意见稿）》	对股权众筹融资性质、投资者、融资者、投资者保护、自律进行规定
十部委	2015.07	《关于促进互联网金融健康发展的指导意见》	首次明确界定股权众筹融资定义，指出股权众筹融资必须通过股权众筹融资中介机构平台进行
证监会	2015.08	《关于对通过互联网开展股权融资活动的机构进行专项检查的通知》	股权众筹融资涉及社会公众利益和国家金融安全，必须依法监管。开展股权众筹融资活动需经证监会批准
证券业协会	2015.08	关于调整《场外证券市场业务备案管理办法》个别条款的通知	将"私募股权众筹"修改为"互联网非公开股权融资"。阿里巴巴、京东和平安获得股权众筹试点资质
证监会	2016.10	《股权众筹风险专项整治工作实施方案》	确定股权众筹整治重点和禁止事项
工信部	2017.01	《关于进一步推进中小企业信息化的指导意见》	发挥网络借贷和股权众筹高效便捷、对象广泛的优势，满足小微企业小额、快速融资需求

续表

机构	时间	文件	主要内容
国务院	2017.07	《强化实施创新驱动发展战略进一步推进大众创业万众创新深入发展的意见》	引导和鼓励众筹融资平台规范发展、开展公开、小额股权众筹融资试点
证监会	2018.12	《股权众筹试点管理办法》	准备先行开展股权众筹试点

资料来源：根据公开资料整理。

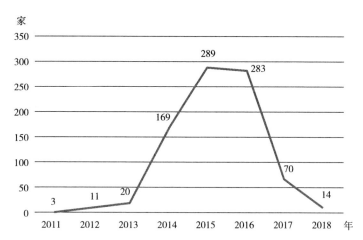

数据来源：《中国众筹行业发展报告 2018》。

图 3 - 8　历年众筹平台增量走势

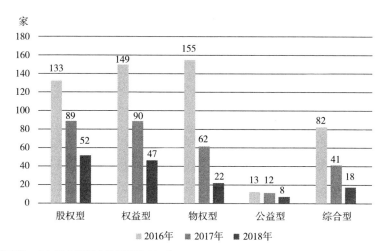

数据来源：《中国众筹行业发展报告 2018》。

图 3 - 9　各类型众筹平台数量

3.3.4　互联网征信发展的分析

信用建设为市场经济奠定基石。近几年，随着互联网和大数据的发展，信息科学技术也突飞猛进，为多种新型金融模式（第三方支付、众筹、P2P网贷、大数据、互联网金融门户等）的诞生提供了条件，同时也催生了新的服务需求和征信产品。2018年，中国人民银行为百行征信有限公司发放国内首张征信特许经营牌照，从而在互联网电商和互联网金融等领域实现了信用信息的全面覆盖，促进了网络信用环境的优化。2019年1月，百行征信启动个人征信系统，向市场推出了个人征信服务。

1. 互联网之于征信的意义

征信是通过采集、整理、保存、加工等方式对企业、事业单位和个人的信用信息进行处理，从而为信息使用者提供信用评价。互联网发展在征信渠道、征信主体、数据来源、技术手段和产品应用场景等多个方面推动征信业务发生变化。

首先，在数据获取方面，传统征信数据的广度和深度由于互联网的应用而得以拓宽。贷款记录、信用卡记录、担保信息以及来自税务、法院、电信公司等的特殊记录信息是传统征信数据的主要内容，这些数据以线下方式通过银行等金融机构输送到国家金融信用信息基础数据库。而互联网征信数据的主要来源是互联网平台，如互联网电商平台、社交平台、P2P借贷平台为其提供交易、支付和社交行为数据，这些数据的存在形式包括文本、图片、视频、音频等，通过分析这些数据可以得知数据主体的相关信息，如消费行为、社会关系、财富能力和行为偏好等。

其次，在技术方面，征信服务的便捷性和信用风险评估的全面性由于互联网的应用而得以提升。传统征信技术局限于搜集和加工离线的静态信贷信息，形成的信用评级报告多为"通用型"。而互联网和大数据技术的应用，为高频采集海量数据并进行实时存储的问题提供了有效解决方法，在深度挖掘海量碎片化数据方面也逐渐采用人工智能和神经网络等新技术，从而在信用评估模型中加入了更多的特征变量，信用评估的实时性和全面性得到逐步提升。此外，借贷双方借助互联网技术打破物理条件约束，更加便捷获取金融服务，降低信用违约风险概率。

最后，在服务对象方面，金融服务和信用评级的使用范围由于互联网技术的应用而得以拓展。传统征信产品的服务范围局限在银行信贷，而互联网征信不仅服务于小微企业和互联网金融消费者，在旅游、网购、租房等领域，其征信产品也常被应用。

但互联网征信并不能取代传统征信，而是在内涵方面对传统征信进行延伸，信用风险管理依然是其主要问题。随着互联网征信的发展，由央行向客户提供信用报告的单一局面被打破，我国征信市场的主体也逐渐丰富，有利于发展普惠金融并完善社会信用系统。

2. 互联网征信建设中的困境

随着互联网应用的不断深入，资金融通和支付平台、数据资源整合方式、金融服务主体和技术等发生巨大变化，征信服务理念和模式也不断推陈出新，我国征信业迎来新的发展机遇。目前，为完善我国互联网信用体系，人民银行正在拟定计划。而在制度设计方面，尤其需要高度重视并应对以下四大挑战。

如何化解个人权益保护和信息自由共享之间的矛盾。征信业务的基础是数据，收集与处理数据的超强能力是互联网征信最大的优势。但互联网具有高度开放性和信息共享的特点，这为泄露、盗用和非法篡改个人和商业信息埋下了隐患。我国目前对于保护个人隐私方面的法律制度尚不完善，现存法律条文对失信行为缺乏有力的惩治，使违反契约的成本较低。此外，收集维权证据存在诸多障碍，导致个人权利被迫让渡于信息共享，个人隐私保护也趋于形式主义，社会契约精神遭到损害。为避免恶性循环而导致社会信用体系全面崩塌，必须构建相应的监管制度和体系。

加大对个人隐私的保护力度是大势所趋，其困难之处是如何把握好"度"。过度激励与过度保护均有负外部性。对个人权益的严格保护往往带来高额成本，对数据的严格监控也不利于整个行业的创新发展。无论是欧盟还是美国，均在相关政策（如《个人信息保护指南》《公平信用报告法》）中提出把协调统一和可持续发展作为未来保护个人隐私的发展思路。而我国目前为止，在对于个人信息权益的保护方面仍存在法律空白，央行顶层设计能力也面临重大考验，即如何维持权益保护和信息共享的平衡发展。

如何克服互联网征信机构之间的"囚徒困境"。"囚徒困境"产生的原因是个人之间存在利益矛盾，是个人理性与集体理性相违背的集中体现。当前，少数互联网金融机构几乎掌握了我国互联网的核心数据，这些数据大多数是长期经营积累下来的，数据体系之间存在较大差异，带有明显的行业特色和垄断性质，也成为各机构实现差异化竞争的主要资源。因此，在当前环境下，很难实现数据和信息的完全共享。百行征信由央行牵头成立，其目的是借助政府层面的压力实现数据在机构之间共享，减少信息不对称情况的发生，建立行业共同利益关系。百行征信已经和 P2P、网络小额贷款公司等 240 余家机构合作，达成信用信息共享协议，首批系统接入测试工作已经在新兴互联网金融机构中展开，然而，仍有几家入股机构尚存疑虑。除了要维护自身利益，未得到个人信息隐私保护法的支持之前，各机构不会贸然将涉及个人隐私的交易和社交信息进行上报。但互联网征信要想获得长足发展，必须依靠数据的互通和流动。未来互联网征信在建设信息共享机制方面将会面临的一个重要挑战是征信机构在多大程度上会把自身利益让渡于行业利益，这个问题需要政府发挥长期引导和支持的作用。

如何解决互联网征信产品权威性和公信力不足问题。在互联网时代，作为个人和企业的"经济身份证"的信用评级报告是征信最核心的产品。数据的真实性和有效性能够影响信用评价的效果，数据和信用之间的强相关关系更是信用评价效力的决定性因素。传统征信评级通常以资产水平和债务情况等强信贷指标作为参照，并能够凭借压力测试模型对客户的风险敏感性进行分析，因此传统通用型信用报告在征信领域内仍具有较高的权威。而消费能力、行为偏好、社交关系等非结构性数据是互联网征信的主要数据来源，数据特点是繁杂、分散且形态不一。当前互联网征信机构还未接入央行征信系统，信息闭环存在于各机构之间，市场信息链被分割，征信企业没有能力充分获取用户核心信贷数据。

在信用评级方面欧美国家走在前列，已形成比较成熟的产业链条，其成功的原因可以归结为，第一，对数据来源的广度和真实度进行拓宽。第二，为保证数据分析足够精准，对数据进行加工处理使其符合标准数据格式。第三，赋予征信产品多样性和专业性来满足客户的差异化需求，比如开发反欺诈和身份管理类产品，这类产品在美国个人征信市场已吸引众多客户。第四，对征信产品的应用范围进行拓展，引导征信产品在就业、企业咨询、保险、医疗、教育等新兴领域被应用。借鉴欧美成功经验对于促进我国互联网征信产品发展具有重要意义。

如何充分认识并高度重视互联网征信的潜在风险，建立适合互联网征信发展的风险控制系统。在互联网、物联网、大数据、云计算、区块链等技术的助推下，金融产业与互联网技术进一步实现深度融合，金融和互联网产业迎来了新的发展契机。但互联网金融过度依赖新兴技术为日后发展埋下了诸多隐患。首先，互联网具有信息多样性和虚拟性的特点，互联网金融交易的主体也存在不确定性，这些导致了互联网交易脱离传统征信体系，为金融监管带来诸多风险和巨大挑战。其次，在金融科技的推动作用下，跨市场、跨行业、跨机构的金融业务交叉嵌套发展模式逐步形成，使传统金融风险如信用风险、流动性风险等表现出外溢效应，增加了互联网金融发展的外部风险。此外，互联网技术这把双刃剑既能为用户带来便利，又能为用户带来灾难，比如网络黑客、网络犯罪、网络诈骗、网络泄密等安全隐患层出不穷，对互联网企业和征信机构的生存是一种严重的威胁。

3.3.5 互联网理财发展的分析

互联网理财是通过互联网进行理财投资的业务。近年来，经济发展迅速，国内网络普及率也越来越高，边缘客户渐渐能够接受网上理财，其发展空间有了明显增长。到2018年底，互联网理财用户量高达1.51亿，网民使用占比为18.3%，同比增长17.5%。手机网络支付用户量高达5.83亿，同比增长10.7%。

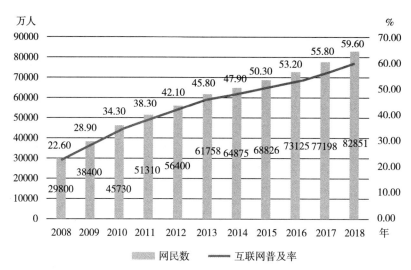

数据来源：中国互联网发展状况调查统计。

图3-10　我国网民数量及互联网普及率

数据来源：中国互联网发展状况调查统计。

图3-11　互联网用户理财规模及使用率

　　行业发展逐步规范、稳健，一方面对理财市场规模过大引起的金融风险进行规避；另一方面对金融机构的融资成本进行下调，帮助资金回流银行，实现资金社会利用效率提升。由于以往几年互联网发展迅速，其理财产品逐渐增加，用户体验感不断增强，网民已经逐步形成在线理财的习惯，互联网理财用户数量飞速增长，互联网理财意识更加深入地渗透到中国网民中。

2019 年互联网理财用户的规模增速也有望提升。正是因为大众理财观念逐渐深入、互联网企业持续创新以及互联网技术的加持，互联网理财市场的发展才会更加智能化、规范化。

当前互联网理财还在智能化初期，日益智能化的理财将会化解大众理财知识缺乏与网络理财产品越加丰富之间的矛盾，缓解投资者的决策压力，为其提供更加方便、高效的理财服务。2019 年，互联网金融的重中之重依然是合规发展。互联网理财监管在金融去杠杆背景下不断加码，继续收紧 P2P 网贷、理财、货币基金以及资管业务等领域的监管政策，推动互联网理财产品逐渐回归"小额普惠"本源，打造合规化市场发展态势。互联网金融发展合规化逐步走向正轨，互联网理财的发展新方向就是通过理财产品信息和用户网络行为数据，利用深度学习、人工智能和大数据等前沿技术，向客户提供更加智能化的理财体验。

2016 年以来，区块链、云计算、人工智能、大数据等前沿技术在财富管理等领域得到广泛应用，智能投顾随之迅速兴起，智能投顾优选基金逐步进入市场。当前的国内智能投顾产业仍处于起步期，京东智投、谱蓝和摩羯智投等快速发展将带动财富管理行业的转型发展。

第4章 新金融，引领中小银行
全面转型的方向

金融与科技的融合发展趋势，推动新金融成长。在金融科技的助力下，中小银行迈向数字化转型、虚拟化发展以及开放化发展，正在成为助推时代创新发展的重要力量。新金融契合了经济升级的金融资源配置要求，符合产业升级所需的金融产品及服务，而且能以较低的成本助力企业成长。新金融与实体经济的深度融合，为中小银行提供新的发展空间与转型基础。

4.1 金融科技加持，加速中小银行数字化升级

数字银行是以大数据、移动互联网等信息技术为支撑，"以客户为中心"，通过数字化的宽带网络和移动互联网等各种新兴渠道为客户提供便利化服务的模式。数字银行是通过"端到端"数据处理优化流程，通过客户行为数据捕捉和分析以引导创新，注重加强客户数据安全和隐私保护，从而提升客户体验，增强客户黏性，深度挖掘客户价值贡献，有效管控风险的新型模式。

4.1.1 数字银行创新服务模式

数字银行改变了传统银行的价值创造方式，即依托信息技术，线上批量化获客、快速客户筛选、精准营销、深度挖掘客户价值和管控风险，创造了崭新的客户价值创造模式。

1. 数字银行推进服务模式创新

大数据技术拓展了银行的服务范围，使得"长尾客户"能够被纳入服务

对象中来。传统银行往往关注 20% 的重点客户，忽视 80% 的长尾客户，但随着大数据等技术的发展，长尾客户对于银行来说日益重要，成为银行争夺的重要客户资源。长尾客户需求具有碎片化、差异化、分散化等特征，大数据技术使得银行能够通过客户的数据分析，挖掘客户需求，精准客户营销，降低营销成本。具体地，通过分析客户的消费数据、出行数据、网页浏览数据等，分析和判断客户的需求，形成对客户行为的预测，从而实现对客户的精准获取。

大数据技术通过数据加工层、数据业务层、数据应用层实现对客户价值的挖掘。其中，数据加工层主要是整理清洗数据，为客户贴标签以提取客户特征；数据计算层是对客户进行精准画像；数据应用层主要是进行客户分组，完成产品与服务的精准匹配及定价，实现对客户价值深度挖掘，增强客户价值贡献。

数字化技术提升风控能力。大数据的智能风控技术包括联合建模、拒绝推断、规则验真、信用决策、风险标签、信用报告等，通过各个模块的相互衔接，可以对信贷进行全流程控制。贷前方面，主要通过信用评估进行准入判断并且对反欺诈行为进行识别；贷中方面，主要通过信贷预警技术，监控客户信用动态状况，及时防范信用风险；贷后方面，主要通过智能催收等，精准催收，关注重点客户情况，降低损失。基于大数据技术的优势，银行推进大数据平台建设，为计财、风险、合规等条线及时反馈信息，形成风险分析报告，从而可以把解决方案落实到监管、业务流程和系统中，为风险管理提供支持。

2. 数字银行构建方式

银行数字化转型要求以体验为核心、以数据为基础、以技术为驱动，在客户、场景、产品、服务转化为数字形态的基础上，用数字思维和手段重塑银行业务和服务流程，实现内在价值的提升。推进数字化银行需要围绕核心业务场景，推动"端到端"的数字化流程改造。

首先，围绕核心流程，推动"端到端"的数字化转型。一是建立数字化平台，通过流程简化，提升服务效能；二是建立云平台管理体系，拓宽业务覆盖广度；三是加强技术合作，实现业务的综合化开展。劳埃德银行通过数字化转型，极大地提升了运营效率，改变了价值创造的方式。通过对储蓄、贷款、信用卡等核心流程的数字化改造，实现了低成本拓展客户人群的目标，并提升了服务效率与优化了客户体验。数据显示，数字化改造完成之后，对于零售业务，缩短了按揭处理时间的40%，将信用卡申请时间压缩至90秒以内；对于对公业务，业务流转文件压缩为一张电子表格，客户经理处理一个案件的时间压缩到60分钟以内。

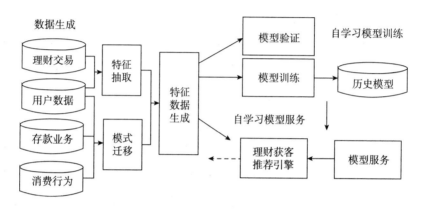

图 4-1　数据分析及预测模型

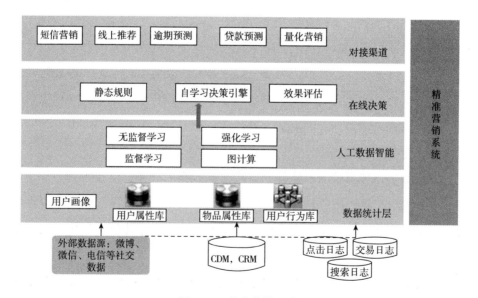

图 4-2　精准营销系统

其次，依托"双速 IT"开发模式，驱动数字化转型发展。一方面，参考互联网金融公司的敏捷开发模式，构建"双速 IT"开发模式，提高银行 IT 架构的敏捷性与灵活性。组建跨职能部门的开发团队，以客户需求为核心，通过敏捷开发，快速迭代，为客户提供极致的服务体验。另一方面，依托云计算技术，提升系统的计算力、存储力，提升业务协作效率。统计数据显示，云技术可以降低三到六成的运营成本，减少 IT 项目准备应用环境的时间等。

最后，创新组织机制，支持业务创新发展。银行传统组织架构适应于工业化社会规模化、标准化金融产品的应用，当前需要针对客户差异化、个性化的需求，建立专门的组织机制，推动创新业务的发展。比如美国的花旗银行专门建立了创新实验室、孵化器等部门，专门用于推进创新项目发展；澳大利亚的澳联邦银行设立了"创新车库"，用于建设下一代银行产品实验室；荷兰的 ING 银行打造了敏捷组织系统，支撑创新产品的快速开发与迭代。组织机制的变化，加速了数字化银行的改造速度，响应了产品与服务创新的内在需求，加快新型价值创造方式的布局，为赢得未来竞争提供重要保障。

═══ 专栏 4-1 ═══

中国银行数据质量实践探索

数字化时代背景下，数据资产是银行的重要资产。中行从四个方面开展了数据治理工作，具体包括数据治理架构、数据标准管理、数据质量管理和数据服务管理。

数据治理架构。中行明确了数据治理框架的规则，规定了参与治理的部门及其职责与分工。在制度层面，制定了相应的数据治理框架规则、管理指引和操作流程；在参与部门层面，明确了各个参与部门及其职责与分工。

数据标准管理。中行在统一业务解释的基础上，定义了数据标准的基本原则，从而为业务数据的一致性提供了保障。目前，中行已建立模型 5000 余个，并以这些模型为基础，发布了 30 多个集团级数据标准及 600 余个指标标准。随着数据标准管理系统的建立，中行将有效实现对元数据、数据标准以及数据模型的纯线上化管理，用于指导和约束 IT 系统的开发与数据应用以及全面展示中行的数据资产视图。

数据质量管理。数据质量管理包括规划、评估、控制和监督等环节，目的在于通过数据的闭环管理，提升数据质量。对行内存在的关于客户信息的数据质量问题，中行通过数据管理系统建设，采用技术手段，对数据治理进行检视、清理等跟踪式化解，最大限度地提高了客户的数据质量。

数据服务管理。中行通过资产负债管理、报表平台、平衡计分卡、客户关系管理、利润贡献度分析和风险管理等数据集市，为各业务条线提供面向应用的数据分析与挖掘服务，并在互联网数据获取与分析、网络金融事中风控、客户精准营销等方面取得了突破，支持了各条线业务的发展。

资料来源：根据公开资料整理。

4.1.2 数字银行丰富产品服务

在数字化浪潮下，一方面，银行通过金融科技赋能对前中后台进行数字化再造，创新产品和服务模式，为客户提供"一站式综合金融服务解决方案"，深挖客户价值贡献；另一方面，线上服务渠道成为许多银行的发力重点，银行通过发挥传统优势和科技手段，整合和优化渠道，构建线上线下一体化的全渠道体系，以丰富的产品、服务和全方位的渠道提升价值创造力。

1. 数字银行供给创新产品与服务

数字化时代，银行竞争获胜的关键是具备完善的产品体系。其中，综合性金融服务平台整合支付结算、投资理财、网络收单管理、在线融资等服务，实现"交易金融＋互联网金融"的深度融合，并且围绕客户的采购、生产、销售、发债、上市、海外收购等金融需求，对接综合化金融产品与服务，将客户关系从简单的资金需求供给，提升到"财务顾问"的高度，以此实现"收益率上升、风险下降"的运营目标。

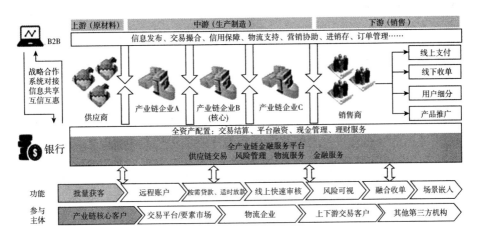

图4-3 全产业链一体化综合金融服务平台

=== **专栏4-2** ===

国内外数字化金融实践

英国数字银行的发展较为领先。2016年英国第一家数字银行 Atom 成立，与传统银行不同的是，它只通过手机 APP 开展业务，而没有实体网点。随后，Mondo、Starling 和 Tandem 等数字银行也随之成立。这些数字银行都是以虚拟网点为依托，为客户提供存贷款、信用卡等业务，改变了传统银行繁杂的业务办理手续和时间耗费。美国银行、德意志银行也推进了数字银行的建设。

国内银行也加大了对数字银行的探索。一些银行在数字银行产品创新探索方面表现比较突出。建设银行、招商银行和中信银行等通过分析客户的行为信息、资金流信息等，为客户进行精准画像，以此为客户提供理财投资、贷款等金融服务。相关创新的金融产品有"税易贷""智能投顾"等。一些银行在数字银行制度创新探索方面表现比较突出。建行成立建新科技、兴业银行设立兴业数字公司，为中小银行提供数据咨询管理服务、技术咨询管理服务等，发力中小银行数字化发展。一些银行在数字银行合作创新探索方面表现比较突出。工农中建四大行加深与金融科技公司的合作，分别与 BATJ（百度、阿里巴巴、腾讯和京东）签署合作协议，通过共建金融科技实验室、孵化器等，融合大数据、人工智能、云计算等技术优势，深挖数据资产价值，

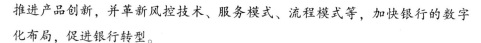

推进产品创新，并革新风控技术、服务模式、流程模式等，加快银行的数字化布局，促进银行转型。

资料来源：根据公开资料整理。

2. 数字银行全渠道建设

当前，金融科技正在以前所未有的方式和速度影响和改变着客户的交易习惯，国内中小银行对互联网金融市场的应变能力普遍不足。牢固树立"用户至上"的服务理念，需充分学习和运用互联网思维，着眼于以合适渠道覆盖目标客户的金融需求，进而实现全渠道建设和管理，打造线上线下渠道一体化。同时，推进线上线下渠道整合，发挥标准化产品的线上渠道优势与非标准化产品的线下渠道优势，形成合力，提升全渠道服务能力。

银行与客户的接触渠道日益多样化，但客户信息却分散在不同的、相互孤立的渠道，导致银行不能为客户提供及时、精准的金融服务。为解决这一问题，需要整合银行渠道资源。通过循序渐进的方式打造移动化在线渠道、生态圈和智慧网点，一方面，为客户打造多元化的应用场景，随时随地融入客户金融需求，使客户享受快捷的金融服务；另一方面，重新塑造服务模式和流程，打通数据和信息在各个渠道的壁垒，增强跨渠道协同作用，并通过数据分析和挖掘，深挖客户价值贡献和提升客户体验，让客户体验到无处不在的金融服务，增强价值创造能力。国际方面，荷兰 ING 银行是较早开始布局全渠道的银行，已取得了较好的效果。ING 银行整合了移动端、互联网、呼叫中心以及分支行等渠道，打通行内客户所有信息，进而为客户服务提供支持。比如，ING 银行将客户的储蓄信息与移动端浏览基金产品的频次和时间信息相对比，以此识别客户的理财信息，从而可以为客户提供有针对性的理财产品推荐服务，以及进行相关产品的交叉营销，增加客户价值贡献。

4.1.3　数字银行增强客户体验

随着体验时代的到来，客户对产品体验要求越来越高，中小银行为了维持良好的客户关系以追求持续的竞争优势，必须提供更符合客户需求的产品和服务。强监管之年，中小银行需要新的增长点，做好客户体验可使企业在

2 ~ 3 年内平均实现 10% ~ 15% 的营收增长。因此，率先把握用户需求，完成数字化转型的银行，必将在新一轮用户争夺中抢占先机。数字化技术在提升客户体验等方面具有天然优势，通过技术融合，可以为提升客户体验提供支持。

1. 数字银行增强客户体验的基础

数字金融实现了金融与技术的融合，对银行拓展客户资源，改善客户服务，提升风险管理水平以及降本增效具有不可忽视的作用。

数字金融具有普惠服务基础。数字金融以客户信息为支撑，根据数据进行信用分析与评价，突破了传统金融服务模式对企业规模、领域的条件限制，满足了更多企业的融资需求。数字金融服务模式降低了金融准入门槛，进一步拓宽了金融服务领域和服务范围，使金融服务更具普惠性。因此，数字金融是普惠金融和服务型经济时代的金融。

数字金融具有快速服务基础。数字化技术的运用突破了金融服务在时间和空间上的限制。金融机构依托网络平台或数据平台，就可以通过"身份证＋银行卡＋生物识别"的模式验证客户信息，为客户提供便捷的金融服务，满足客户需求。

数字金融具有低成本服务基础。数据金融服务模式下，平台成为获客的载体，数据成为风控的依据，云计算成为风控的手段。数据金融根据大数据信息可以及时了解客户融资需求变化，及时掌握客户风险状况，能更好满足客户个性化、定制化的金融服务需求。数据金融通过对组织架构、人员配置、业务流程等的删繁就简，创新了传统业务模式，实现了低成本、高精度、高时效、可持续的发展。

数字金融对客户在柜面、手机银行、微信银行等渠道的交易信息整合与分析，形成了包含物流、信息流、资金流的一体化数据流，并基于客户持续的、系统性的大数据信息，借助云计算技术为客户高精度画像，打破了"信息孤岛"，实现了"信息整合"，更好满足客户对金融产品差异化、个性化的需求。

2. 依托数字金融提升客户体验

数字金融通过推进银行前、中、后台的转型，不断改善客户服务质量，为客户提供更加良好的体验。

数字金融推进前台转型，首先是优化客户体验。一是管理客户旅程。以客户为中心，围绕客户全旅程，借助指纹、电子签名等技术缩短服务时间，提升服务效率，改善客户体验。二是不断创新数字化产品。银行要不断创新数字化产品，满足客户需求变化。其次是全渠道战略管理。一是实体渠道转型。借助互联网技术、生物技术等对银行物理网点进行智能化改造，将更多的人力投入围绕客户需求供应金融服务。二是强化数字化渠道。加快推进网上银行、手机银行等线上渠道的建设，将更多线下业务迁徙至线上，打通数字化渠道。三是推进线上线下一体化，将线下实体网点与线上渠道融合。四是提升全渠道一致客户体验。紧密围绕客户需求，全面整合客户的交易数据和信息，创建客户360度全景画像，为客户提供一致体验。最后，个性化营销与服务。一是运用大数据技术进行数据交互、舆情分析等，创建客户全景视图，精准划分和判断客户。二是实施个性化营销，为客户提供定制化产品与服务。基于大数据分析与判断结果，围绕不同客户的融资需求进行个性化营销，并利用先进技术为客户提供定制化的产品及服务。三是定价个性化。根据数据分析结果进行个性化定价，为客户提供不同方案。

数字金融推进中台转型，首先，产品设计组件化。在产品创新中，运用组件化设计思维，构建产品结构化框架，开发产品公共功能组件并直接装配产品，加快产品创新的进程。其次，风险控制优化。运用物联网技术动态监控担保物状态；与电商企业合作，根据商家的交易信息快速审批贷款；分析客户关联性，识别潜在的洗钱对象，阻止交易发生。再次，合规审查优化。在合规审查方面，运用认知计算提质增效、把控成本，自动检索法律法规要求，自动提示交易中可能的不合规之处，为相关决策提供支持。最后，运营优化。利用认知计算分析能力和自然语言处理能力，对呼叫中心的非结构化信息进行分析处理，挖掘客户最关心的共性问题，反馈给后台部门，加快产品和服务的创新。在柜面操作、前后台分离、后台集中作业、流程切分、智能排班等领域运用智能分析，从风险控制、提质增效及成本控制等方面逐渐实现业务流程精细化。

数字金融推进后台转型。首先，借助云平台，创新银行运营模式、盈利模式和业务模式。创新运营模式，简化流程提升内部效率，降低复杂性以管理更多的数据；创新盈利模式，实现客户关系和数据的货币化，加快产品上市时间，更便捷地引入合作方；创新业务模式，与第三方服务开展开放式协作与共享，实现系统性引入创新。其次，推进区块链技术在清算和结算、股票和债券发行等领域的应用，最大限度地消除信息、创新和交互方面的摩擦。再次，快速响应客户需求，确保核心系统更加稳定、可靠。在开放平台上，利用快速迭代的设计和开发方法，针对客户支付需求，创建新的账户体系。

4.2　金融科技赋能，建设虚拟银行

随着金融科技的发展，未来银行更多是一种服务，而不是物理网点。虚拟化趋势就是将银行核心业务等通过电子化、数字化渠道传递给客户，使客户在无感知的体验方式下实现需求满足。因此，加快中小银行虚拟化发展，探索虚拟化路径有利于迅速实现面向未来的转型。

4.2.1　虚拟银行及其实现模式

"虚拟银行"指的是主要通过互联网及其他电子渠道而非实体网点提供零售业务的银行。虚拟化表现在以下三个方面：一是无人化，即以人为主体的银行机构网点将被无人化的电子机器群甚至单机所构成的网点取代，如自动存取款机、销售终端机等。二是无形化。客户可以通过操作电话、电脑、手机等直接处理银行业务，传统银行实体网点趋于消亡。三是无纸化。所有纸质文件的邮寄变为数据的传输。

1. 网络银行

网络银行是运用计算机网络技术和现代通信技术，为客户提供金融服务，使客户可以在网上办理银行批发与零售业务的银行。网络银行打破了时空局限，能为客户提供随时、随地的金融服务。

表4-1   网络银行业务范围

业务品种	品种简介
基本网络银行业务	包括在线查询账户余额、交易记录、转账和网上支付等
网上投资	国外的网络银行一般提供股票、期权、共同基金投资、CDs买卖等金融产品服务
网上购物	网络银行的网上购物协助服务，大大方便了客户网上购物，为客户在相同的服务品种上提供了优质的金融服务或相关的信息服务，加强了商业银行在传统竞争领域的竞争优势
个人理财	通过网络为客户提供理财的各种解决方案，提供咨询建议，或者提供金融服务技术援助，从而极大地扩大了商业银行的服务范围，并降低了相关的服务成本
企业银行	企业银行服务一般包括账户余额查询、交易记录查询、总账户与分账户管理、转账、在线支付各种费用、透支保护、储蓄账户与支票账户资金自动划拨商业信用卡等服务。此外，还包括投资服务等。部分网络银行还为企业提供网上贷款业务
其他金融服务	除了银行服务外，大型商业银行的网络银行均通过自身或与其他金融服务网站联合，为客户提供多种金融服务产品，如保险、抵押和按揭等，以扩大网络银行的服务范围

资料来源：根据公开资料整理。

表4-2   传统银行与网络银行优势对比

	传统银行	网络银行
优势	①容易与客户形成稳定的关系； ②可以获得多方面的客户信息； ③现金收付简单； ④可以为客户提供便利的货币兑换服务	①标准化服务、边际费用低； ②实时业务处理效率高； ③提供迅速查询、支付清算转账、币种转换、投资组合变动等服务； ④业务拓展性能好、便于充当企业和个人财务的综合管理人
劣势	①效率低、运营成本高； ②服务质量取决于员工的素质，不稳定； ③对主要范围地域以外的客户影响力小，信息收集成本高	①现金、存折等实物处理费用较高； ②通过网络获得的客户具有一定的不稳定性

资料来源：根据公开资料整理。

　　未来，存量用户将成为各家银行竞相争夺的资源。如何为客户提供更有效的用户运营，如何完善并提升用户体验，将成为银行亟须思考的问题。目前，移动端渠道发展较为迅速，手机银行渠道表现出明显的优势。不同电子渠道的优势各异，不可相互替代，应与其他渠道协同发展。对于银行而言，应结合自身核心优势业务，明确各电子银行渠道的发展定位，为客户提供全方位的金融服务体验。

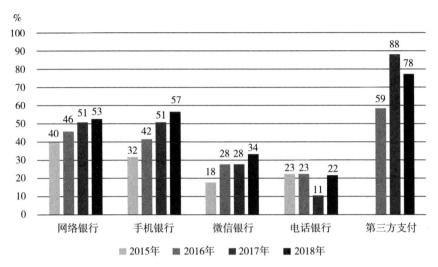

资料来源：中国产业信息网。

图 4 - 4　2015—2018 年个人网络银行发展状况

2. 自助银行

自助银行是指银行通过金融电子化设备来提供金融服务，客户通过自助设备完成传统营业网点的柜台作业交易。自助银行的发展标志着商业银行的现代化水平，展示着商业银行的形象。目前，自助银行已经在各家银行得到了普遍运用。

近年来，我国自助银行得到快速发展，联网 ATM 增长迅猛。数据显示，2004—2016 年，我国联网 ATM 数量由 6.83 万台增长至 92.42 万台，复合增长率为 24.24%。根据《2018 年支付体系运行总体情况》报告，截至 2018 年末，银行卡跨行支付系统联网商户已经突破 2733 万户，同比增加 140.4 万户，每万人拥有 ATM 数量 7.99 台，同比增长 15.03%。

自助银行业务重要性的提升使得银行对自助终端设备的服务要求也越来越高。未来，自助终端设备的服务将朝以下方向发展。一是预防式、主动轮询式及请求响应式相结合。这种全面的服务方式能够提高自助终端设备使用寿命，获取自助终端设备的最大投资效益。二是专业化。随着自助终端设备的广泛运用，自助终端设备服务将迎来更加广阔的市场前景，将形成专业化服务产业。三是增值服务。自助终端设备服务的基本要求是确保自助终端设备和自助业务系统的正常使用。未来，银行业务的不断创新发展，也将为数据分析、数据决策等增值服务提供一定的发展空间。

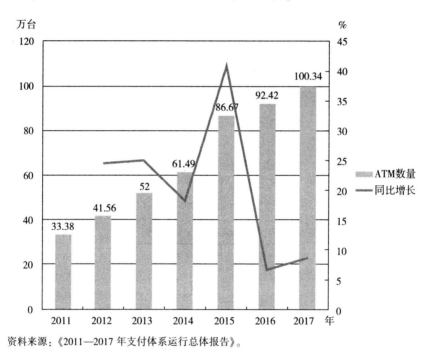

资料来源：《2011—2017 年支付体系运行总体报告》。

图 4 – 5 我国 ATM 数量

3. 直销银行

直销银行是数字化银行，不依赖于物理柜台和实体网点，利用电话、互联网等通信设备提供银行业务及服务。随着个人零售业务交易渐渐走向互联网以及金融生态平台的发展，直销银行将快速兴起。

（1）国外直销银行

20 世纪 80 年代末出现直销银行。世界上第一家直销银行 First Direct 是在 1989 年由英国米歇尔银行设立的，它利用呼叫中心向客户提供 24 小时服务，在 1994 年开始盈利。在此之后，出现了越来越多这种类型的银行，特别先进的要属美国的直销银行，主要有三种类型。一是纯数字银行，它没有任何业务基础；二是互联网银行，它早期有一定的业务基础，具备流量入口；三是为了深入拓展零售银行，由传统银行成立的数字化银行。例如成立于 1997 年的纯互联网银行——美国互联网银行（Bank of Internet USA），在成立时就确定了业务策略，即利用互联网发展业务，推出高利率存款产品，继而推动存款规模增长。发达国家的直销银行已经进入成熟阶段，例如美国直销银行吸收存款规模占比始终保持在 5% 左右，如图 4 - 6 所示。

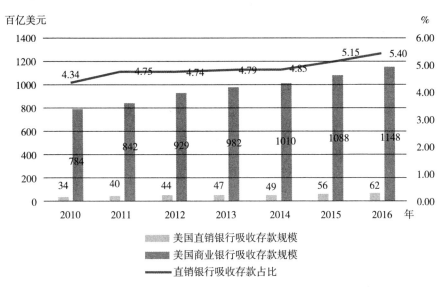

数据来源：根据公开资料整理。

图 4 - 6　直销银行吸收存款情况对比

（2）国内直销银行发展

国内绝大部分直销银行是由商业银行成立的，其利用互联网来挖掘客户，优点是流程便捷、费率优惠以及产品简单。国内的直销银行主要是银行的事业部或业务部门，而不是独立法人。直销银行自 2013 年起历经五年成长，《2018 中国直销银行蓝皮书》显示，2018 年我国总共有 114 家直销银行，占所有银行总数的 1.3% 左右，而资产规模在银行整体资产规模中的占比仅有 0.2%。

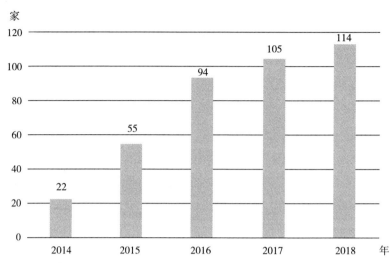

数据来源：《2018 中国直销银行蓝皮书》。

图 4 - 7　2014—2018 年我国直销银行数量

当前国内的直销银行多以银行理财、货币基金以及存款等存款端产品为主，多数充当的是商业银行负债端的互联网渠道。存款端产品主要是母银行原本存在的金融产品。尽管客户能够通过身份证、手机号以及银行卡号等方式交叉验证，无须到现场开户。但是营销工具和高频场景较少，产品同质化，获客难度相对较大；线上信贷产品种类不多，风控机制尚待完善，流程冗长，效率低下，缺乏贷款端业务，从而产生严重的同质化问题。

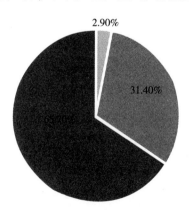

■独立法人直销银行　■事业部制直销银行　■电子银行部或互联网金融部直销银行

数据来源：《2018 中国直销银行蓝皮书》。

图 4 - 8　2018 年我国直销银行母行关系

4.2.2　虚拟银行转型发展路径

建设虚拟银行是为了方便客户办理业务、增强客户的体验感。一方面，客户能够通过电视、手机、短信、网银、微信等方式在虚拟银行办理业务，从而满足客户的多样化需求，提供随时随地的直通式金融服务。银行在服务过程中将收集到的客户信息，利用大数据工具进行分析，旨在为客户提供更优质的服务。另一方面，建立虚拟化银行交易模式，坚持对银行的交易模式进行创新。虚拟化银行交易模式的特点是移动化、场景化，允许客户在移动场景中进行产品交易。通过技术创新，在客户身份验证环节引入人脸识别、加密计算等前沿技术，实现更加安全、便捷交易。

1. 转型的优势及思路

虚拟银行具有获客能力较强、服务成本较低以及能够给客户提供及时、便捷、高质量的服务等优点，成为传统银行转型的重要方向。

传统银行要想加快向虚拟银行转型的步伐，就应该充分发挥自身优势，注重大数据等前沿科技的应用，需要大力发展金融科技，对银行的经营流程和组织结构进行完善，更好地满足新竞争的要求，增强盈利能力，以此推进转型。另外，传统银行应借鉴互联网银行和虚拟银行等新型银行的优点，与时俱进。传统银行主要以物理网点为主，引入互联网、与互联网友好合作以及相互借鉴需要经历三个阶段。第一阶段是以物理网点为主，互联网为辅。第二阶段就是以互联网为主，物理网点为辅。第三阶段是以互联网为主，网点充当体验点的角色，这是银行成长的必经之路。传统银行需要更加重视移动互联、云计算以及大数据等科技的应用，为客户提供更加全面的服务，必须充分挖掘现有数据并加以整理，利用技术手段实现大数据精准营销。

2. 转型路径

虚拟银行向客户提供交互式沟通服务，客户能够利用操作工具向银行提出相应的服务要求，实现银行与客户一对一解决金融问题，使金融机构与客户之间形成有特色、有针对性的互动方式。

在经营理念上，传统银行以"产品驱动""以量胜出"为核心经营理念。

受教育程度高、接受新技术程度高是使用虚拟银行客户的特征，这些客户越来越追求产品、服务的个性化，所以银行不得不改变标准化、批量化的传统经营理念，针对客户的差异性需求，向客户提供个性化的金融产品和服务。

在营销渠道上，银行需要秉持"多渠道并存，优势互补"理念。大批量、高效率处理标准化业务是虚拟银行的优势所在，然而对于较为复杂的非标准化业务，还是需要银行业务人员与客户当面沟通解决。只有将两者的优势融合，才能向客户提供全面的个性化服务。因此，一方面，银行需要对虚拟电子分销渠道进行全面建设；另一方面，银行需要进一步提升客户经理的素质，向客户提供便捷优质的面对面服务。银行未来的营销发展模式应该是"高接触＋高科技"。

在硬件建设上，银行需要从"建网点"向"建网络"的路径转型，通过在战略管理决策层面引入 IT 建设，通过实施传统银行与网络信息技术相结合的战略，大力研发虚拟银行服务所应具备的核心技术，储备核心设备，为银行的虚拟化转型提供技术支撑。

4.3 金融科技增势，推进中小银行开放化发展

开放银行是全新的商业理念和模式，它通过应用程序接口（API），实现与外部平台互联，形成资源共享。开放银行旨在打造一个金融生态体系，吸收外部资源，形成具有未来竞争力的银行。

4.3.1 金融科技催生开放银行

开放银行是一种新型的金融服务理念，即银行利用 API 打包封装银行内部的金融服务，在第三方机构的开发平台或应用程序中将其导入，合作机构可以通过用户权限获取相应银行 API 开展自由组合的金融业务，让客户体验到无缝衔接的服务。

1. 开放银行概述

开放银行支持金融场景创新，通过 API、H5、SDK 等工具向客户提供金

融服务。开放创新是以开源软件、知识产权授权以及参考实现等赋能合作伙伴为基础，对创新技术社区提供支持。开放协作是在分布式技术形成开放商业联盟的基础上对创新分布式商业生态模式提供支持。API 平台可以让开放银行实现与电商、交通以及旅游等其他行业互通互联，促使开放银行与第三方合作机构数据共享，相互融合，更好实现服务精准化和业务情景化，从而拥有更多机遇、开辟更多路径，提供更优质的服务。

　　数据共享是开放银行最本质的核心理念，第三方合作机构可以利用 API 获取银行内部的用户信息。这种模式可以让银行业务实现跨平台移植。如新加坡星展银行，它利用 API 平台在麦当劳等商户的应用程序中引入转账支付和余额查询等功能，星展银行的用户就能够随时在商户应用程序中进行在线支付、查询账户余额等操作，不用再前往星展银行 APP 中操作。再如，财务管理工具可以利用 API 与各商业银行的后台系统进行对接，获取用户使用各银行信用卡的消费记录，实现财务分析和消费画像功能。

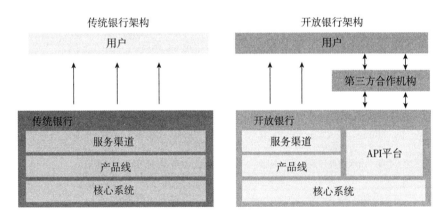

图 4 – 9　传统银行与开放银行的架构对比

　　API 是开放银行的主要技术。它能够以模块的形式集成和封装提供方的相关信息，在开放银行背景下，银行可以提供开放的标准化 API，只要满足条件，合作机构无须单独沟通就可以调用，这大大节约了系统间接口建立的时间和成本，是构建可拓展、可移植、高兼容以及组件化开放系统架构的有效技术手段，是实现行业间数据共享的利器。

　　开放银行的能力包括支持高并发交易量、低 IT 运维成本和敏捷产品投放的能力。相对传统模式，新型金融科技在以上几个方面更有优势。例如，以传统方式完成从概念设计到产品投放的过程需要数月，而微众银行只需要 11 天就能完成。并且微众银行的运维成本已经低至每年每个账户 3.6 元，而传统银行账户可能需要 20 ~ 1000 元不等。

2. 开放银行发展实践

英国于 2015 年成立开放银行工作组（OBWG），欧盟也在同年出台了《欧盟支付服务指令修正案》（PSD2），对部分银行开放数据和账户提出明确要求，"开放银行"这一概念从此兴起。2018 年之后，开放银行因 PSD2 生效得以迅速发展。

浦发银行在 2018 年推出 API Bank（无界开放银行），通过开放、共享、高效、直达的 API 开放平台输出能力，嵌入合作机构的业务平台。"开放银行"的概念从此才在国内迅速普及，各大银行相继构建开放银行平台，或者与科技公司进行跨领域合作开创开放银行布局。

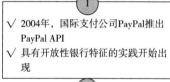

①
√ 2004年，国际支付公司PayPal推出 PayPal API
√ 具有开放性银行特征的实践开始出现

①
√ 2012年，中国银行提出开放平台 并于次年建立中银开放平台
√ 开放平台概念兴起

②
√ 2011年，法国农业信贷银行提供 SDK和应用商店
√ 基于SDK的银行数据开放起步

②
√ 2013年，金融科技兴起并迅速升温
√ 金融科技创新公司大规模成立

③
√ 2015年，英国的OBWG成立、欧盟PSD2颁布
√ "开放银行"概念正式在全球范围内兴起

③
√ 2015年起，各银行陆续成立金融科技子公司
√ 商业银行积极发展和应用金融科技

④
√ 2018年，PSD2规定生效，银行陆续开发API
√ 开放银行进入快速发展阶段

④
√ 2018年，浦发银行、工商银行、建设银行等依次建立开放银行平台
√ 中国进入开放银行发展元年

图 4 – 10　国内外开放银行发展历程

目前，开放银行发展加快。欧洲各国纷纷颁布法律法规，为开放银行助力。新加坡、美国等拥有非常先进的金融市场国家正在积极引入开放银行模式。浦发银行、微众银行等已经对开放银行的发展势态进行探索。2017 年，欧洲商业银行可供第三方机构连接的 API 数量已从十几年前的个位数增加到了 1500 多个，该数字随着 2018 年 PSD2 的正式生效而以指数增长。艾哲森咨询在 2018 年对全球前 100 名商业银行的调研结果显示，65% 银行高管认为开放银行是新的发展机遇，99% 表示在 2020 年之前将继续增大对开放银行的资金支持。

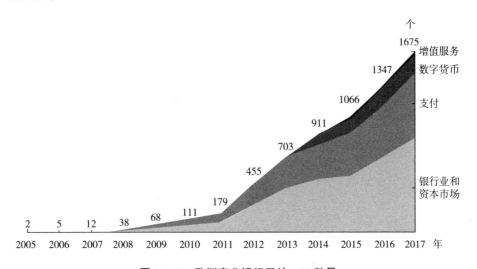

图 4 - 11　欧洲商业银行开放 API 数量

开放银行在全球内发展趋势高涨，新兴市场国家和欧美等发达国家积极地拥抱开放银行，通过政策和市场驱动，大力推进开放银行发展与模式应用。

政策驱动模式。欧盟各国政府用开放银行带动消费升级、刺激消费增长。所以，政府应积极推出强制性政策和标准，向银行提出开放应用接口和共享用户信息的要求，利用行政手段大力发展开放银行。英国是第一个实施开放银行的国家。2015 年 9 月，英国财政部设立开放银行工作组，之后又出台了开放银行的标准架构。2017 年 3 月，英国最大的 9 家商业银行首次研究为第三方合作机构提供银行营业网点地理位置信息的 API 接口。2018 年 1 月 1 日，英国在全国范围内推行《开放银行标准》（*Open Banking Standard*），要求扩大商业银行数据开放和共享范围。到 2018 年底，英国正式开放 API 接口的银行共有 9 家，加入开放银行计划的第三方合作机构共有 57 家。欧盟大力支持发展开放银行，并于 2018 年 1 月正式推行《欧盟支付服务指令修正案》（PSD2），要求欧盟所有商业银行必须向第三方合作机构开放账户余额、用户交易历史等原始数据的 API 接口。这表示，符合条件和拥有授权的第三方合作机构如财富管理公司、零售商、电信公司、金融科技公司、保险公司、其他银行，都可调用银行内部的数据。

市场驱动模式。在美国、新加坡等国家，为避免造成难以预料的市场波动，政府大多采用引导的方式而非强制手段来推行开放银行模式落地。但是，这些地区繁荣的金融市场吸引了越来越多的金融机构，导致金融市场竞争更加激烈。为最大限度满足客户多样化需求，全球金融行业领头者逐渐发展开放银行模式，从而提高机构核心竞争力，为未来发展提供战略基础，也推动开放银行在全球范围内的发展应用。在美国，2016 年 Visa 通过开发者平台向全球开放所有底层支付技术 API 接口，从而为那些希望接入 Visa 清算网络的机构提高开发速度提供了帮助，并且通过开源方式不仅提高了产品创新灵活度，也拓宽了参与范围。其他合作机构如 PayPal、花旗集团、美国银行、康百世银行和第一资本银行等也纷纷建立 API 开放平台，将支付、积分、授权等接口向外界开放。在亚洲，新加坡不是采用发布监管政策等强制手段要求行业开放银行 API，而是通过发布《API 指导手册》引导发展 API，在 API 设计标准、应用范围、数据保密、安全规范等方面给出相关建议和指导。2017 年底，新加坡星展银行推出世界范围内最大的 API 平台，超过 60 家知名企业与其建立 API 合作关系，目前拥有的 API 种类超过 20 种，数量多达 180 个。此外，众多中央银行，如印度储备银行（RBI）和日本银行（BOJ）也积极倡导大力发展开放银行。

4.3.2 开放银行驱动银行变革

开放银行以金融科技为基础，以银行为中心，形成开放式生态结构，将银行、场景和客户三者连接在一起。开放银行对传统银行生态链进行重塑，创建了新的价值创造模式。开放银行在经营理念、服务理念以及商业范式等方面推动传统银行改革，为银行快速转型助力。

1. 开放银行重塑银行业生态

开放银行打破了传统银行的格局，允许新的参与者进入原有生态中。金融科技浪潮推动新的参与者诞生，主要有计算机硬件、数据库服务商，金融云服务商，IT 软件及解决方案提供商，商业银行，垂直行业企业和客户等六大类。

开放银行的参与者可能在生态圈的不同位置都发挥功能，这些参与者和其他生态参与者相互作用、相互交织，共同形成开放银行生态闭环。

开放银行其他参与者的硬件、云服务、数据库等基础设施主要由硬件与数据库服务商以及金融云服务商提供。此外，开放银行所使用的 IT 软件和解决方案由金融科技公司或银行系金融科技子公司、互联网巨头、传统 IT 技术服务商和第三方开放银行平台提供，其中，开放银行与场景平台（垂直行业企业）的连接器由第三方开放银行平台担任，由其他 IT 软件及解决方案兼任。

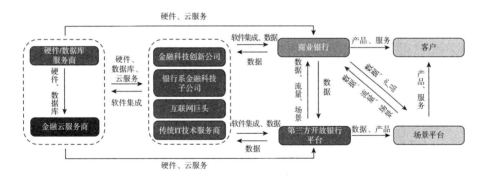

图 4 – 12　开放银行生态示意图

在软硬件的支持下，银行才能直接向场景平台开放自身的数据和产品，或是通过间接方式，依托第三方开放银行平台来完成，从而获取垂直行业企业的数据、流量和场景。最后，通过场景平台，客户将获得无缝的银行服务。

2. 开放银行推动银行发展变革

开放银行在经营理念、服务理念及商业范式方面对传统银行变革起了推动作用。

经营理念转变。开放银行这场技术变革打破了传统网点经济、APP 经济等经营理念，为银行业带来 API 经济的新理念，也打破了银行仅是一个营业场所的传统观念，把银行变成一种客户随时随地都能享受到的服务。传统银行由于强烈的"领地意识"的限制，只能在网点、APP 等"领地"为客户提供封闭式的金融服务。开放银行通过 API 接口嵌入合作方应用程序，使传统的封闭式业务朝着场景化服务转型，实现聚势效应，从而推动银行的快速发展和转型。

开放银行将是下一个金融革新的"风口"，在金融科技时代，银行若想把握住未来发展方向，在激烈的市场竞争中提高核心竞争力，就必须在发展思路和发展理念方面进行转变，融入开放银行的发展洪流中。

商业范式转变。开放银行模式打破了"数据藩篱"的限制，积极搭建平台，开放 API 接口，实现和产业合作方的数据交流与共享，重新构建盈利模式，使金融服务商业范式更加开放和融合。首先，商业银行通过开放 API 接口，在查询、授信、支付等传统金融服务方面为合作方提供支持，扩大收入来源，促进互利生态的形成。比如，西班牙 BBVA 银行将快速信贷功能嵌入可零售商户应用程序付款页面中，用户通过直接点击商户页面按钮即可获取 BBVA 快速信贷，同时完成支付。其次，银行通过引进并调用机构的 API，在自身产品中应用合作机构的产品信息和服务功能，深度发掘客户需求，增加产品竞争性，提高用户黏性。比如，银行通过对汽车厂商库存信息 API 进行调用，完善银行手机 APP 从而使用户能借助银行手机 APP 实时了解某地汽车库存信息，同时能为用户提供分期贷款等金融服务。

产业格局转变。在第三方机构的助力下，开放银行产品向开放型数字金融注入强大活力，推动产业格局实现包容开放、合作共赢。一是通过共享，拓展业务布局。借助第三方合作伙伴优势，开放银行对传统银行的业务受理范畴进行拓宽，用户基数和服务半径得以扩大，产业影响力也逐步提升。比如，英国邮局通过爱尔兰银行对其开放的部分金融服务 API 接口为 240 万用户提供金融服务，包括抵押贷款、外汇兑换等。二是通过开放，优化竞合关系。开放银行产业参与方如金融科技公司、平台服务商、商业银行等以合作共赢理念为指导，开辟新的合作渠道，不断探索新型数据融合商业范式。

服务理念转变。开放银行转型持续推进，加速了银行业务模式和定位的转变，由原来的产品中心转向客户中心。开放银行按发展程度将进阶形态分为银行即服务、开放账户信息、共享收益平台三种。其中，"银行即服务"目的是开放银行的产品和服务，是现阶段重要的开放银行形态；"开放账户信息"是在实现银行产品和服务对外开放的同时，在合作伙伴间形成客户共享；"共享收益平台"是开放程度的最高形态，商业银行与合作伙伴共享产品、服务和客户，打造一体化银行生态系统，借助网络效应推动银行与合作伙伴实现共赢。

业务模式转变。无论是哪一种开放银行形态，都有利于开放银行推动银行的业务模式和定位发生转变。开放银行的逐渐深入改变着银行的形态，银行不再是只能为客户提供标准化和同质化服务的"产品中心"，而将成为一个随时随地能为客户提供服务的"客户中心"。具体而言，传统银行之所以被称为"产品中心"，是由其业务模式决定的，即以现有渠道向客户提供标准化、同质化产品与服务。开放银行拓展了银行的营业渠道，也不再局限于标准化、同质化产品类型，而是向定制化服务迈进，银行将成为一个能随时随地为客户提供服务的"客户中心"。

从银行扮演的角色来看，银行已经从一个为客户提供金融产品与服务的场所转变为一种无所不能、无处不在的金融服务，实现了银行与金融科技的无缝连接。

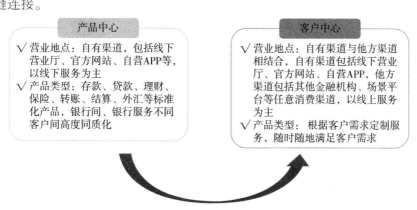

图 4 - 13　开放银行从"产品中心"到"客户中心"

4.3.3 开放银行助推银行转型

从开放银行角度来看，金融机构共同的发展理念是实现开放协作和开放创新的基础。在对开放银行相关应用的研发上，微众银行、兴业银行等已经取得阶段性成就。2018年浦发银行推出无界开放银行，此后，其他金融机构如工行、建行、招行等均有进军开放银行的架势，从而迎来了开放银行发展新浪潮。

当前，中小银行迎来新的发展机遇，即通过提供基于场景的金融服务，以银行为核心构建新的生态圈，重塑核心竞争力，开辟新的业务发展空间。进入新经济时代，金融服务发展方式正在发生重大变革，业态模式不断更新，金融服务的方式和范围随着客户需求的变化而变化，银行业逐渐形成共识，以服务质量作为未来发展出路。一大批互联网企业以生态圈场景为依托，在生态圈内嵌入金融产品，传统银行业客户大量流失，商业模式也受到挑战。也就是说，银行的新客户被掠夺，老客户可通过更多渠道满足自身需求，即使需求得到了满足也可能并不知道服务提供方是谁，这些问题使银行慢慢变为提供中后台服务的机构。在此背景下，中小银行取长补短，充分利用外部资源，借助外部力量取得战略速赢。

1. 建立开放银行金融生态圈

银行在构建金融生态圈的基础上形成开放型生态服务平台，实现金融和非金融场景的融合，保障客户能够持续经营，为此银行需满足以下要求。

第一，重视端到端客户体验，保障客户在不同环节能够无缝切换。比如在购物时为客户提供汽车贷款，在课程课时方面为客户提供学费分期付款等。

第二，参与合作伙伴经营各环节，找到与自身发展相匹配的业务场景，提供一体化解决方案，比如参与携程旅游产品服务编排。

第三，依据客户需求对银行产品进行重组，实现产品的组合化、模块化、场景化。

2. 建设开放银行应注意的事项

在鼓励创新方面，开放银行不是要完全替代传统银行的业务模式，而是对传统银行继承式创新，两者相互促进，互相补充。银行需融合市场驱动和政策驱动两大推手，推动我国开放银行向着创新发展方向迈进，孕育产业新业态。

在规范发展方面，开放银行业务中各方以数据共享为基础建立协作关系，开放银行凭借用户数据的安全共享和应用来获得客户信任。监管机构需要强化顶层设计，开放银行各参与方也应该加强安全意识，牢牢守住安全底线。一是制定开放银行应用行业标准规范，在服务界限、数据开放类别、应用研发部署、API 接口设计标准、网络加固手段、信息安全保护等方面加强制度规范，为开放银行保驾护航。二是加强开放银行风险防控机制建设，对合作方准入管理进行严格规范，建立健全开放银行合规应用管理机制，建立基于大数据技术的开放银行风险监测预警系统，通过监管平台对 API 交互运行情况进行实时监控，强化业务规范管理及技术防护手段，加强金融机构感知开放银行风险态势的能力和处理应急事务的能力。

═══ **专栏 4-3** ═══

建设银行构建银行生态圈

目前大型银行正在着手推进生态重构，从而实现模式转型，银行跳出直面客户的服务模式限制，将客户推向合作伙伴，自己则"走在后面"。银行凭借一家之力无法实现大量创新，而其他金融科技合作机构可以帮助银行进行创新，在场景创新方面充分发挥主动性，银行在后台为这些机构提供金融服务。

比如在银行的传统业务范畴内不包含构建住房服务综合服务生态、公益教育综合服务平台、善行宗教事务管理服务平台等，目前银行以金融服务和IT 技术服务为依托构建银行生态，甚至为商业生态系统提供这些技术和服务。

构建住房服务综合服务生态是围绕房屋服务进行展开，把 APP 或网站（主要业务包括房屋买卖服务、存房托管服务、物业管理服务、房改金融结算服务、应用系统推广、维修资金业务管理、公积金管理、监测分析和监管服务等）进行连接从而构建生态链，为客户提供一站式解决方案和专业全面的服务体验。

公益教育综合服务平台是银行提供方案助力解决贫困地区基础教育问题。从表面上看，银行似乎花费了大量精力，而实际上银行只是在背后扮演提供服务的角色。

资料来源：根据公开资料整理。

第二篇
中小银行转型的理论与逻辑

第 5 章 价值链理论，明确中小银行
转型的新思路

价值链理论为中小银行有机组合各经营活动的要素、创新价值创造方式等提供理论支撑。在新环境下，传统价值创造过程解构与新价值创造体系重塑，中小银行需要依据内外部环境与客户需求等方面的变化，识别内外部资源基础，进行价值发现与价值重新整合。在此基础上，重塑新模式，布局新业态，实现中小银行从"初级制造金融"向"深加工金融"的转型。而在这一过程中，金融科技为中小银行的价值链提升提供了重要支撑，它为中小银行的业务模式、运营模式、风控模式等变革提供了技术支持，让中小银行将更多客户纳入服务范畴，而且推进银行沿着客户需求的高端化方向迈进，从而增强中小银行盈利能力和扩大盈利空间，为中小银行转型提供了新方向与新思路。

5.1 价值链理论，指引银行转型新方向

价值链理论将企业视为创造价值活动所组成的链式或网式集合体，并以此阐释企业利润与竞争优势的来源。从价值链理论来看银行转型发展问题，可以发现，新的金融需求及金融科技发展推进银行各个环节价值创造方式的变化，具体表现为通过线上化方式获客、通过数字化方式发现客户潜在价值，通过智能化方式挖掘客户价值贡献等。因此，通过金融科技手段把握上下游价值活动，以更高的效率、更低的成本和可控的风险，推进价值创造活动开

展，为中小银行提升价值链与扩大业务范围打好基础。

5.1.1　中小银行价值链分析

中小银行价值链包括内部价值链和外部价值链，其中，内部价值链构成了内部环节的增值过程，外部价值链是形成战略联盟等的基础。

1. 内部价值链分析

价值链理论认为，价值创造活动可以分为基本活动与支持活动。其中，基本活动是指与价值创造直接相关的活动，比如设计、生产、营销等。支持活动是指虽不直接创造价值，但是辅助基本活动完成价值创造的活动，比如物流、组织、后勤等。

从银行角度来看，银行价值创造活动包括资金筹措、资金运作、营销、风险管理等环节。一是资金筹措环节。对银行而言，"原材料"就是资金，银行以自身信用为依托，以利率为价格，从社会公众或金融同业处获取资金，构成银行的主动负债与被动负债。负债成本越低，越有利于银行增强竞争能力。二是资金运作环节。资金运作包括对同业拆出、企业贷款、理财运作等，是形成资金收益的过程。三是业务营销环节。业务营销是根据客户需求，针对性推荐相关金融产品的过程。传统银行营销以等客上门为主，数字化时代，银行营销以大数据分析为主，挖掘客户需求，把握客户"痛点"，精准实施业务营销。四是风险管理。银行是经营风险的金融机构，面对信用风险、流动性风险、市场风险、操作风险等，需要通过完善制度，治理风险。

一般企业的支持活动主要包含采购与物料管理、研究与开发、人力资源管理等方面。对于银行来说，支持活动包括基础设施建设、技术开发、员工培训、后勤保障等。基础设施建设是指实体网点、系统等建设工作，保障银行业务的实施和运转。技术开发是指通过系统开发、数据开发、网络开发等工作支持银行业务推进的环节。员工培训是对员工招聘、培训、职业生涯规划、调配等工作；后勤保障主要是行政、保卫等工作。

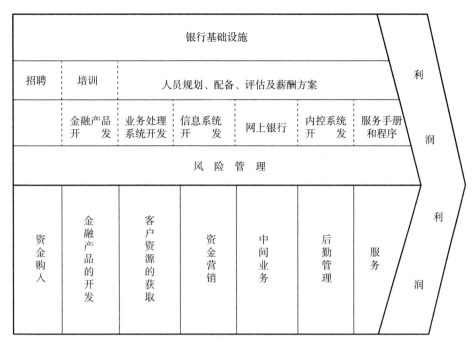

资料来源：根据公开资料整理。

图 5 - 1　银行内部价值链

2. 外部价值链分析

银行外部价值链是相对于内部价值链来说的，从外部价值链的整个运行系统来看，供应商价值链是基础，银行内部价值链是利润产生中心，渠道价值链是实现利润的手段，客户价值链是银行价值创造能力表现的结果。从价值链角度来看，银行不应仅仅关注内部的各项价值活动，还应将价值链置于更广阔的外部空间，与外部供应商、渠道商和买方价值链相结合。

银行外部价值链包括横向与纵向价值链。横向价值链是银行与同行业之间的价值链系统；纵向价值链是银行与上下游关联方以及客户之间的价值链系统。其中，银行与同业之间的合作包括两个方面，一方面是银行与金融机构之间的合作，包括银信、银保等机构之间的合作，通过代销、组合等方式为客户提供金融服务。另一方面是不同金融机构基于产品的合作，比如银行借助信托通道发行产品，一是理财业务合作，二是资金渠道合作，三是交易结算合作，四是创新联动合作。双方依据自身领域优势，对交易结构进行分拆，实现资源、渠道、模式互补，形成新的分工合作模式。供方、买方、渠道以及银行价值链共同组成纵向价值链。其中，供方价值链是为银行提供资金、客户等资源；渠道价值链是线上线下渠道整合，触达客户；买方价值链是业务需求方为银行提供直接的价值贡献。

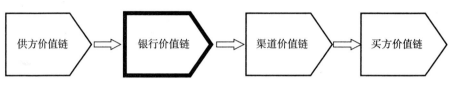

资料来源：根据公开资料整理。

图 5 - 2　银行价值链纵向联系

5.1.2　中小银行价值链特点

中小银行价值链具有非标准化、数字化、外部价值内部化、多重相关性等特点，这些特点为中小银行价值链重塑提供了改革方向、关键领域等多方面的支持。

1. 银行价值链的非标准化

银行客户对象的非标准化导致银行业务的非标准化，银行业务的非标准化又导致银行风险特征的非标准化，风险特征的非标准化又导致银行风险管理的非标准化，这就构成了银行整个价值链的非标准化。部门银行导致银行内部的条块分割，制约了价值创造的连贯性，影响了对基本价值创造活动的监管。因此，需要改变组织结构，推进部门银行向流程银行转变是未来中小银行重塑价值链的重要方向，一些银行已经着手改革，用流程再造的手段迅速为业务创新及价值挖掘提供内外部资源，加快中小银行对客户需求的响应速度。

2. 银行价值链的数字化

信息技术的快速发展推进账户、业务、管理等的数字化发展，进而实现银行价值链的数字化，形成虚拟价值链。价值链的数字化推进价值创造方式的全面革新，通过数据分析创造价值、通过数据分析管理风险、通过数据分析优化协作等，降低银行服务成本，提升服务能力。因此，从这个角度来看，数据资产成为中小银行未来竞争的关键，培养数据挖掘能力是推动其价值链提升的关键环节。

3. 银行对外部价值链的内部化

不同的客户对金融资产的管理方式存在差异，银行需要将其价值链与客户价值链联系起来，通过目标市场细分，针对不同客户制定差异化的金融产品和服务，从而直接连接到客户的价值链。银行只有将客户价值链进行内部化融合，才能通过为客户创造价值，实现银行价值链增值最大化。一般而言，方便型客户注重金融产品与服务的方便与快捷，价值型客户注重产品内在价值。针对不同类型的客户，银行需要提供不同的产品与服务，以实现对不同客户的捕捉。

4. 银行价值活动的多重相关性

高质量的金融产品和服务源于卓越的产品研发、精准的定价和有效的风险控制等方面。而产品研发、定价以及风控则依赖于银行对客户需求的把握，即对客户数据的采集、分析与挖掘能力。强大的数据管理能力依托于银行渠道及服务，即通过客户获得相应的需求及购买信息，通过对这些数据的收集、整理等，为银行价值活动提供支持。

因此，银行的价值创造与多个方面相关，但与风险管理的关系较为突出。当银行风险管理能力不足时，对客户服务会形成较多的约束与限制，反之限制则较小。换句话说，风险管理能力的提升可以推进银行业务的拓展、客户的开发与竞争地位的上升等。《巴塞尔新资本协议》指出，对于新产品的开发，需要制定与之相匹配的风险管理办法，才能有效促进其推进。

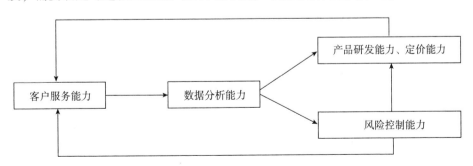

资料来源：根据公开资料整理。

图5-3　银行价值活动的相关性

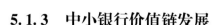
5.1.3 中小银行价值链发展

中小银行面对新形势，通过发展新型价值银行，聚焦转型发展，实现银行的价值与担当，具体地，依托金融科技手段重构价值链，捕捉用户升级背景下的高端金融需求，带动中小银行转型。

1. 新型价值银行

新型价值银行是一种新的商业银行发展理念，一是强调长期价值的提升，注重可持续发展。新型价值银行注重短期与长期效益关系的处理，不仅关注当前财务指标，更加注重牢固基础，发展专业能力，加快特色业务发展等，为银行可持续价值创造提供支持。二是强调资源使用效率，注重价值创造的效能。新型价值银行关注资本节约型业务以及中间业务收入，通过客户的价值挖掘，提升价值创造的效能，即在推进业务发展的基础上，降低成本支出。三是强调精细化管理，注重价值创造的合力。从价值链角度看，客户为价值最终来源，产品为价值载体，管理是价值创造得以实现的综合协调者。价值链各环节的精细化管理是银行价值创造的关键。换句话说，银行需要在战略管理、经营管理、风险管理、定价管理与客户管理方面加强精细化程度，形成价值创造的合力。四是强调与实体经济融合发展，注重提升社会价值贡献。新型价值银行需要与区域经济发展相匹配，从支撑实体经济发展中寻找发展机遇。创新驱动时代和创新创业时代，需要新型价值银行开发支持科技型企业的产品和服务，变革授信用信方式，更好服务实体经济的转型升级。

=== **专栏 5–1** ===

上海银行打造新型价值银行

随着 2016 年成功在 A 股上市，上海银行迎来了新的转型发展期，加快推进外延式增长向内涵式增长转变、追求规模向追求价值创造转变和营销驱动向管理驱动转变，不断提升银行价值，努力实现更高层次、更好品质的发展，更好地服务于实体经济。

一是从外延式增长向内涵式增长转变。外延式增长侧重于数量的增长、规模的扩张，而内涵式增长正好与之相反，追求的是质量的提升和效率的改进，更加重视发展的可持续性。近年来，上海银行致力于打造"精品银行"，紧紧围绕战略重点，加快推进转型发展、培育业务特色，积极向内涵式增长转变。在业务结构上，上海银行积极由重资产向轻资产转型，由对公业务为主向零售业务为主转型，由资产持有型向资产管理型转型，由线下业务为主向线上线下相结合业务转型。在收入结构上，上海银行积极提升轻资产业务、中间业务收入占比，逐渐改变对传统收入增长模式的依赖。在客户结构上，积极响应并落实供给侧结构性改革的要求，服务于实体经济，顺应产业结构调整，不断优化授信政策和营销策略，清晰营销目标，优化客户结构。同时，上海银行还结合自身资源和战略定位，积极探索综合化经营，设立基金公司、消费金融等专业子公司，整合资源，激发集团联动与经营合力，加快从外延式增长向内涵式增长转变。

二是从追求规模向追求价值创造转变。为顺应市场变化，上海银行加快推进企业文化重塑，将价值创造理念融入经营管理各方面。业务上，上海银行不再只追求规模至上，而是综合考虑价格、风险、效率、贡献度等因素，更加注重价值的持续创造。上海银行加快拓展风险较低、综合收益较高且潜力较大的优质资产，不断优化业务结构，持续改善业务基础，更加强调业务的可持续、高质量增长。在经营管理上，上海银行不断强化资源配置在全行价值创造中的引导作用，提升资源配置与价值创造的匹配度、针对性，引导资源投入价值创造贡献度更高的领域。同时，上海银行在绩效考核体系中引入等级评价，构建基于综合贡献和市场比较的考核机制。此外，上海银行还将价值创造理念融入渠道建设、运营管理等领域，持续优化服务流程，提高服务效率，提升客户满意度。

三是从营销驱动向管理驱动转变。在传统盈利模式下，商业银行关注营销驱动，其营销思维是"拉存款、放贷款""下指标、发通报"，侧重关系驱动。而在管理驱动下的价值创造逻辑，以战略为引领，明确目标方向、业务重点与区域布局，形成竞争策略，自上而下、系统性开展市场拓展、客户服务，以专业化经营为手段，提升市场竞争力。积极探索优化管理机制，提升管理能级，以精细化的管理，提升各环节的价值创造能力。一方面，以战略为引领，打造战略聚焦型组织，搭建以战略为中心的目标管理体系。从机构、部门、个人等层面，前中后台协同，通过战略导向、问题驱动，明确价值提升的目标、责任与措施，提升各层级、板块、环节的紧密度和合力。另一方面，以价值创造为导向，建立从战略管理到年度综合经营计划、资产负债管理、考核与资源配置、风险管理的闭环管理体系，建立从经营目标到管理目标，从战略目标到条线部门、机构、个人层层勾连的管理闭环，并落实责任机制，确保全行战略目标的实现。

资料来源：根据公开资料整理。

2. 金融科技助力新型价值银行发展

信息技术及金融科技的发展，给银行价值链提升带来了新的机遇。通过信息技术的融合以及金融科技的支持，重构中小银行的价值链。

互联网信息技术与金融科技手段的发展创新了银行价值发现过程。一方面是"互联网＋"对银行的渗透。以微众银行为代表的互联网银行将成为互联网生态圈闭环的中介端口，为金融机构提供更多的低成本试错机会，积极布局该生态链的银行将获取收益。另一方面是银行与"互联网＋"的融合。兴业银行的银银平台通过对中小银行的 IT 系统的科技渗入，已为 500 多家金融机构、39 万个网点提供了内部清算、结算服务。随着平台的线上化，"钱大掌柜钱包"的迅速增长将进一步推进兴业银行互联网金融业务的发展。

互联网信息技术及金融科技手段创新重构银行价值链。一是账户变革加速零售银行渠道和媒介的虚拟化。银行渠道的变革，首先是对 IT 设备及流程再造，并推进个人零售业务的线上化。线上支付技术的迅速普及将重构线下支付结算网络软硬件，这将加速无卡支付时代的到来。同时，脸部识别算法及数据库交叉验证，将使远程开户得到推广。二是银行新盈利增长点将从规模走向流转速度。在信贷投放上，银行逐渐将"信贷额度"硬约束转向"资本金、风险"硬约束，同时，资产交易和撮合平台将有效盘活存量信贷，提高整个社会的风险收益配置效率，使不同类型的风险偏好资金都能获得高效使用。三是大数据技术及供应链开启银行小微信用蓝海。比如，银行根据第三方支付、电商等数据拓展小额贷款业务、借助互联网积累的数据实施供应链上下游闭环业务开拓。

=== **专栏5-2** ===

微众银行价值链创新发展路径

微众银行颠覆了传统存贷业务的价值链，是对价值链创新发展路径的积极探索。在业务模式上，微众银行的定位是"个存小贷"，以较低的渠道、资本和信用成本为客户提供更高的存款收益。考虑到资本金和利率上限的限制，微众银行摒弃规模扩张的发展路径，将发展重点聚焦于资产端有效配置和运转效率。传统银行可通过与微众银行的错位竞争，将业务范围拓展至超小额、高风险的信贷领域。

金融科技塑造了微众银行的竞争优势。与阿里小贷的运营模式相类似，微众银行也注重金融科技手段在客户资源拓展、金融业务模式创新等方面的运用。微众银行将引领零售银行的"账户"和"渠道"变革。在扩张模式上，微众银行主要通过金融科技途径而非物理网点途径进行扩张。未来，微众银行将运用生物识别技术在微信端口或APP完成个人结算账户的面签开户，这将实现借记卡及信用卡账户的虚拟化。未来，取现、转账等交易的实现将更多依赖于移动端NFC、扫码等技术。微众银行的轻资产、弱网点扩张模式能够降低扩张成本，并借助金融科技手段精准抓取目标客户以实现规模发展。

根据相关预测，微众银行将在未来三年内完成对腾讯六千万客户6%左右的转换率，潜在小微及消费贷款需求将突破六千亿元。微众银行引入新信用评审模式，搭建"接口平台"联通银行和客户。通过微众银行的融资平台和征信，将个体个性化的融资需求进行标准化利率定价，最终向零售客户及传统银行输出模型、客户征信报告或信贷或理财产品。未来，微众银行将成为互联网生态圈闭环的中介端口，成为金融机构低成本试错平台，对接外部的金融机构以及实体厂商。

资料来源：根据公开资料整理。

5.2 银行价值链重构，增强市场竞争优势

用户思维、极致思维、跨界思维、社会化思维等互联网思维是中小银行价值链转型的思想基础。顺应中小银行价值链发展趋势，实质是顺应经济转型升级条件下满足创新驱动时代的金融需求，以更高效率为实体经济升级提供资源配置。在此背景下，中小银行进一步领会价值银行内涵，提高服务实体经济能力，提升经营管理品质，在打造新型价值银行的道路上跨越前行。

5.2.1 中小银行价值链转型思维

随着电子化、网络化和全球化的推进，金融创新速度加快，金融产业链被重新分解和再造，现代金融体系的功能已经被分化为多个专业化的领域。在此过程中多样化的专业银行诞生。专业银行将某一特殊金融服务从传统的银行价值链中分离出来，通过专业化的风险控制能力降低资金需求和运营成本，并凭借创新的金融手段来转移、分散风险，以提高资本杠杆，最终实现更高的资本回报和更快的规模扩张。

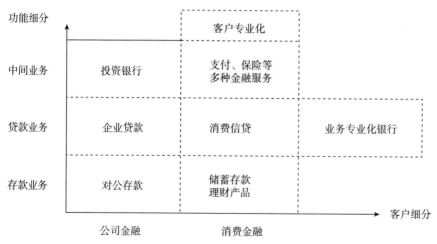

资料来源：根据公开资料整理。

图 5 - 4 银行价值链专业化发展

金融创新通过对原有金融业务的分解，实现了对传统银行存贷款经营模式的颠覆，为银行业务结构调整与优化提供了更大空间，以实现客户专业化和业务专业化。客户专业化是将产业链"纵向"划分为不同目标客户的细分市场，并提供全方位的服务，满足目标客户的不同金融需求。业务专业化是将产业链"横向"划分为不同功能的细分市场，并向有相似金融需求的客户提供高效的金融服务。

推进中小银行价值链转型，需要运用"互联网思维"，包括"用户思维""极致思维""跨界思维""社会化思维"。

用户思维是指中小银行应该积极打造"以用户为中心、以服务谋发展"的企业文化，树立用户需求导向，重新梳理价值链的各环节、工作流的各节点。一方面，中小银行可凭借自身深耕地域的优势，积极抓取数量众多的"长尾"客户，深入分析"长尾"客户融资"痛点"，挖掘"长尾"客户潜在融资需求，深入客户各类场景。另一方面，激发用户参与性。一是将用户需求融入产品研发中，建立用户需求快速整理渠道，及时将用户需求传递给产品研发人员，并依据用户需求提供定制化、个性化的产品；二是将用户意见加入产品的优化过程，建立用户群组，让用户参与产品的设计、改进方案并给出最终决策，为用户提供更贴切的服务；三是让用户参与品牌传播，发挥流量效应，鼓励用户积极参与品牌和产品传播，培养用户对品牌和产品的感情，提高用户忠诚度，并达到更好的传播效果。

极致思维是指中小银行要为用户提供极致的产品、服务及用户体验，感动客户，留住客户。一方面，开创出能够感动客户的产品，比如"急速贷""秒贷"等产品通过引入第三方评估体系，能够实现快速审核和放贷，解决了传统产品审核时间长、放贷速度慢的"痛点"。另一方面，关注客户体验，这要求中小银行在产品或服务创新中要想用户所想、急用户所急，做好用户体验，建立及时有效的用户反馈机制。好的用户体验要从细节入手，让用户有直接的感知。

跨界思维是指中小银行围绕核心能力、客户群、信息和数据流开展跨界业务。在当前的市场环境下，银行面临着新的发展机遇，同时也面临着新的发展挑战，在这种背景下，中小银行只有树立跨界思维，主动拥抱变革，才能重获生机。

社会化思维是指中小银行要注意发挥好社会化媒体的宣传和公关作用。社会化媒体是一种人们能够充分参与和互动的媒体形式，可通过微信、微博、微视频等多种工具进行企业宣传和公关。应用社会化媒体，要从每一类型客户、每一平台的特点出发，利用有效、有用的资讯，激发人们的参与积极性，坚持"质"与"量"并重，同时更要追求"投资回报率"。

5.2.2　中小银行价值链系统重构

金融体系一般具有六大功能，即清算和支付结算功能，转移经济资源功能，管理风险功能，储备或聚集资源和分割股份功能，提供信息功能，解决激励与约束问题。这些功能本质上是用户所需要的基本金融服务，金融机构、金融市场和金融产品不过是实现这些金融功能（服务）的载体。在不同历史阶段，金融功能（服务）是相对稳定的，而承担功能的载体是不断变化的，一种功能由哪种载体承担，取决于其在成本和效率上的竞争优势。金融市场的竞争优势在于可以向众多客户提供标准化的批量交易，商业银行的竞争优势在于可以为客户提供个性化、差异化、创新性的服务和低风险的信用保证。金融机构只有顺应社会经济发展的趋势，不断培育和提升金融服务供给的竞争优势，才能够获取足够的生存和成长空间。金融功能观这种多利润点、多方向的动态视角为银行找到了巨大发展空间，指明了提供全功能金融服务的转型方向。

从金融功能观理论出发，中小银行价值链构建和转型的目标，应以提供专业化金融服务为方向，运用金融科技手段整合经济、交易数据中心的信息资源，改变价值创造方式，推动中小银行从"以产品为中心"向"以客户为中心"转变，从"间接融资中介"向"金融服务中介"转型。

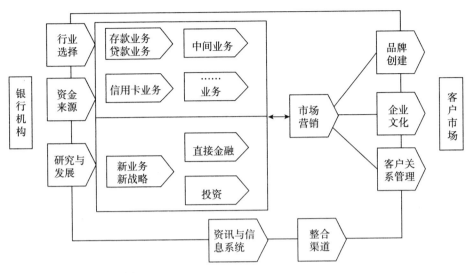

资料来源:根据公开资料整理。

图5-5 银行价值链

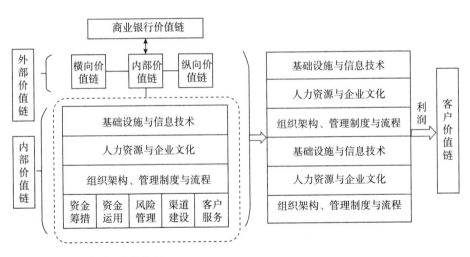

资料来源:根据公开资料整理。

图5-6 基于金融功能观的商业银行价值链模型

5.2.3 中小银行价值链存在的问题

传统银行源于国有银行的商业化、市场化改造结果,其发展对其产生背景具有路径依赖特征。往往注重有政府信用背景的国有企业,大客户偏好及财政背景使传统银行的价值创造力低下而且转型缓慢。同质化竞争问题突出，风险意识不高，这些问题使中小银行陷入发展困境，因此需要中小银行重视，推进价值链重构，实现转型发展。

一是大客户偏好。自改革开放以来，随着我国经济的飞速发展，融资需求急剧扩大。企业自身资金和政府财政资金在发展初期比较匮乏，且直接融资不发达，为经济发展筹资的任务落在了银行身上。随着整体经济的迅猛发展，银行也逐步形成了寻求规模迅速扩张的经营理念，迅速扩张贷款规模是在吸收大量被动式负债、持续补充外源性资本的基础上进行的，这也是银行创造价值的基本特征。基于此，银行建立经营目标主要以增长速度、资产规模以及利润总额等指标为依据，实现唯规模论目标的唯一有效途径就是发展大客户，但大客户却常常会挤占中小企业的信贷份额。

二是同质化经营。银行长期存在利差"红利"的主要原因是，我国的利差保护以及发展资金匮乏，银行获取高额利润的主要渠道之一就是以利差收入和批发性信贷业务为主的盈利模式，其严重缺乏产品创新以及转换经营模式的动力。目前我国银行经营同质化现象严重。大客户交易对手较为明确，有完整的经营数据和规范的财务管理体系，信息的完整度和真实度也比较高，信息不对称程度相对较低，银行同质化经营更能得以持续。因此，银行的同质化经营促使其加大争夺大客户的力度，经常把中小企业排斥在外。金融机构间竞争越发激烈并且利率市场化改革逐步实施，银行利差"红利"逐渐随之消失，将会给银行传统盈利模式带来严峻的挑战。

三是低风险容忍度。经济规模在经济迅速发展时期大幅度扩张，这弥补、隐藏了业务损失和风险，政府给国有企业作隐性担保以及为扩大投资作信用担保均缓解了银行进行信用风险管理的压力，银行只看到了利润，却没有看到损失和风险，风险管理体系比较稳健、审慎，风险容忍度低下，难以进行较为复杂的风险管理。

四是中小企业融资风险管理技术缺乏。银行属于风险经营企业，生存基础主要依托风险管理的技术和手段。当银行处在国内经济飞速发展的特殊阶段时，其风险管理技术不发达，无法精准分析判断客户第一还款来源，对第二还款来源的质押、抵押等担保条件的要求较高。中小企业的固定资产较少且规模较小，难以满足贷款需要的质押和抵押等担保条件。另外，中小企业没有规范的财务治理体制，管理较为随意且变动大，营商环境与外部政策不协调，信息不对称，且风险管理技术不成熟，银行难以精准识别以及有效控制中小企业的风险。

1. 解构价值链：控制战略环节

价值链理论的基本观点是，价值创造来自某些特定的活动，这些特定的活动为战略环节。企业的竞争优势实际上就是企业在某个特定的战略环节上的优势。因此，银行可以通过价值链管理，重新审视自己所参与的价值过程，研究在哪些环节上自己具有比较优势，或有可能建立起竞争优势，集中力量培育并发展这种优势，中小银行应只控制那些具有战略意义的，创造利润多的环节，并在这些环节上保持竞争优势，把其他相对次要的，创利不多的环节分解出去，尽量利用市场外包方式降低成本。

2. 整合价值链：战略联盟

在竞争日趋激烈、风险不断提高的环境中，中小银行应选择战略联盟以整合价值链，保持竞争优势。

战略联盟就是两个及以上企业为了实现共同的战略目标而采取的联合行动。建立战略联盟主要是因为企业与企业之间资源相互依赖、经济活动丰富，战略联盟能够对这些经济活动和资源进行重新组合和延伸，降低企业的交易成本，挖掘更多潜在的利润。结成联盟后，企业之间可以相互学习，获取新的知识技能。银行与银行、非银行金融机构以及金融企业之间建立战略联盟关系，能够延伸价值链以提升银行价值。银行与其他企业建立联盟关系，能够增加金融产品数量、提高金融服务质量。目前，银行需从战略角度，拓展思维，与其他企业形成多层次、全方位的合作关系，达到降低交易成本以及共享资源目标。

3. 管理价值链：复杂的价值系统

价值系统复杂多样，其中最有力的价值创造需要加入联盟伙伴、供应商以及客户等，因为金融科技对银行的金融产品、基础设施以及传送路径进行了多层次改变。一方面，金融服务结合信息网络技术营造出一个新的竞争环境，银行不仅存在同业竞争，还可能会有跨界竞争；另一方面，银行同业间的竞争方式会发生巨大改变，所以选择战略联盟的银行日益剧增。因此，越来越多的银行选择战略联盟，共同形成金融科技背景下的银行竞争优势。

创造新的时空理念、新的管理模式和经营计划是信息技术的真正价值所在。在其影响下，中小银行需要重新构造价值链，让价值链的部分有形环节转化为无形，在当前背景下，采用较为成熟的技术，积极开发网上银行业务，通过构建电子化管理机制，形成虚拟价值链，以达到改进业务流程的目的。虚拟化经营是一种银行在网络经济背景下重要的经营模式，能够增加银行的合作方式、伙伴、领域以及选择组织结构的灵活性，方便企业之间通过互联网高效又迅速地发布和接收业务信息，不仅降低了风险，还发挥了资源协同优势。

5.3 价值创造新方式，支撑银行转型新发展

在利差缩窄、同质化竞争、金融脱媒等影响下，传统银行盈利模式难以为继，需要中小银行关注客户服务价值链的关键增长点，重塑价值创造方式，支撑其转型。然而，与大型银行相比，中小银行在资产规模、品牌价值等方面不具有优势，从而需要在价值创造方面另辟新路，即通过瞄准客户新增需求的高端价值方向，依托区域优势切入高端价值链，借助金融支持，促进中小银行发展。

5.3.1 银行价值链创新方向

中小银行在未来竞争中获胜需要重点关注客户导向，倾听客户需求，关注客户体验，一切从客户出发，围绕客户需求进行内外部价值链重构，通过价值链体系治理，形成新的价值创造模式。

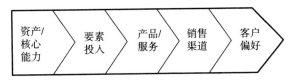

资料来源：根据公开资料整理。

图 5 - 7　传统价值链：从资产与核心能力开始

以客户为导向重塑价值链方向。银行一直以来都坚持以产品为核心，把增加金融产品销售量作为目标，从而提升客户价值。在价值链方面，银行的核心能力和资产是价值链的开端，要素投入是中间环节，客户是其终端。该思维模式深受当时金融环境的影响。比起银行对客户的依赖，客户更加依赖银行，且对银行的忠诚度较高，所以银行为客户提供服务和产品，客户只能被动适应。

随着经济发展，客户需要越来越多样化的金融产品，不再依赖于某家银行，而是选择可以提供相应需求的银行。银行与客户的交易关系逐渐变得更加松散、不固定且可以相互选择，进一步加强了银行的同业竞争力度。如果客户的特定需求不能得到满足，银行的客户会因此而流失。所以银行必须进行从以产品为中心向以客户为中心的思维转换。以客户为中心就需要银行注重客户的需求和其所关心的问题，努力设计出更优方案以满足客户需求。该种思维的开端是客户，资产与核心能力是中间环节，与传统价值链相反，客户需求是整个环节的驱动力。

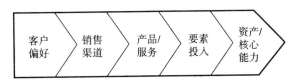

资料来源：根据公开资料整理。

图 5 - 8　现代价值链：从客户偏好开始

传统价值链要转变为现代价值链，中小银行需要形成和持续改进以客户为中心的经营方式。在这种模式中，中小银行要以市场为导向，把以客户为中心作为所有行动的出发点。一是加强服务和营销观念，明确目标客户，理解客户真正需求，向客户提供对应的产品和服务，真正实现以客户为中心。

137

二是持续完善产品研发体制，构建以市场为导向的产品研究与开发中心，健全沟通渠道，利用各种途径快速聚集各种市场反馈信息，对客户的多样化需求及时收集整理，借鉴国外银行发达的产品和服务，增强研发力度，实现银行与客户的双赢。三是改进客户关系管理，形成实力营销服务体系。中小银行要不断改进管理制度体系，加强业务系统、业务流程、组织架构与信息网络技术的结合，大力实施客户关系管理策略，创新营销机制和服务机制，满足客户多样化的服务需求。

5.3.2 中小银行转型新思路

面向新时代，传统盈利模式已难以为继，形势倒逼中小银行改革。中小银行在同业、跨界竞争中都存在诸多不利因素，只有创新思路才有正确的出路。中小银行优势在于厚植区域，对区域关系、资源有深度了解。因此，中小银行可以从既有客户入手，关注客户的新增高端金融需求，强化自身业务模式，开拓新的价值创造方式，增强流量管理，加快资产周转，带动利润的提升。中小银行的转型应从存量发展转向流量经营、从因循守旧转向依托创新实现业务模式多样化、从固守网点转向依托金融科技开拓新型价值创造方式及业务模式。

一是从存量发展转向流量经营。首先，中小银行要实现"经营信贷"向"经营信用"转型，存量发展变为流量经营，即"做流量"。传统银行通过吸收存款、发放贷款进行资金融通，不但有信用风险，还要提供资金，这种方式被存款约束和规模管控约束。但信用模式能在分析、判断、管理、控制和消解信用风险基础上，对各种社会信用风险承担人与各种社会资金进行更加灵活组合，提供融通资金服务，用实力突破原有约束，扩大银行的服务模式和展业空间，形成多种业务组合方式，主要包括可以向他人提供资金、自身承担风险，仅提供资金、不承担风险，或者提供部分资金、承担部分风险，中小银行通过撮合交易方式提升自身价值链过程，需要对区域内资产进行全面了解，并能与外部同业进行对接，加快资产周转速度，实现规模化盈利。

二是加快创新实现业务模式多样化。中小银行需要具备撮合能力，实现业务模式从"初级制造金融"到"深加工金融＋交易金融"的转变。在这种模式下，银行要通过二次深度加工削弱信贷资产的体量，根据风险和金额等维度对资产进行切割、分层、分拆，对于标准化资产可将其部分出售给合格的个人投资者，对于非标准化资产可以自己保留也可将其出售给专业化机构投资者，如此既能盘活存量，又能扩大增量，同时可以通过加工、过滤等方式将一级市场上不匹配资产在二级市场进行分销，使其与自身实际相匹配，此外越来越多的合格的个人投资者也会被吸引过来，借助银行资产管理业务来承担或分散风险，推动金融深化和深度创新，这种业务模式能深度融合制造能力、加工能力、交易能力，是一种多功能业务模式。

三是通过互联网开拓各种市场平台的业务模式。银行需要加强自身生态能力建设，实现从"做买卖"到"开市场"、从"交易金融"到"市场金融"的转换，也就是要"搭平台"。在社会价值链中平台具有更高端的价值，它是纵向整合产业链和交易活动而形成的一种产业生态环境。中小银行可凭借互联网技术对行业生态进行整合，并借助自身的核心信用能力，实现向"搭平台"业务模式的转型。

═══ **专栏 5 –3** ═══════════════════════

兴业银行价值发现创新

兴业银行银银平台主要历经三个发展阶段，一是早期网点拓展需求，正式提出"联网合作、云为代理"的银银平台发展构想；二是科技输出绑定中小银行，以客户、资金及数据等资源为银行判断同业市场资金面提供支持；三是线上线下一体化综合化。2010年银银平台正式开发立足于发展理财平台门户，理财发行规模获得高速增长。

目前已有超过五百家金融机构和近四万个网点接入银银平台。银银平台构建了强大的网络系统，对中小银行的IT系统进行科技渗入，这些技术使兴业银行拥有足够的能力对接入机构和网点进行内部清算和结算。这降低了兴业银行同业结算成本，提高了资金面洞察信息的敏捷性，同时增加了跨行资金交易的成本优势和便利性。银银平台与第三方机构的合作，促使兴业银行拓宽了跨行资金清算的外部延展性。

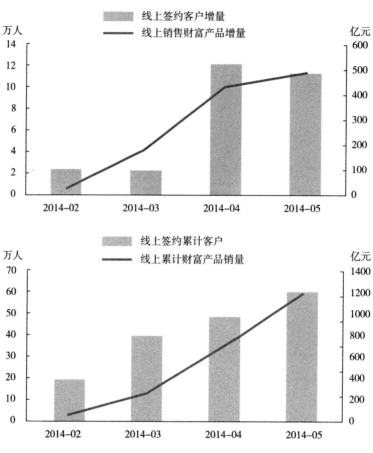

图5-9 "钱大掌柜"客户及产品规模

　　兴业银行着眼未来，打造线上线下一体化的"理财门户"。借助银银平台的线下实体网点和银行机构联网IT系统以线下带动线上，借助线上业务开发他行新客户，借助自身资产配置和风险定价能力设计产品并分层销售，彻底实现向投行化银行的转型。从线下来看，银银平台的三万多个网点为客户提供了各种理财产品，客户可直接通过网点进行交易。从线上来看，兴业银行把"钱大掌柜"理财门户网站和手机客户端视为其开展互联网金融的重要依托。

资料来源：根据公开资料整理。

图 5 - 10　兴业银行"钱大掌柜"的业务模式原理

5.3.3　金融科技重塑价值链

经济发展趋缓，利差收缩，金融脱媒加剧，金融严监管延续，客户需求分化，银行以大客户偏好为特征的价值链面临严峻挑战。低资本消耗、高经营收益、服务创新成为中小银行价值链转型的战略方向。而金融科技为中小银行的价值链再造提供了支持。金融科技可以让中小银行关注地区城市、农村长尾客户群体以及中小企业群体，获取之前难以覆盖的客户，提升价值贡献。金融科技可以让中小银行灵活创新价值创造方式，通过对数据资产的判断营销客户、服务客户，并随着客户需求变化不断衍生新的产品和服务。对现有价值链进行重构与创新，才能在为中小企业提供服务的过程中实现价值增值。

1. 拓展客户服务范围，加大利润贡献

中小企业金融服务隐藏着巨大的潜在价值，中小银行要对其进行深入挖掘从而降低资产组合风险、拓宽自身收入来源。中小银行未来价值链转型的一个重要战略举措就是扩大中小企业金融服务比重。一是增强信贷定价能力，提升盈利空间；二是深度拓展财富管理、财务顾问、个人理财、代理销售等交叉销售的服务延伸空间，提高总体收益；三是整合中小企业金融服务外部价值链的支配权，扩大利润份额。

2. 建立与中小企业金融服务价值链相适应的风险管理模式

降低风险就是创造利润。运用金融科技手段，严控新型价值创造方式下

141

的风险。一是构建企业风险评价模型。首先，通过货运单、订单、企业主个人资金流水、物料消耗记录等数据信息了解企业经营和财务的真实状况，增加风险识别和评估可靠性；其次，通过利用经营历史、市场容量与份额、上下游关系、与行业龙头企业的关联度、企业主个人品质等非财务指标对企业的生命周期和未来发展空间做出判断；再次，采取以参数化指标体系为核心，以风险管理人员个体经验为辅助的方式，从企业自我偿付能力角度，制定准入与退出标准，对风险等级进行划分，并估算风险溢价。二是形成扁平化、标准化、分散式、授权制授信流程。有权审批人依权限进行单环节直接审批，授信过程中对关键指标的复核和融资后评价工作由风险经理作集中处理，明确贷后管理的风险信号、风险程度及风险意义和相应的处置方式，精简环节、降低成本、迅速决策、降低损失。三是开发新的动产担保方式，对专利权、商标权、版权、经营权的价值评估、权利保护、处置变现的方法进行探索，增加第二还款来源分担授信风险的比重，提高企业融资额度，化解企业融资难的问题。

3. 以金融科技推进创新

经济转型升级需要金融供给端的升级发展。加快中小银行产品和服务创新，一是拓展新型融资方式，如产业链融资、订单融资、仓单融资、商圈融资、产业集群融资等，从供应链的角度探索中小企业融资和银行风险控制的结合点；二是提早介入，助力企业对企业经营和财务管理进行规范，扩展资金结算、资信调查、财务顾问、管理咨询、财富管理等非资金占用业务，寻找新的利润增长点，培养并发掘潜在优质客户；三是开发标准化服务产品，依据行业、产业、交易对手、经营区位、融资用途等多种标准对产品进行标准化设计，通过集中处理和规模化经营，实现低业务成本、高服务效率。将物理网点、客户经理、专家团队、电子手段融为一体，建立立体化营销网络，通过组合形成多种成本和效率营销渠道，满足客户多样化需求。

=== **专栏 5 –4** ===

价值链重塑下的纽约银行转型实践

20 世纪 70 年代以来，金融创新伴随着电子化、网络化和全球化的推进而加快发展速度，金融产业链被不断重组，银行价值链重构，提高传统银行转型速度。

作为美国历史最悠久的银行，纽约银行在金融价值链重构浪潮下成功转型。20 世纪 90 年代初，纽约银行主要以传统银行业务为主，总收入中的六成来自利息收入。而到 20 世纪 90 年代中后期，新型金融机构的出现严重冲击了纽约银行的传统业务领域，纽约银行转变发展战略，将业务重心从传统的存贷款转向资产服务和投资管理。在 1995 年及接下来的十多年间，公司将纽约银行的抵押贷款发放机构关闭，并相继出售抵押贷款业务组合、信用卡业务、保理融资业务（该业务当年排名全美第二、加拿大第一），将非金融企业贷款业务占比缩减 41%，用所有的零售分支换取 JP Morgan 公司的信托业务，出售合资抵押贷款公司 49% 的股权，信贷不再是银行的主要产品，而沦为其他金融服务的辅助产品，并逐步被剥离出售，纽约银行彻底实现转型。

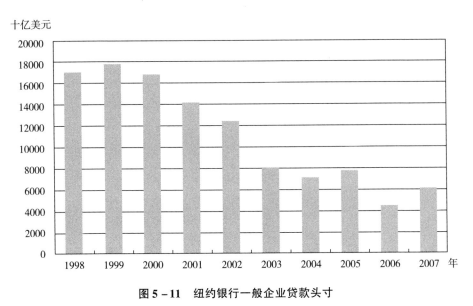

图 5 - 11　纽约银行一般企业贷款头寸

专业化分工的目的是实现专业化聚合，从而依靠规模效应使分工服务的效率提升。2006 年，纽约银行以所有零售分支为交换筹码，换取了 JP Morgan 公司的信托业务，这是纽约银行剥离银行背景的融资业务，转向资本市场融资业务的标志，也是金融体系演化进程中，价值链分解与重聚的典型。纽约银行通过金融价值链的重新聚合和规模化经营，提高了专业化服务效率，并摆脱了由于激烈竞争导致的业绩波动和利润萎缩的风险。这一系列的聚合行为促使纽约银行发展为世界范围内最大的资产服务机构，其服务平台遍布全球100多个市场，服务资产规模多达上万亿美元。

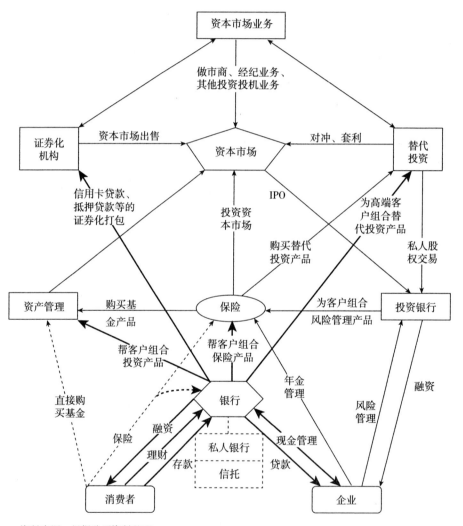

资料来源：根据公开资料整理。

图 5-12　金融生态系统示意图

银行转型的动力来源主要是全球化、金融市场的结构转变和金融机构持续升级的外包需求（专业化分工）。金融生态的不断演化增加了金融系统的复杂性，新的职能机构应运而生，如投资银行（帮助企业上市）、共同基金和养老基金（帮助消费者参与资本市场）、证券化机构（帮助其他金融机构充分利用资本市场）、替代投资机构（提高资本市场效率）、做市商（改善资本市场流动性）、证券经纪公司（提供资本市场交易服务）等，这些新的机构打破了以银行为核心的金融体系，银行开始走专业化分工的道路。在此背景下，专业化分工被视为"金融价值链的裂变"，这种裂变在银行体系内部表现更为强烈，在公司业务和零售业务方面均出现了一批新型职能机构，如专业化的投资银行、中小企业融资银行、供应链融资银行、融资租赁公司，以及专业化的信用卡公司、抵押贷款银行、教育贷款银行、私人银行等，这些机构在专业化方面对传统综合性银行在资本市场的地位发出挑战。

第6章 第一性原理，塑造中小银行
转型的新功能

银行客户因新技术发展而快速发生变化。第一性原理立足银行服务的核心功能和目的，强调功能为王，为银行快速创新和迭代提供了理论支持。通过第一性原理，银行业务正在被塑造成迎合技术的无感知金融，为中小银行捕捉新时代背景下的金融需求提供支持。

6.1 第一性原理揭示金融创新本质

数字时代的到来，给金融创新带来了前所未有的新机遇。在探索金融创新过程中，银行运用第一性原理，从金融核心本质出发，探索可能带来的机会以及创新目标，以此实现面向未来的创新突破，形成更加突出的转型能力。

6.1.1 第一性原理的理论内涵

物联网、云计算、人工智能、大数据、区块链等新技术的发展，使全球经济和商业模式发生深刻变化。在新技术应用下，银行业已经进入了技术变革的加速期，金融科技不断催生出新的金融业态与金融服务模式，冲击银行业原有的生态和竞争格局。在此背景下，中小银行运用第一性原理推进业务的变革与创新，以应对外部日益激烈的竞争。

第一性原理是先解构本源，然后再从本源出发，进行重构，即从问题本质出发，进行推理思考。从这个角度来看，第一性原理解决问题的思路是，先探寻问题的本质，然后搜集数据资料进行分析，寻找答案，再进行验证修正。第一性原理可以提升问题解决质量，推进银行重新思考客户关心的问题，从而加快银行思维方式、管理方式等方面的变革。互联网时代和大数据时代，客户行为习惯发生变化，中小银行需要围绕客户需求，提供强有力的功能支持，借助金融科技进行业务迭代，改变组织结构，加快银行发展。

随着信息技术的快速发展，银行产品创新发生了巨大的变化。一是银行产品创新的条件发生了变化，银行创新更多依靠线上场景，需要为客户提供交互式、嵌入式的产品和服务；二是银行产品创新的方法发生了变化，现在更多是依靠金融科技手段驱动产品创新，通过快速迭代满足客户需求；三是银行产品创新的理念发生了变化，强调以客户为中心，关注客户"痛点"和客户体验等；四是银行产品创新的迭代思路发生了变化，先推出创新产品，根据市场反馈进行快速迭代；五是银行产品创新的管理理念发生了变化，准确赋予产品战略意图，区分人群、生命周期、重点功能等，实现创新产品的精准营销。因此，中小银行需要依据第一性原理，对客户行为分析，沿着客户的期望重新定义产品，强化功能，改革服务方式，即强调与客户一起开发产品，给客户更多自定义产品的权利和机会，从而实现产品创新的目标。

=== **专栏6-1** ===

福建农信社运用第一性原理构建科技项目管理体系

为提升科技需求管理能力，福建农信社依据第一性原理，建立了"统一需求整合、统一需求把关、统一需求管控、持续需求自身改进"的科技项目需求管理体系。

统一需求整合，挖掘需求本质。目前随着客户需求的快速变化及多样性等，科技项目需求的提出不应局限在业务部门，更应该来自客户真实的诉求等方面。为应对这一问题，福建农信社进行了改革。一是构建服务台，专门对柜员、业务部门在业务操作中出现的问题进行解决，并以此为线索发现系统中存在的问题；二是依托线上渠道，搜集业务需求，掌握一线动态；三是通过"五问法"了解部门真实诉求，掌握科技项目实施目标；四是通过分中心统一收集需求，并且通过构建法人行社的业务代表联络机制，进行需求交流，以了解业务执行中遇到的真实问题。

统一需求把关，全方位管理需求。科技项目需求管理涉及业务架构、IT架构等问题，需要对需求进行统一把关和管理。一是建立科技项目需求评选的专家人才库，专家人才由基层人员及业务骨干力量组成，对项目进行评审，以此保障项目贴合实际需求；二是结合业务部门的实际需求情况，依托"统一平台"理念对科技项目需求进行评估，主要分析项目建设内容，实现对相关需求的统一规划，避免资源浪费；三是结合科技项目需求涉及的各方面内容，建立业务、需求、开发、架构等方面的评估机制。需求受理、需求部评估、架构部评估、开发部评估是需求评估的关键内容，即围绕需求的本质，分析业务部门产品功能同质需求、可行性、产品需求和统一平台的冲突、科技规划的冲突以及与系统现状的冲突等。

统一需求管控，确保需求一致。对项目需求进行统一部署和管理，确保需求的开发过程、测试过程紧贴业务需求目标。为实现这一目标，一方面，对需求进行紧密跟踪与监督。以需求管理为核心，严格控制需求变更事宜，确实需要变动的应反馈给需求相关主体，以分析变更后的影响，保障需求开发不能偏离主题。另一方面，建立业务资产关联平台。通过需求—业务资产—业务指导的关联平台，实现业务资产和生产版本的一致性。

完善需求管理体系，不断优化项目需求。以第一性原理不断优化项目需求，推进需求管理体系迭代更新。

注：内容有所删减和改编。

资料来源：马胜蓝．以"第一性原理"思维构建银行科技项目需求管理体系［J］．福建金融，2017（9）：68 - 70．

6.1.2 第一性原理的基本特性

在金融科技的作用之下，银行的前台呈现场景化趋势，中台呈现智能化趋势，后台呈现云化趋势。照此演进，中小银行的中台和后台界限会越来越模糊。当前正处于重新定义银行或者银行再造的关键阶段。

1. 提供更加精准的金融服务

第一性原理要求中小银行提供更加精准的金融服务，即专属化的金融服务满足当前经济社会发展的金融需求。一是目前银行客户更加关注体验，中小银行不仅需要注重服务的安全、便捷、智能，更要关注客户体验，从客户体验出发变革服务方式，才是中小银行未来竞争的关键着力点。二是金融科技的发展，改变了银行的经营理念、思路、逻辑以及操作系统等，需要中小银行关注金融科技的运用状况，及时跟踪学习，获得转型优势。三是应用数字化技术创新产品与服务。中小银行可以通过 API 接口连接多元化场景，也可以通过共建生态圈的方式，与金融科技进行开放合作，以包容、开放、共建的思路铺设未来发展之路。

2. 强调战略响应能力

借鉴金融科技公司的理念，中小银行需要在重视战略管理的基础上，推进战略响应能力建设。以 IT 项目开发为例，传统银行程序步骤耗时多从而导致开发滞后与需求变化，造成资源浪费。而根据第一性原理，以最快的速度对需求进行响应，以最快的速度进行开发迭代，不仅提高了效率，而且与客户、战略等形成一致的需求，满足外部客户以及内部发展的需要。

一是依托合作思维。与金融同业、互联网金融企业、电商企业等合作，从数字价值链中获取收益。二是强调短板思维。银行的数字化渠道及其数字化价值链发展都对系统安全性等方面要求较高，从这个角度来看，中小银行要补齐短板。在此基础上，提升战略响应能力，依托灵活的发展战略，重塑中小银行金融功能。

3. 业务方式变革

在数字化时代，数据资产成为竞争的焦点。业务方式从传统的粗放化推荐向精准化营销转变，从注重资产的抵（质）押向数据分析轻型模式转变。首先，根据对客户提供的服务，从中获取客户消费行为数据；其次，结合外部数据，形成对客户全面的分析和了解；最后，根据数据分析结论，为客户提供相应的金融服务。业务模式变革，不仅提高了业务效率、降低了成本，还提升了客户体验。

6.1.3　第一性原理的思维模式

坚持"以客户为中心"是未来中小银行发展的生命线。做好金融服务，既要重视拓展客户，又要重视提升客户忠诚度；既要紧紧抓住中高端客户群，又不能忽视长尾客户群；既要提升精细化经营能力，又要培养批量获客能力。这意味着中小银行不仅需要在客群经营方面进行持续、大力度的投入，并且要在经营理念、体制机制、产品开发与创新、客户服务及风险控制等方面均要与"以客户为中心"相匹配。

1. 金融服务思维变革

客户驱动是金融服务思维变革的本源。当前客户行为习惯的变化，中小银行需要从"产品驱动"转向"客户驱动"。具体而言，围绕客户需求，推动数字化流程再造。研究发现，银行只要关注贷款申请、信用卡申请等20～30条核心需求的改造，就可以实现运营成本的降低及客户体验的大幅优化。汇丰银行、花旗银行的数字化改造适应了客户的需求变化，在短时间内取得了速赢的效果，并提升了客户体验。

第一性思维要求改变创新理念和学习理念。一方面，通过向互联网金融公司、金融科技公司借鉴发展经验与创新理念，以客户体验为核心，以内部孵化为基本载体，植入新的创新基因、打造包容性的创新氛围，重塑银行创新文化以及学习思维等。另一方面，数字化时代，商业模式、盈利模式、业务模式以及产品与传统银行存在差异，这需要建立面向未来的学习机制，通过以小见大、见微知著，瞄准未来发展趋势，强调数字化理念，推进学习型组织、研究型组织生长与发展。

2. 设计与客户"超级相关"的产品和服务

提高客户的个性化服务体验，中小银行需要从客户的需求出发进行互动设计，主要涉及重新探究和设计实体空间，从而呈现数字化因素。数据驱动洞察结合实体渠道和数字，可以充分挖掘所有渠道与客户的互动潜力。当前，部分中小银行利用直销银行等渠道与客户互动，以增强获客效率。然而，花费了大量人力和财力在应用建设方面，效率却仍未显著提高。绝大部分中小银行正处在建立多渠道阶段，然而各个渠道往往"各行其道"，很难实现数据驱动洞察的累积以及各个渠道提供以客户为中心的服务。把客户旅程分析应用到渠道建设中，以客户为出发点不断改进线下线上的渠道建设，把以客户为中心的互动设计融入渠道建设中，增强与本土客户互动的紧密程度，从而形成更加密切的关系。这就表示首先要不断建立电子渠道，构造层次分明的线下网点机制，从而促进跨渠道的协同与整合。促进建设电子渠道，不断增强电子渠道柜面的替代数量，提高线下资源的释放率，就可以把更多的柜台人力释放到营销等人力需求较大的业务中。从多领域需求出发构造层次分明的线下网点机制，建设专业化网点、社区网点、轻型网点及科技型网点等。

提供与客户密切相关的服务和产品。密切相关要求中小银行可以随时随地与客户产生互动，全面了解其整个阶段的需求。中小银行需要依据客户信息为客户提供个性化服务，还需要不断完善平台以及持续更新产品和服务。一方面，中小银行无论是在行业内部还是外部，都要保持与客户的密切相关性，从而满足各类客户尤其是本土客户的需求，提供"量身定制"的服务和产品。另一方面，中小银行要立足本地，求"专"不求"全"。依照产业特征和地方特点，向客户提供与之密切相关的抓手产品和特色金融服务，实现精准营销，精确产品推送，并且从全行出发，协调整合交叉营销，增强公私联动。

6.2　第一性原理重塑中小银行业务

通过第一性原理重塑中小银行对公业务、零售业务与投行业务等，促使中小银行顺应发展趋势，站在客户需求的角度，重塑业务模式，把握发展先机。

6.2.1　对公业务的创新

随着金融科技的出现与发展，银行发展对公业务形成三种趋势。一是升级企业财资管理、精益供应链管理趋势。财资管理随着企业向运营数字化、管理数字化过渡而逐步走向战略性财资管理。另外，企业将推进供应链系统数字化建设，并通过数字化工具增强供应链精益化管理。二是建设数字化产业生态趋势。传统产业将逐步实现人工智能驱动，形成智慧医疗、智慧农业、智慧制造业、智慧教育等智慧生态系统。三是升级重整社会数字化管理趋势。智慧政务系统的广泛应用，将带来业务的数字化发展，提高政务系统效能，降低整个社会的交易成本。

中小银行对公业务三种趋势性变化的应对策略就是发展开放金融、场景金融、交易金融。中小银行将金融服务和产品通过 API 投放到场景中，提供客户无感知的战略性财资管理、精益现金管理、供应链金融等服务。在发展数字化产业生态的过程中，将会渐渐暴露出平台与平台之间的排他性，且会存在非常激烈的竞争。平台之间的竞争实质是整合资源能力的竞争，是平台战略思维的竞争，同样亦是各方生态的竞争。由此看来，这既为中小银行提供了金融交易机遇，还提供了投资银行业务的机遇。

6.2.2　零售业务的创新

大零售主要涉及小微企业金融服务、消费金融、财富管理以及零售支付等相关领域。当前很多银行都进行大零售转型，但是大部分银行并未取得阶段性成果。大零售转型最终要体现在零售收入、零售利润、零售利润占比、零售客户资产、零售客户数、零售存款余额、零售存款增速、零售贷款（含信用卡）余额、零售贷款增速、按揭贷款余额、汽车消费贷款余额、信用卡发行量、信用卡总交易金额、APP 月获客户数、个人理财客户数、私人银行客户数、财富管理板块管理资产总额、小微企业贷款余额、小微企业贷款增速、小微企业数字金融服务客户数、小微企业贷款不良率等指标上。

数据化运营、场景化服务、线上化、开放化渠道是未来中小银行发展零售业务的大方向。基于此，中小银行需要关注以下问题。第一，场景升级、消费升级以及交易深化开拓了零售业务的发展空间。在金融科技下，零售业务是转型的大方向，是广泛创新的领域。虽然这个领域已经存在供应链金融产品、缴费产品、理财产品以及消费信贷产品等很多创新产品，但是该领域仍有很大的创新空间和发展空间。小微企业完全融入线上生态以及其数字化发展，为企业升级打下了坚实的基础。第二，中小银行依据场景化推进零售发展。中小银行要依照自身的条件及现状选择相应的道路，由于绝大部分中小银行不占据场景入口，去场景化发展更有优势。第三，零售业务发展的主要趋势是细分市场和添加主题。发展零售业务的基本思路是数字化与网格化结合。但是，真正实现透彻、深入、更具特色的零售业务还是通过添加主题和市场细分。数字普惠金融就是添加主题的零售业务。随着《G20 数字普惠金融高级原则》的推广，通过数字化技术手段提高风控水平、减少成本，向客户提供支付、财务规划、账户管理、低门槛理财产品等服务。第四，为客户提供融合的金融与非金融服务。随着数字金融与数字经济的深入融合，银行的金融服务理念有了很大改进。金融服务和非金融服务相结合的模式集中体现了数字化时代的服务特征。第五，加强客户体验管理，提高客户旅程价值。尝试以客户现场访谈、满意度分析、服务旅程地图等形式，对客户体验进行量化，分析总结银行服务的不足，在此基础上，积极完善产品和服务，提高客户的体验感，从而充分挖掘客户价值。

6.2.3　投行业务的创新

大投行业务板块包括理财业务、投行业务等，这可以与消费金融和交易金融形成链接、产生互补。

理财业务的场景入口正好是交易金融和个人账户管理。中小银行利用 API 在生活、生产场景中引入理财产品与服务，将其投放到各种高频交易场景中，并且大力提高智能化理财业务水准。一是通过大数据手段，对客户行为进行分析，提供理财建议、设计财富管理建议方案，实现精准化营销；二是通过云计算赋能的算法和技术，增强财富管理服务的市场竞争优势；三是通过 AI 技术，大力发展智能投顾，助力客户形成千人千面的投资组合；四是通过数字化手段改进理财业务运营。在实际操作中实现理财产品设计、理财产品销售、产品估值、产品报备、信息披露、会计核算等的数字化发展。

对银行投行业务来说，人工智能将实现交易结构设计，并对接资产流转平台实现资产快速周转。而且，投行业务投资决策、风险管理对人工智能的依赖程度也会逐步增加。人工智能在核心服务如 Pre – IPO 服务、并购交易、重组服务等方面的应用还需要花费更多时间才能完全替代投行专家。中小银行投行与金融科技的联系还涉及两个方面。一方面，中小银行向数字化转型时会催生出新的生态圈以及供应链整合需求，由此可能会带来更多终端消费者整合、平台整合以及产业整合的机遇与需求，还会衍生出更多的金融需求。这也是投行业务的入口所在。另一方面投行也会介入数字化金融产品形成的资产流转。所以，投行业务与金融科技的联动将会日益紧密。

6.3 第一性原理重塑中小银行功能

第一性原理促使银行从客户需求出发，重新思考银行的服务模式，关注客户体验，通过改变银行的流程、组织结构等，重塑中小银行功能，支持创新发展。

6.3.1 运营创新支持管理变革

数字化时代的管理思路需要进行创新，需要实现全过程透明化、数字化、智能化，即依托思维转型，坚持第一性原理，建立端到端的全旅程思维，变革管理方法，打造新组织、融合新技术、构建新生态。

1. 找到适合的切入点

一是从体验优化切入。对现有的主要业务进行疏通理顺，以问卷调查等方式明确客户体验，分析问卷，整理总结客户体验不佳所集中的方面、业务单元与环节，利用数字化技术对其改进。二是从实体经济的"痛点"切入。实体经济的"痛点"是金融数字化转型的方向。只要深入实际，这种"痛点"问题随处可见，比如房产交易过户困难，一些银行利用房产管理 APP 推出专业化服务。三是从成本压降和流程优化切入。把流程中的"痛点"疏通理顺，并利用数字化技术重新设计中后台流程和服务流程。四是从自身发展的"痛点"切入。比如，通过场景嫁接和平台对接加快非息收入的增长。

2. 打造数字化平台构建管理基础

通过数字化管理平台建设，一方面，疏通管理信息流，使管理信息实现互通互联，打破信息孤岛，利用数字化技术形成透明化管理要素，让内部管理更加透明，参与者就会更加了解事件现状，从而提高协同水准和管理效能；另一方面，中小银行需要对管理理念进行改进，减少管理层维度，精简决策、沟通的流程，发展扁平化管理机制，缩减交互层级，形成信息化管理新基础。

3. 推行自动化作业提升操作效率

利用自动化手段实现自动化、标准化业务运营。在业务操作方面，通过自动机器人工具和外部数据，精简柜员信息录入所需的要素及环节，增强对客服务效能；在运营管理方面，通过机器人流程自动化、生物识别以及人工智能等手段，构建自动化、智能化运营管理，从而解放生产力。信息系统之间形成信息自动化体系，系统之间形成互通互联状态，打破信息孤岛，精简管理流程、降低管理流程断点数量，继而提高管理效能。

4. 主动推送管理任务践行智能管理

智能的基本要素包括数据及算法，智能不仅应用于具体的银行业务，比如产品营销、风险管控等，而且在银行管理系统中也有所应用。银行应加强管理系统的智能化建设，推进数字化决策方式的实施，使管理系统具备根据管理者意图主动推送管理策略的功能。对于必不可少的审批程序，依据流程和智能规则构建任务推送体系，对任务进行自动分解并及时发送给相关管理人员，避免任务处理不及时带来的严重后果。在服务客户时，管理体系应及时将任务受理状态和环节等信息推送至客户，使管理流程更加透明化，客户体验感随之上升。

5. 转变风险文化

部分中小银行的风控合规部门在向数字化转型时因循守旧、阻挡创新发展，拒绝采用线上服务方式，导致业务、产品、制度等不能上线，数字化转型速度缓慢。大数据模式下，两类错误可被衡量，不具备准入条件的业务被准入和具备准入条件的业务被否定。不能依靠关停业务实现风险控制，合规审计和业务需要同时跟进。风险合规部门的责任是设计出符合规定的低风险方案和产品，而不是否决业务，否决业务、拒绝创新不是实现风险防控的手段，反而会带来更大的风险。

6.3.2 组织重塑支撑转型发展

在数字化转型进程中，银行的组织架构必须满足数字化敏捷性的要求，而传统组织架构大多依据银行业务条块和内部管理职能建立，部门之间难以沟通互融，必须重建银行的组织架构。一是构建高效敏捷团队，建立新型创新团队及研发小分队，突破传统行政划分组织结构模式的限制，使横向跨组织沟通更加顺畅。二是建设创新中后台，打破按业务条块划分组织结构的模式，将市场、营销、业务、科技等人才集于一体，构建统一协同的数据中台、业务中台，将风险专家、数据科学家、科技专家等集于一体，构建后台支撑组织，中后台组织的使命是为前台提供支撑，以解决一线问题为己任。三是建立敏捷专业的前台组织，打造既专业又高效的前台客户营销服务团队，使端到端服务范围和水平得以提高。

敏捷组织和柔性组织是数字化转型必不可少的后台支撑。一是避免随意调整组织架构。随意调整组织架构会导致组织运行效率降低，一些中小银行已出现调整组织框架导致数字化进程半途而废的情况。二是避免后台思维。在制度流程和组织架构调整的同时，也要牢牢抓住为客户服务的机会。一方面，先通过触达客户，了解并响应客户需求。进而，再对组织架构调整、产品迭代、流程优化做深入研究。另一方面，设立 CTO，建立"小组制"负责推进数字化转型，推进事业部制建设，保证在一个组织单元完成整个客户服务流程。此外，在未完成组织架构设立之前，可以以一个团队做试点，建设敏捷团队，从而保证组织的柔性化。建立敏捷小组，将业务、科技、数据等人才包罗在内，对成员进行适度授权，实现自我管理，推动创新发展。三是建设与数字化转型相适应的强总行，总行在创新管理、客群规划与营销指引、数据分析、产品创新与准入管理、策略管理、合作方管理等方面做好相关工作，分支行则主要负责开发重点客户、提供线下服务、创新产品与业务模式等。

银行往往从自身和管理部门的视角来设计产品和服务，没有从市场端、客户端入手来真正了解市场和客户的需求，便不能帮助客户彻底解决"痛点"，也无法推动产品创新。此外，客户旅程断点问题尚待完善，全旅程服务的视野与思路还未形成。中小银行必须围绕客户"痛点"进行产品设计，在进行客户服务全旅程设计时，必须以方便客户办理业务为设计原则，持续跟踪并了解客户对新推出产品的意见和反馈，不断对其进行优化，从而提高客户体验。

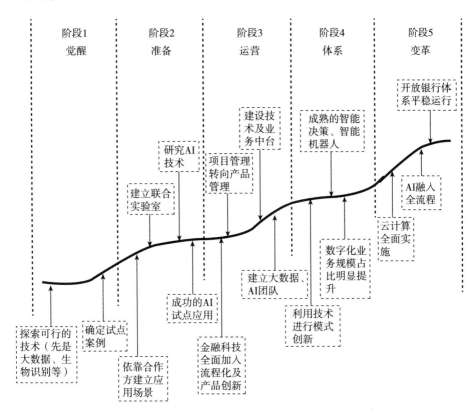

图6-1　数字化进程的五个阶段

6.3.3　重构服务支撑产品创新

随着移动互联网的普及、金融科技的成熟，客户的需求和习惯正在发生深刻变化。所有面向客户的业务随着数据的不断积累，业务的迭代会不断加速，因为客户的需求变化越来越快，这逐渐改变了其接触和使用金融产品、金融服务的方式。金融业务需要技术的快速迭代作为支撑。在这样的背景下，中小银行开始逐渐意识到在整个金融市场上，只有把中小银行变成一种"服务"场景，才能持续发展。

银行必须提高对互联网化的新金融服务模式的适应能力，扩大能力边界，实现底层架构到组织模式的全面调整。银行推进4.0时代的发展，需要的核心技术包括移动端技术和API技术，数据管控技术，安全技术，5G计算技术，互联网技术和人工智能技术等。在市场竞争中，部分新兴互联网银行较早采用适应市场的发展模式而表现出"先发优势"，比如百信银行。百信银行是国内首家直销银行，受限于牌照批复的规定，即直销银行不具备开设线下网点的权利，百信银行在线下服务方面不具备优势。而只依靠自身APP开展线上业务也十分困难，因此，从一开始百信银行就把"将银行开到场景中去"作为发展理念。百信银行的构架不同于传统银行，表现在两点，一是把整个科技体系打造成操作系统；二是遵循场景优先的原则，注重商业。

平台银行逐步兴起，金融科技在技术、业务模式和商业模式方面的应用也逐渐形成对银行业的全方位重塑。当金融科技融入平台化，则会创造出更多的业务模式和商业模式。招商银行的经营主战场已经从网点转向APP，同时实施开放平台战略。2018年"招商银行"和"掌上生活"两大APP的月活跃客户规模突破8100万，同比增长47%。目前，非金融服务为这两大APP分别提供了27%和44%的流量。浙商银行则以"打造平台化服务银行"作为银行发展战略。在公司业务方面，为助力企业降杠杆、降成本，浙商银行在"池化融资""应收款链""易企银"三大平台的支持下，推出新型创新业务模式和专项授信模式，包括"涌金司库""订单通""仓单通""分期通"等。2018年浙商银行已经与众多机构建立业务合作关系，包括上市公司、财务公司等中国500强客户。此外，浙商银行扩大"个人财富管家银行"的竞争优势，推动零售企业平台化进程，2018年个人融资总额增长迅猛，增幅达到50%。

平安银行也推出"平台引领"计划，针对零售、公司、同业客户，分别打造"口袋银行""口袋财务"和"行e通"三大门户。

平台经济在人工智能、物联网、5G、区块链等新技术的支持下将会实现更加迅猛发展，对经济社会的影响和渗透越来越深入。银行服务创新以科技为支撑、以开放理念为引导，不再受限于传统业务构架，建立新型平台与生态，银行服务更加灵活、敏捷、无界，更符合企业和个人的需求。本质上讲，银行是一种无处不在的服务，无论客户在哪里都能享受到银行的服务。银行服务的创新直击实体经济的"痛点"。比如，浙商银行在推进实施平台银行战略时，将资产、负债与服务，公司、同业、个人业务及产品的界限打破，金融活动与客户的经营和生活无缝连接，对客户的资产负债表进行优化，形成核心竞争力以适应市场变化和客户需求的多样化。在内部经营层面，以信贷资产为主的单一局面被打破，及时对信贷类资产、交易类资产、同业类资产、投资类资产及表内外资产配置做出调整以适应不断变化的市场和客户需求，以资产带动负债，优化银行资产负债表。

从客户需求的角度重新对银行服务模式进行塑造。由于市场环境、产品和服务模式、竞争对手发生变化，银行现有的组织架构和运行机制已不再适用，必须制定前瞻性的计划以应对这些挑战。数字经济的发展与银行数字化转型相互推进、相互作用，中小银行必须升级服务来适应这种趋势，结合市场和自身实际，制定数字化银行转型计划。对于如何应用新技术、如何推进银行内部创新、如何开发内部孵化器及确定未来IT架构的调整方向等问题要及时解决。

数字化转型需要相应的文化支持。一是重塑经营哲学与经营理念。从战略角度思考金融科技与银行发展的关系，以金融科技为指导对未来业务发展方向进行规划，坚定数字化发展方向和产品落地、迭代的理念，坚持采用数字化技术进行管理、运营，从根本上为中小银行注入数字化发展基因。二是重塑全新的风险文化。在风险管理领域引进循数管理的理念，用动态化眼光看待风险并对其进行专业化防控。三是培育"敏捷"文化。让全行了解关于"敏捷"的知识和理念，熟悉"敏捷"工作方式，在全行分享"敏捷"转型案例，让"敏捷"文化得以传播和落地。

═══ **专栏 6 - 2** ═══════════════════════════

平安银行运用第一性原理推进改革

第一性原理是指通过最简单的方法找到企业发展壮大源头，即企业的基因。

平安银行的基因是什么？从本源上来看，指的就是银行文化。平安银行旨在打造低风险高利润、高执行力和创新能力、极具前瞻性、注重慢工出细活的企业文化。所谓"慢工出细活"是指敢于推翻原有模式，重新打造适合自身发展的模式。

平安银行是如何应用第一性原理推动企业管理创新的？

第一步，平安银行在战略调整上做重大改革，其调整规模之大引起市场轰动。

第二步，依据战略目标对管理层做出大幅度调整。

第三步，对零售突围、加大科技投入、对公压缩、历史不良清收等重要节点把握到位。

第四步，针对发展过程中的问题及时解决，塑造未来商业模式。

平安银行企业管理创新改革以战略为指引、以组织框架为基础实现平稳推进，同时不断进行纠偏和调整，在保证改革速度的同时也保证了质量。在这样的高执行力下，平安银行很快形成适合自身发展的商业模式。

资料来源：根据公开资料整理。

第7章 制度金融学，阐释中小银行转型的新逻辑

我国经济金融改革是一个连续的过程，前一个改革时期所形成的结果自然成为后一个改革时期的逻辑起点和约束条件。因此，对我国金融体系的改革和演变历程进行大历史和长周期考察，能够更深刻地理解其中的内在逻辑。从制度金融学理论来看，金融制度是一种节约交易资源与增进效率配置的制度安排，而金融制度变迁是金融活动中的经济主体不断降低交易成本的结果。通过研究制度金融学理论，甄别不同金融制度环境的特征，并确定在某些特定的经济金融发展背景下的最优金融制度结构，更有利于推进中小银行转型。

7.1 制度金融学理论，分析银行转型的框架

制度金融学是把金融制度作为研究对象的理论，交易费用、金融产权、金融制度变迁构成了制度金融学理论的三大支柱。制度金融学理论为银行的长期转型提供了统一的分析框架，同时为中小银行转型提供了理论基础。

7.1.1 制度金融学理论内涵

制度金融学的核心思想是，金融制度结构和组织形式是内生的结果。从这个角度来看，对于金融功能，并不存在一个单一对应的制度结构及实现方式。金融制度结构不是事先给定的，而是一个长期变迁过程，由于参与变迁过程的因素千差万别，因此金融制度结构也就呈现出多元化的格局。

1. 制度金融学理论内涵

制度金融学是将制度与合约方法应用于金融领域，用于解释金融现象并为实现金融创新和改进金融效率提供支撑的理论体系。制度金融学运用博弈论、制度变迁理论、契约理论与风险理论等，对金融制度、金融组织以及金融产品等进行研究。从静态角度看，制度金融学以交易活动为基本分析单元，分析交易活动包含的社会福利，即分析交易主体如何通过交易活动实现效率优化的问题。从动态角度看，制度金融学关注在内外部因素变化的背景下，金融合约及金融制度的调整与变迁状况，以及节约交易成本以实现金融创新的过程。为进一步从制度金融学的角度分析金融创新，需要打开金融模式、金融产品内部"黑箱"，从微观视角观察，并对创新前后的状态进行对比分析，探索金融创新的根源。

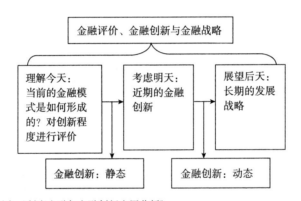

资料来源：引自《制度金融与金融创新应用分析》。

图 7 – 1　制度金融学研究视角

在制度金融学看来，金融制度是一种节约交易资源与增进效率配置的制度安排，而金融制度变迁是金融活动中的经济主体不断降低交易成本的结果。交易成本的降低，受到政治、法律、文化等方面的影响。制度金融学认为制度是参与其中的理性经济主体力量博弈的结果，是一种博弈均衡，并处于不断动态变化过程之中，不仅关注制度形成的结果，更注重对均衡实现过程的分析。从这个角度来看，制度金融学，可以识别不同金融制度环境的异质性特征，并明确在特定的经济金融环境下，金融制度的最优结构。技术进步可以提升特定金融制度结构的效率，降低因交易成本导致金融行为扭曲的成本。

随着金融制度成本的不断降低，金融交易会在日趋完善的金融市场中进行。从交易成本的角度来看，一些金融交易由银行来推进更有效率，而其他金融交易由其他金融机构推进更为合适。

2. 制度金融学三大支柱

基于新古典主义下金融理论在金融创新与发展过程中所面临的问题，提出了功能视角下金融功能与金融结构的统合，将金融制度内生化。交易费用、金融产权和金融制度变迁是其阐释金融发展的三大支柱。

（1）交易费用

交易费用是金融运行的制度成本。制度金融学理论认为，金融市场上存在金融交易费用，金融交易费用的高低直接影响整个金融体系的效率，合理的金融制度是降低金融交易费用的有效途径。理解制度金融学理论的关键在于理解金融交易费用问题。金融交易费用产生于交易活动的信息收集、谈判、契约签订、执行与监督等环节，而且还包括金融组织的建立、维持等运营费用以及金融制度的运行费用等。

金融制度的功能在于降低交易费用。从这个角度来说，反映金融制度优异的标准就是能否实现降低交易成本的目标。诺思在交易成本的分析框架下，阐释了制度变迁的过程，指出相对价格变化是制度变迁的动力，相对价格的变化激励更有效率制度的形成与发展。随后，诺思提出"适应性效率"的概念，用于反映制度体系与制度环境的相适度，从而将其作为反映制度绩效的指标。"适应性效率"更看重制度长期效率。由此，金融交易费用仍然是衡量金融制度边际效率的主要标准，是指引金融制度变迁的重要工具。

（2）金融产权

制度金融学理论认为，合理的金融产权制度可以明晰界定金融产权的边界，降低金融交易费用，提升金融发展效率。科斯定理指出，当交易费用大于零时，经济效率会受到权利界定以及资源配置效率等方面的影响。而产权制度是决定权利界定及其资源配置的基础。换句话说，产权制度是金融制度的核心，决定了整个金融体系的效率。

实施金融交易的前提是各主体拥有独立的、排他性的金融产权。金融产权是所有金融权利的基础，是开展金融交易活动与金融市场竞争活动的准则。从这个角度来看，金融产权可以被看作是基于金融资产的权利集合。金融产权的界定不仅有利于明确竞争规则，而且有利于对金融资源优化配置，对金融发展形成有效激励及预期。因此，完善的金融产权制度是推进金融体系有序发展的基础。完善的金融产权制度有利于推进市场机制的发展和完善，还有利于金融制度的改革。因此，金融创新的问题依赖于金融制度改革。

（3）金融制度变迁

当新制度的制度收益大于成本时，制度变迁就会发生。制度变迁的过程有诱致性变迁和强制性变迁两种类型。其中，诱致性变迁是相关行动者响应制度不均衡而自发推进制度变迁的过程，是对现有制度的变更、替代或者创新。强制性变迁是由国家通过法律等形式推进的制度变迁过程。

我国金融制度变迁以强制性变迁为主，且存在明显的制度依赖。新中国成立之初，我国制度变迁的初始条件是，高度统一的计划经济体制。在此背景下，我国金融制度变迁过程体现着计划经济的痕迹。为快速完成工业化，国家建立了大一统的金融体系，为经济建设资金配置提供支持。随着市场经济的建立以及工业化的推进，金融体系朝着商业化、市场化方向改革。整体来看，我国金融制度变迁的目标变量是社会、经济及金融的稳定。在此目标下，金融制度分担了大部分的制度变迁成本。而且，正式制度的变迁特征也表现在农村金融制度方面，具体而言，农信社、村镇银行等农村金融机构的变迁体现了强制性制度变迁的特征。

7.1.2 金融发展的逻辑解释

以政府为主导、以规模扩张为核心内容的发展模式，既是推动金融规模迅速增长的主要因素，也是理解我国金融发展中"悖论"的主要线索，还是金融业效率不高的主要原因。

1. 发展模式与金融发展

改革开放以来，我国提出以经济建设为中心的发展思路，金融作为推进经济发展的工具，为工业发展、城市化建设等提供了重要支持。由于金融体系的不发达及非农业部门高速发展，推动了经济的高速货币化。

2. 发展模式与金融"悖论"

以政府为主导的发展模式依赖于高储蓄和高投资，而以国有银行为主导的金融体系，则为高储蓄和高投资提供了制度基础。一方面，国有银行背靠国家信用，大量吸收储蓄；另一方面，在行政激励的作用下，为政府投资提供源源不断的资金支撑。但以国有银行为主导的金融体系，存在着对非国有企业的制度歧视，不利于经济的可持续发展。

3. 发展模式与金融风险

以政府为主导的发展模式所形成的金融制度，金融资源向体制内倾斜，并不能真正按照市场机制优化配置资源，从而导致经济效率的低下。产能过剩背景下，金融资源依旧流向过剩产能企业就是对这一制度的反应。而且，金融资源在政府主导的发展模式下进行配置，更多流向了国企、城市以及发达地区，导致金融资源集中，容易产生风险，影响金融体系的稳健发展。

7.1.3　制度金融学转型框架

制度金融学为金融转型提供了分析框架。当前金融发展存在的资金过剩，资金配置不合理以及由此导致的金融风险问题，构成了金融转型发展的起点。从制度金融学交易成本、金融产权与制度变迁出发，分析银行转型的方向，有利于银行转变发展模式，加快面向未来机遇的布局，赢得未来战略先机。

转变政府主导型的经济发展模式，是实现我国金融业良性发展的前提。我国的金融体系存在较强的内生性，经济发展主要依赖以政府为主导的资金支持，而金融体系在经济发展中的资源优化配置、风险管理等职能未能得到有效发挥。对于金融发展而言，以政府为主导的"增长优先"发展模式存在两面性，不仅能够加快金融规模的快速扩张，同时也会给金融发展带来较大的风险。在我国的经济发展中，政府管控着金融价格和金融资源配置，并将金融体系作为政府的融资工具，这在一定程度上有利于实现经济的高投资和高增长，但也阻碍了金融资源的优化配置，容易引发经济波动和金融风险，导致金融体系的资源配置、风险管理等功能难以得到有效发挥。因此，应该认识到金融体系的健康持续发展，有赖于经济发展模式的转变，有赖于正确调整政府和市场在金融发展中的角色。

我国金融业健康持续发展的根本途径在于服务型金融制度的建设和完善。服务型金融制度的基础是坚持尊重和保护财产权利，使所有市场主体在法律面前一律平等，这不仅构成了市场经济发展的基石，同时也为金融持续发展提供了微观基础。从契约的角度来说，金融是关于资金融通等权利的契约安排。建立完善的法律制度，明确债权人和中小投资者的财产权利，并严格执行，即对各类市场主体的权利平等保护，才能实现金融的健康可持续发展。因此，完善法制并严格执行，做到"法律面前人人平等"，使所有市场参与者能够平等享受财产权利，将推动我国金融市场进一步发展。

我国金融业健康持续发展的基本路径在于构建多元化、竞争性、普惠性的现代金融体系。从当前的融资现状来看，中小企业主体的融资困境并未得到有效缓解，融资需求与供给之间的不平衡问题依然较为严峻。在此背景下，构建多元化、竞争性、普惠性的现代金融体系势在必行，这既是所有经济主体对享受平等金融权利的迫切要求，也是有效解决农村、小微企业、新兴高科技企业等主体融资困境的必然选择。第一，加快发展农村金融，推进农村金融体系建设。相较于已见成效的城市金融改革，农村金融改革相对缓慢且缺乏足够的金融资源支持。因此，加快发展农村金融，不断完善农村金融体系建设，需要为农村经济发展提供多层次、全方位的金融服务。第二，大力发展中小金融机构。在我国经济发展中，中小企业在产品生产、税收贡献和解决就业等方面发挥着至关重要的作用，然而中小企业面临的现实问题就是"融资难、融资贵"。因此，应该重点发展为中小企业提供服务的中小银行，支持中小企业发展。第三，规范和支持发展民间金融。要促进民间金融发展的法制化和正规化，应承认民间金融的合法性，用法律制度保护、规范民间金融活动，切实维护市场主体的合法融资权益。第四，完善资本市场体系。立足于实体经济发展需求，加快构建多层次、多结构的资本市场体系，为经济主体提供更多的直接融资机会。

我国金融业健康持续发展的重要条件在于不断加大开放的力度，推动金融自由化。加大开放的力度有助于实现金融体系的"公平"与"效率"，不仅为富有竞争力的市场结构形成提供了有利条件，还能够有效约束金融利益集团的不正当行为，避免形成不公平的竞争格局。同时，推动金融自由化，既要鼓励个人平等参股商业银行或创办民营银行，又要鼓励民营企业公平竞争与上市，为金融发展创建更加公平的环境。

7.2　制度金融学范式，解释银行转型的新逻辑

效率改善是驱动银行转型的基本逻辑。正是这些以收益最大化为目标的交易参与者，随时捕捉带来生产成本和制度成本变化的各种因素，并据此来调整微观合约，才有效推动金融创新。同时，为了最大化金融产品创新的收益，组织结构也需要进行相应调整，从而引发组织结构变迁。从这个角度来说，降低交易成本成为中小银行创新转型发展的基础。

7.2.1　制度变迁加快银行发展

在交易成本方面对交易合约进行创新是交易成本节约的主要来源，而科技进步是创新的基础，让这种间断性创新成为可能。由此，金融创新就是重新排列组合金融领域的各种资源，包括新的生产函数和新的合约关系。生产函数在实践中主要是以各种自然科学工具的形式应用于金融领域，而合约关系则包含在制度变迁与合约创新的范畴中。一方面，技术进步会对金融合约要素的相对价格做出改变，继而对选择金融生产函数和金融合约结构产生影响。所以，技术进步型创新包含着合约创新的动力。新的组合可以获取更多收益，是相关主体创新的动力所在。在金融领域，这种创新实质上是科技进步能够为金融服务节约生产成本，即减少原有金融生产要素成本。另一方面，商业模式或合约模式创新是对于交易成本的节约。诸如一些新的管理模式可以更有效节约成本，还可以获取高额收益。当然，实际中两者通常是交织在一起的，科技进步创新产品的同时又拓展了管理模式的创新空间。

在制度变迁方面，制度变迁呈现出的是不定期中断的均衡，但在现实中

是连续出现的，只是呈现为突然的变化。这种突然的变化往往和危机有关，因为危机的出现就说明之前的行为脱离了均衡状态。实际上，这与格雷夫的"制度变迁表现为不时中断的均衡"，熊彼特的"破坏性创新"遥相呼应。只不过这样的创新也是中断性质的，必须积累到一定程度才可以发生变化，需要创新带来的收益去平衡创新所投入的沉没成本。"逐步积累"，是指行动者依照利润和成本进行行为选择，处于均衡状态就表明成本小于收益。然而制度变迁对过去收益和成本的均衡产生影响，会有模糊区域存在，也就是说两种均衡状态中的净收益不相上下。只有新的均衡状态下净收益显著增大，原有均衡才会跳跃性变迁为新的均衡。

总的来说，环境参数变化对市场主体的影响是金融创新的来源。环境参数一旦变化，以原来的环境及参数制定的合约就难以发挥真正的作用了。这时，双方就必须调整合约中的部分条款。但是，环境与参数发生变化对缔约各方产生的影响不可能完全相同。总之，缔约各方的反应会因利益结构的变化而变得十分复杂。

7.2.2　降低交易成本促进转型

金融创新是指那些便于获得信息、交易和支付方式的技术进步以及新的金融工具、金融服务、金融组织和更发达更完善的金融市场的出现。不同的金融制度提供了不同的降低交易成本、处理信息不对称以及风险管理的功能，从而决定了金融发展的空间。适应经济增长要求的金融制度能够较好地实现储蓄动员和投资转化，从而决定了良好的金融发展态势。从新制度经济学的视角来观察，从金融抑制走向金融深化，是一个制度变迁和制度创新的过程。从这个意义上来讲，改革就是一个制度的设计和运行的过程，转型国家的金融发展问题，事实上就是金融制度的设计问题。

第四次工业革命通常是指互联网技术的产业化。它的出现，让各服务行业包括银行产生了脱媒化变革，重新建立了整个供应链架构，并且完全改变了服务消费者的方式，加快了生产服务和全球经济的发展步伐。另外，在互联网技术的影响下，传统银行的信用中介和金融中介也逐渐弱化与消失，使其逐渐转变为"互联网化"和交易型银行。云计算、大数据以及移动互联等前沿技术的发展，也加快了互联网交易型银行的发展步伐。移动互联在生活场景中引入了金融服务，完全改变了以往的获客方式，带来了更加多样实时的交易数据。利用人工智能大数据挖掘分析海量数据，使风险控制更加自动化、线上化，同时银行能够实现精准营销。云计算的成熟发展为传输、储存海量数据以及移动化实时提取提供了强有力的支撑，促使金融交易服务的创新模式更加灵活开放。

表 7 – 1　　　　　　　　　　　工业 4.0 与银行 4.0

时间段	工业 4.0				银行 4.0			
	技术进步	生产方式	交易治理结构和表现形式	价值链交易关系	主要服务方式	客户理念	信用风险管理理念	
							评级	担保
21 世纪前十年	信息物理系统	智能生产	1. 混合治理：物联网、互联网（电子商务）、供应链等；2. 统一治理：企业；3. 市场治理：市场	1 即 N，N 即 1	1. 物联网金融（包括互联网金融、供应链金融等）：服务于混合治理；2. 生产性金融：服务于统一治理；3. 贸易金融：服务于市场治理	1 即 N，N 即 1	数据评级主体评级债项评级	数据质押实物抵（质）押

资料来源：引自《工业 4.0 时代的银行 4.0：基于交易费用理论的视角》。

　　根据交易费用理论，利用技术进步变革生产方式是通过对交易费用产生影响促使价值链前后环节交易关系以及治理结构发生变化，从而对银行的经营理念和服务方式产生影响。第一，以生产性金融为辅，贸易性金融为主的银行 1.0 服务不具备科学的评级方式，没有成熟的客户服务理念以及多元化的担保形式；银行 2.0 服务是以生产性金融为主，贸易性金融为辅，以"1 是 1，N 是 N"为服务理念，逐步形成较为科学的评级方式，担保方式主要是不动产抵押；银行 3.0 是在银行 2.0 的基础上引入了供应链金融的服务形式，以"1＋N"为服务理念，评级方式为主体评级和债项评级，担保方式以不动产抵押加动产抵押为主。第二，交易治理结构在工业 4.0 时代主要以物联网为主，以"1 即 N，N 即 1"为交易关系。第三，在工业 4.0 时代，物联网金融是银行 4.0 的主要服务方式，服务理念为"1 即 N，N 即 1"，信用风险管理理念是"数据抵押"。第四，互联网金融的成长过程堪比一部精简版现代银行史，发展如此迅猛的原因在于其与时代的发展相适应并具有数据和网络这两个工业 4.0 的基本特征。目前的互联网金融只是在流通贸易领域，并未涉及生产领域，其在生产领域的竞争优势为银行的未来提供了牢固的发展基础。第五，传统银行 4.0 转型，需要做好两个准备：一是要密切追随高端制造业的发展步伐，积极融入物联网布局，打造"1 即 N，N 即 1"服务网络，为工业 4.0 协同金融打下坚实的基础；二是要形成以"数据抵押"为主的信用风险管理机制。

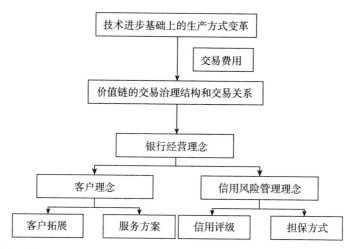

资料来源：引自《工业 4.0 时代的银行 4.0：基于交易费用理论的视角》。

图 7－2　生产方式变革影响银行经营理念的理论框架

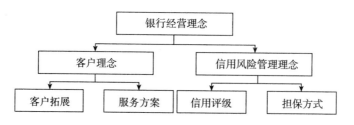

资料来源：引自《工业 4.0 时代的银行 4.0：基于交易费用理论的视角》。

图 7－3　银行经营理念

7.3 制度金融学发展，推进银行转型的方向

制度金融学强调，交易成本的降低是驱动银行转型的内在动力。在国家强制变迁的路径下，推动银行向数字化转型，为顺应这一趋势，中小银行推动业务转型、组织转型与管理转型。在此基础上，依托制度金融学理论，以适应性效率衡量银行转型的思路，为中小银行转型指明发展路径。

7.3.1 中小银行转型思路拓展

从理论上看，改进与扩展功能是银行制度变迁的核心，通过银行的功能适应性来衡量银行制度的适应性效率。制度环境对银行功能是否有利决定了银行绩效的高低，解释银行制度变迁的关键在于政府与市场力量的协调性和耦合度。在解释国有银行制度变迁方面，产权结构论与市场竞争均未过多考虑国有银行财政替代功能的特殊性。但是在探讨银行改革时不能忽略初始制度条件的重要性，在国有银行制度变迁中其与政府因素都具有同等重要的地位。各类制衡力量决定了银行改革，尤其是相互协调、妥协的政府因素与市场力量。

从历史角度看，在初始制度"二重结构"条件下，传统意识形态与国家能力扩展模型有机融合，形成了我国金融制度变迁走向强制性变迁的充要条件。实现银行替代财政功能的基础是"弱财政强金融"经济格局、"大政府小社会"社会格局以及意识形态熏陶。保持非正式规则与正式规则的内在一致，促使以财政替代功能为主的银行在当时作为一种有效金融制度安排。虽然从"标准"的市场经济考虑，这种功能属于外生，但是由其依托的制度结构内生出来的，而且这种制度安排表面上看似"落后"，但是可以很好适应所处的制度环境，有适应性效率，推动了我国经济快速发展。然而在渐进式改革背景下，银行原有的制度功能渐渐难以适应其所处的新制度环境。这样的改变能够成功解释银行功能从财政替代转向金融服务功能。银行规模收缩比财政替代功能更具有扩张主动性，表示"财政因素"正被"金融因素"所替代，这

在一定程度上体现出银行的适应能力。经过调整后，银行拥有了一幅新面孔，从表面上看其业绩爆发，国有银行虽拥有双重理性，但它的债权结构越来越不平衡，而且与实体经济脱轨。出现这样的宏观格局，反映了资本化市场改革与上市不能有效衡量国有银行市场化改革成功与否。尤其是目前，一方面庞大的金融资源由银行掌控，另一方面非国有经济部门尤其是中小企业处于"饥饿"时期。这种不协调表明对资本市场进行改革之后，国有银行的微观绩效增长并不代表整体社会资源配置效率得到提高，也不代表整体国有银行的制度有了适应性效率。

从银行适应性效率角度来看，资产市场化更是决定银行制度市场化成功与否的关键因素。从本质上看，金融功能观更能真实反映银行的行为，更具有增量上的意义，对长期因素和动态因素有较高的体现，更能从本质上对银行制度市场化的内涵进行刻画。分散化决策和试错性试验是分析银行实用性效率的两大环节，这两个环节表明未来银行资产市场化改革的重心是新的市场力量进入金融体系，进一步对国有经济的布局做出调整，为民间力量的成长助力。

总之，作为衡量银行制度效率的一种方法，适应性效率的重点在于提高银行的整体制度效率。银行制度有效性取决于该制度与实体经济发展阶段在整体上的适应性程度，而不取决于制度是否具有先进性和单个组织微观绩效的高低。制度改革并非一种孤立的行为，而是在制度结构的基础上对一连串制度进行重新修订和组合，这也决定了以异质性竞争方式实现银行制度调整必将历经漫长的演进过程。在银行制度变迁进程中，形成银行适应性效率的决定性因素有政府与市场力量的耦合度与协调性、银行家成长及银行制度多样性。

就政府而言，金融控制成本增加、各种机会主义带来的金融风险和财政能力的恢复（各级政府之间的博弈）等均是促使国家效用函数发生变化的重要因素。

外部的市场竞争约束和新的市场金融因素的成长速度及压力水平是提高银行适应性的决定性因素。对于异质性竞争约束，围绕非国有经济部门的需求而产生的内生性金融需求应受到特别重视。

7.3.2　中小银行转型方向启示

转型是用新的制度或制度安排替代原有的处于非均衡状态的制度或制度安排。新制度对旧制度的替代是以交易成本降低为标志的。为适应新经济条件下金融制度安排，为经济转型提供有效的资源配置制度，中小银行需要顺应发展趋势，推进业务、组织与管理转型。

1. 业务转型

由重资产向轻资产转型。重资产业务顺应了传统经济发展的需求，但是，随着进入新经济时代，工业 4.0 的演进，创新发展的需求，万众创新的需要等，银行逐渐从过去的重资产经营转向轻资产经营，降低对存贷款的依赖程度，实现多种盈利方式并存。从以往的信贷经营逐渐向信用管理转变，并且发展多样化金融服务，包括财富管理、投资银行、私人银行等，不断拓展业务范围。

由以对公业务为主向零售业务转型。零售业务发展稳定，具有广阔的发展空间，在定价方面银行享有主动权，因而吸引大多数银行转向发展"大零售"。党的十八大报告指出，与 2010 年相比，2020 年将实现国内生产总值和城乡居民人均收入翻一番的目标。根据这个目标，未来我国人均可支配收入将突破六千美元，这说明未来零售银行业务将有巨大的发展机会。以对公为主的银行业务不再成为发展主流，未来银行业务的发展方向是消费金融、财富管理等零售业务。现有银行逐渐分化，以零售为核心的大型零售银行和金融集团将会逐步走入大众视野。

由资产持有型银行向交易型银行转型。在利率市场化的推动下，银行必须改革传统交易模式，实现向交易型银行的转型。交易型银行即为客户交易提供服务的银行，银行通过信息系统为企业和个人提供支付、结算、风险管理、投融资等金融服务以满足其需求。近年来，交易型银行业务不断升级拓展，从简单的资金结算向交易级管理、综合化金融服务、产业链金融服务和全球服务等综合性服务转变，且这种转变会不断深化。不断升级的交易银行产品和服务也为银行锁定一大批客户，是维护客户关系的重要力量。

由以网点业务为主向"网点＋互联网"业务转型。经济和技术的发展进步导致银行客户需求不断升级，银行必须创新产品和服务以适应客户的多样化需求。随着科技的发展和自助服务、手机银行、电话银行、网上银行等新技术的应用，银行柜面压力不断减小，人力成本逐步降低，业务处理速度也突飞猛进，同时增加了新的市场运作与业务拓展平台和渠道，在技术层面对银行金融创新、量化管理、客户服务的实施提供支持，数字货币的产生标志着银行将全面走向电子化时代，也标志着虚拟银行即将产生。未来银行业将发生翻天覆地的变化，实体网点边际贡献利率会迅速降低，银行必须发展更专业、智能、移动化、网络化的新模式来代替现有的实体网点，通过"网点＋互联网"服务模式，即网点咨询和网上办理业务，为客户提供多元、高效率、安全的金融服务。

2. 组织转型

由"块块"的组织架构向条线化垂直管理、大事业部制转型。"块块"的组织架构的特点是粗放式经营，优点是有利于迅速占领市场，但其缺点也很明显，一是不能有效配置资源；二是不能精细核算业务；三是不能轻易实现业务转型；四是不能全面控制风险。银行必须改革传统组织形态以适应精细化、专业化的要求，逐步转向条线化管理和大事业部制主流发展模式。未来银行将对零售业务和对公业务进行分治管理，组织分工更加注重以客户群细分为导向；分支银行的虚拟化程度日益增加，银行将管理的重心放在业务条线、产品、客户群、渠道与流程等方面。同时，银行加快向轻型组织转型步伐，力图通过缩减中间环节使市场反应更加灵敏。此外，银行将进行大规模集中操作性运营，创新发展共享中后台等。

由全能型向单一型的专业金融机构转型。目前，"小而全"的经营模式是大多数银行采用的模式，各银行在客户定位、行业投向等方面几乎有同样的选择。一般情况下，发展单一行业的金融机构更易于凭借专业化优势在竞争中获胜，未来中小银行发展方向是差异化经营，集中为某类行业或客户群提供专业化服务。

3. 管理转型

粗放式管理向精细化管理转型。银行长期秉承"依赖利差—信贷扩张—资本充足率下降—再融资"的粗放式经营模式，与之相适应的是粗放式管理。在全球形势持续动荡的背景下，这种模式已不适应未来发展。当前，银行经营出现净息差收窄、人力资本和合规成本持续走高的情况，这迫使银行业放弃粗放式发展，转而走精细化经营与管理之路。银行必须加强管理以提高效益，在三大领域加强关注。一是围绕客户需求细化经营模式，包括客户选择、营销组合与风险管理等；二是收集大数据信息并加以分析，为决策提供数据支持；三是围绕价值链创造增加值的过程与定价能力展开经营。国内部分银行已经开始探索精细化管理模式，在多方面进行改革，如组织架构再造、流程银行建设、平衡计分卡等，同时，银行业务发展实力、客户服务质量、市场拓展能力和经营管理水平都在不同程度上得以提升。

服务管理由"分割式"向"链式"管理转型。与之前相比，服务质量和效率越来越受到客户重视。以往，银行从方便自我的角度出发进行流程设计，在很多地方存在问题，如不精简、不清晰、不规范等，从而导致操作环节复杂、审批流程繁多、服务标准不统一等问题。而银行渠道的增加更是让渠道之间、产品之间、银行部门之间沟通问题严重，不仅拉大了客户期望与服务效率的差距，还会阻碍银行提高服务质量。链式服务可以有效弥补分隔式服务的缺陷。链式服务是指从客户提出需求到完成交易的所有环节和系列活动，包括咨询、购买、产品存续期服务、查询、产品到期服务、延伸服务、产品开发等。广义的服务链是银行为客户创造价值所做的一连串活动。基本活动包括渠道建设、业务运营、市场营销等，辅助活动包括技术开发、人力资源、风险管理等。因此，银行必须秉持"高效、无缝、闭环"的原则，实施全服务链管理，避免服务环节不通畅问题。未来银行取胜的关键在于提高跨渠道整合线上与线下无缝接轨的客户沟通能力、客户体验设计水平、管理与改善能力。

业务转型、组织转型、管理转型的联动为中小银行降低交易成本提供了支撑，这些变革都需要以客户为中心。关注客户的需求，为之设计便捷化的操作体系，增强客户体验。中小银行的转型方向就是认清需求与匹配客户需求。在此基础上，中小银行才能从制度金融学理论的基础上深刻把握转型发展的本质。

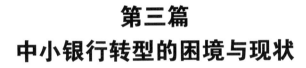

第三篇
中小银行转型的困境与现状

第8章 多元化冲击，中小银行面临的压力与挑战

随着金融科技的发展，中小银行在业务领域、业务模式、产品创新、风险管理等方面面临全面性、系统性和持续性的冲击，中小银行利润萎缩、客户流失以及运营维艰，中小银行面临的压力与挑战与日俱增。

8.1 冲击传统业务领域，挤占银行利润空间

银行存贷汇业务受到金融科技发展的冲击。从负债端来看，一方面，银行支付功能边缘化，导致结算收入总额增长缓慢；另一方面，大量银行储蓄存款移至互联网理财，拉升了存款成本。从资产端来看，互联网金融分流了对银行的融资中介服务需求，侵占了银行中间业务收入。银行利润被跨界竞争者及同业领先运用金融科技手段者分流，导致利润增长空间萎缩。银行传统的盈利模式和垄断经营获利方式不再。

8.1.1 负债分流抬升存款成本

金融科技发展催生互联网金融，加剧了银行负债端的脱媒压力，部分存款脱离银行而转向货币市场基金。兼具高收益、流动性等优势的互联网理财产品逐渐侵蚀了银行的传统存款市场。

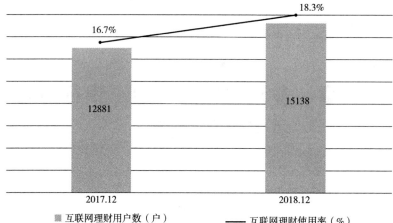

数据来源：中国互联网发展状况统计报告。

图 8 - 1　互联网理财用户规模及使用率

《中国互联网发展状况统计报告》显示，2018 年，我国网民数量达到 8.3 亿人，普及率为 60%。其中，手机网民数量为 8.2 亿人。在与日俱增的网民基础上，互联网理财、支付规模以及网上银行用户的数量随之快速增长。其中，互联网理财用户数量超过了 1.5 亿人，增长了 18%。网络支付的用户规模超过了 6 亿人。同时，网络支付呈现出多元化发展趋势，除了扫码支付之外，人脸识别、车牌识别、生物识别等支付方式得到较为广泛的应用。

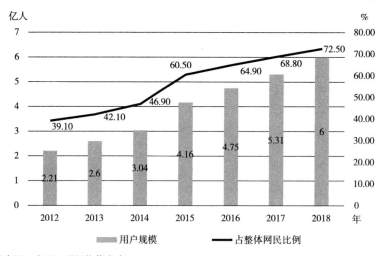

数据来源：中国互联网络信息中心。

图 8 - 2　2012—2018 年中国网络支付用户规模及占比

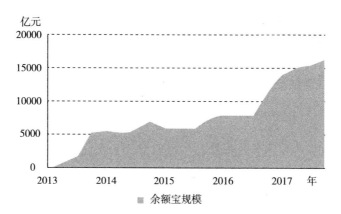

注：余额宝规模指的是余额宝所挂靠的天弘增利宝货币基金报告期末基金净资产净值。

资料来源：Wind。

图 8 – 3　余额宝为代表的货币基金发展

从业务模式来看，"余额宝"相对于银行理财在年化收益率、申购最低金额与赎回时间等方面具有高收益、低门槛与便捷化等特点，因而快速集聚起大量用户，在一定程度上挤占了银行的理财份额。互联网理财依托低成本运营模式，服务长尾客户，不仅实现用户和规模的增长，还增强了客户黏性。可以说，以"余额宝"为代表的产品，创新了价值创造方式，冲击了银行的理财业务。

从政策支持方面看，《关于规范金融机构资产管理业务的指导意见》《关于进一步规范货币市场基金互联网销售、赎回相关服务的指导意见》等文件的实施，对打破刚性兑付、限制货币基金"T＋0"赎回额度、降低银行理财进入门槛等方面做出了规定，为理财行业发展提供了指导。在此背景下，理财市场呈现出新的发展特征。一是对互联网理财涉及的货币基金规模进行了约束，货币基金呈现出分流"瘦身"的特点；二是银行理财进入门槛降低，银行融合互联网技术，为客户提供更为便捷的理财产品，与互联网理财形成竞争。由此，可以发现，政策导向推进理财市场有序发展。

负债分流给银行带来了负面影响。一是负债分流提高了银行的负债成本，互联网理财挤占了银行的理财规模，为获得更多的资金份额，银行之间竞相提高理财收益，增加了银行的资金成本；二是负债分流提高了银行负债端成本，进而影响其对资产端的偏好，银行倾向于选择较高风险的资产，以弥补其负债端成本上升所带来的收益下降，无形之中抬升了银行的风险。

═══ **专栏 8-1** ═══

金融科技对银行资产负债影响机理及其后果

随着金融科技的发展与互联网金融的跨界竞争，银行资产负债管理等方面受到诸多冲击和影响，驱动银行进行改革，以适应现代经济社会发展需求。金融科技对银行资产负债管理的影响机理表现在以下七个方面。

一是影响银行资金管理难度。随着支付渠道的多样化、便捷化，支付规模与速度变得更大更快，增加了资金周转的不可预知性，从而使银行资金流动性管理的难度加大并且变得更为复杂。二是影响银行的资产结构。在大数据等技术的支持下，普惠金融快速发展，边缘化客户成为互联网金融公司的服务对象，冲击了银行获取大量中小客户的基础。三是银行资产争夺加剧。在移动互联等技术发展的背景下，金融资源流动更加便捷和快速，突破区域的限制，同质化的银行业务和服务变得更加激烈。四是随着股权众筹、P2P模式的兴起以及京东白条等产品的开发，客户除了银行理财之外，可选择的金融产品日益增多，分流了银行资金，银行为留住客户资金，竞相提升理财收益，推高了银行的负债成本。五是净息差管理难度加大。为应对银行负债成本上升问题，维系合理的净息差水平，银行资产投放更加倾向于高收益资产。在缺乏差异化竞争的背景下，随着资产的激烈争夺，导致净息差管理难度加大。六是影响中间业务收入。金融科技发展，使得资金融入与融出方沟通越来越便捷，支付结算也越来越快捷，从而导致银行支付结算业务大幅减少，降低了银行中间业务收入。七是流动性管理难度增加。随着支付结算的便捷，银行资金流动变得异常复杂，头寸管理难度加大，备付金管理难度提升。银行需要在新的技术背景下，根据客户的行为习惯，重新对现金流进行预测，但日益精巧的经济系统任何参数的变化都会影响备付金，流动性管理难度不断加大。

资料来源：根据公开资料整理。

8.1.2　资产业务争夺趋于白热化

金融科技发展背景下，银行金融中介角色面临弱化，资产争夺白热化。由于银行负担着大量的监管成本与固定成本，而互联网金融则可以较低的成本完成对客户的信用评估与信贷投放，为客户提供性价比更高的金融服务，这将进一步挤占银行的资产投放空间。

在直接融资方面，虽然间接融资仍然是主流模式，但直接融资占社会融资存量比重呈现上升趋势。2013—2018 年以 P2P 为代表的互联网金融模式复合增长率超过了 90%，2018 年 P2P 交易规模突破 8 万亿元，平均产品收益率超过 9.8%。其中，个人信贷是 P2P 的重要支柱。

数据来源：Wind。

图 8 - 4　直接融资占比情况

数据来源：网贷之家。

图 8 - 5　P2P 发展状况

P2P 金融本质是直接融资，在投资者风险自担的基础上，P2P 依托自身的风控优势，为客户直接对接项目提供技术支持。随着《网络借贷信息中介机构业务活动管理暂行办法》《互联网金融风险专项整治工作实施方案》等监管政策实施，行业得到进一步规范，预计 2020 年，P2P 行业规模将达到 10 万亿元。

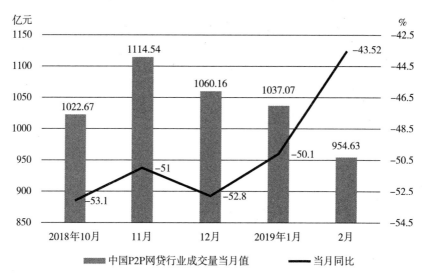

数据来源：前瞻产业研究院。

图 8 - 6 P2P 行业当月成交量

在间接融资方面，银行传统信贷领域受到金融科技的冲击。网上银行、虚拟银行、直销银行纷纷设立，与传统银行展开了争夺贷款资源的竞争。网上银行以微众银行、网商银行为代表，虚拟银行以百信银行为代表，直销银行是线上线下全牌照银行。2018 年互联网银行年报显示，其业务领域大都布局在支持小微企业、个人信贷等方面，信贷余额呈现快速增长态势，对传统银行的信贷领域形成了有力的冲击。

与传统银行净利润下降形成鲜明对比的是，互联网银行净利润出现快速上升。原因在于互联网银行没有不良资产的历史包袱，以及借助金融科技降低了业务风险。互联网银行大都依托金融科技以及互联网的渠道，以更低的运营成本、更少的运营人员，推进业务实施。互联网银行 70% 都是 IT、风控人员，而且组织结构更为扁平，加上数字化支持，对客户需求反应更快，产品创新迭代速度快，客户体验高。

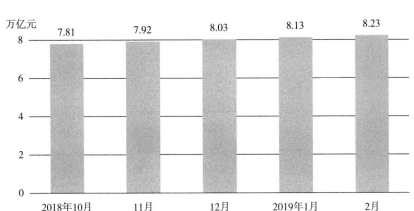

数据来源：前瞻产业研究院。

图 8－7 P2P 行业累计成交量

8.1.3 支付领域竞争日趋激烈

随着国家政策的积极引导和鼓励，电子商务行业的兴起以及互联网金融的发展，第三方支付行业迎来高速发展期。第三方支付对银行支付端业务市场构成了实质性冲击。

1. 支付端竞争加剧

第三方支付是以移动支付为基础，通过移动通信设备、无线通信技术来转移货币价值以清偿债务的业务模式。由于银行对终端客户直接接触不足，导致网络支付、预付卡、二维码等支付手段先后涌现。以支付宝为代表的第三方支付的快速发展正在削弱银行的支付地位。随着技术的发展，第三方支付范围已经拓展到移动支付、互联网支付、预付卡发行、数字电视支付与货币汇兑等领域。银行已经意识到金融科技在支付领域的力量，正在改变思维方式，迎头赶上支付业务，这加剧了支付端的竞争。

银行凭借本身信用具有大量账户资源，而且获得客户高度信任，并且在支付领域经验丰富。基于这些优势基础，银行可以通过金融科技手段，实现银行支付的线上化、移动化改革。目前，大多数银行建立了移动支付平台，但不同银行之间移动支付业务兼容性不高，增加了服务成本，需要更加协同的技术来支持银行参与支付领域的竞争。

数据来源：Wind。

图 8 - 8 非银网络支付与银行支付对比

2. 支付业务缩小银行利润空间

第三方支付全面抢夺银行阵地。在网上支付领域，数据显示，2018 年网络支付规模超过 6 亿元，同比增加 7000 万元。其中，手机支付用户数量突破5.8 亿。中国支付清算协会的数据显示，第三方支付交易规模与交易笔数逐年上升，而且行业规范性增强，成熟度不断提高。随着客户黏性的增强，进一步对银行支付业务挤占，压缩了银行支付业务的利润空间。

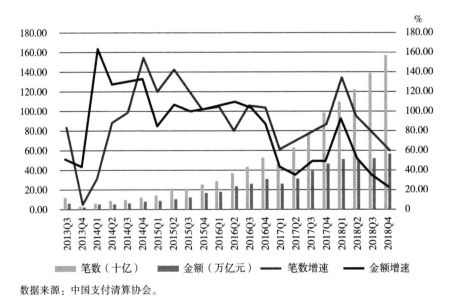

数据来源：中国支付清算协会。

图 8 - 9 2013—2018 年第三方支付机构交易情况

从图 8-10 可以看出，交易笔数增速快于交易金额，且每笔交易金额呈现下降趋势，表明交易规模呈现碎片化发展态势。银行通过技术手段降低支付成本，才能更好适应竞争环境。

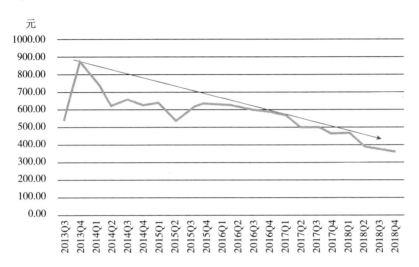

数据来源：中国支付清算协会。

图 8-10　2013—2018 年第三方支付笔均交易金额

2018 年第三方支付发展呈现以下趋势。一是行业竞争激烈。支付宝、财付通和银联位于支付市场前三，合计占据了市场 80% 以上的份额。以银联为代表的传统支付方式，融合金融科技手段，推出了"云闪付"等产品，展开与支付宝等新兴支付参与者的竞争。二是应用场景深入拓展。随着移动支付技术的发展，移动支付逐渐拓展至医院、交通领域，为智能化生活以及政务服务提供支持。三是支付方式更加多元化。车牌识别、人脸识别技术进入成熟期，生物识别技术已经得到广泛应用。四是更加注重技术安全。监管机构密集出台有关聚合支付、二维码的法律法规，引导行业合理发展，防范创新业务带来风险。五是支付领域加速国际化发展。支付企业加快拓展跨境支付业务，在游客跨境支付方面，支付企业已在境外购物、餐饮、旅游等场景布局。2018 年，支付宝、微信支付已在 40 多个国家和地区进行了布局，银联已经完成了在 174 个国家和地区的布局，覆盖 5000 多万商户与近 300 万台 ATM。

8.2　影响客户体验偏好，分流银行客户资源

对金融科技的运用，开创了简单易用、扩展性强、客户进入和退出壁垒较低的金融产品和服务，全方位改变客户偏好，并提升客户体验，使客户对于银行的金融服务预期提升。在此基础上，金融科技通过精准分类客户、海量分析数据、审慎控制风险，深耕长尾客户资源，分流银行客户资源。

8.2.1　金融科技改变客户偏好

与银行提供传统的金融产品和服务相比，金融科技公司通过多维度提升用户体验，多角度提升客户金融决策能力，多层级提供柔性化产品和服务，全方位改变客户偏好，拓展银行竞争维度。

金融科技公司坚持以满足客户需求为中心，关注客户融资"痛点"，借助互联网及智能终端设备，不断进行产品和服务创新，为客户提供更优质的产品与服务，为客户提供更好的体验，进一步培育客户的忠诚度，提高客户的黏性。

金融科技的兴起改变了客户与金融信息的交互方式，提高了信息传递效率，降低了信息传递和获取成本。一方面，金融科技改变了客户在信息生产与传递中的角色。借助微信、微博等社交平台，客户能够产生数据并分享数据，使客户原有的信息接收者角色发生了改变，成为信息的生产者和分享者，变被动为主动。另一方面，金融科技丰富了客户的信息获取渠道。过去，银行获取客户信息的渠道单一，但随着金融科技的发展，银行可通过线上、线下等多种渠道获取客户信息。金融科技带来的这些改变，进一步提高了金融客户决策过程的开放性，增加了金融客户在决策中的互动交流，锻炼了客户的金融决策能力。

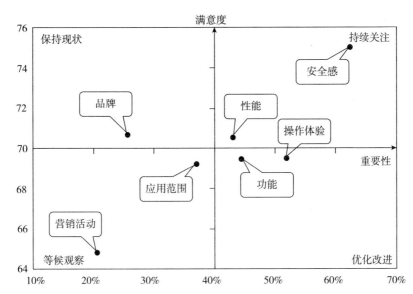

数据来源：《2017 银行用户体验大调研报告》。

图 8 - 11　银行满意度——重要性评估矩阵

金融科技公司建立了精准的客户层级分类，并根据不同分类为客户提供柔性的金融产品和服务，增强了客户黏性。通过金融科技公司对客户偏好的培育，客户的金融需求将更具个性化、差异化，更注重体验，这丰富了银行的竞争维度，为银行的差异化竞争提供了更广阔的空间。

8.2.2　多元分流银行客户资源

金融科技公司通过大数据、区块链等新兴技术，精准分类客户、海量分析数据、审慎控制风险，深耕长尾客户资源，发力普惠金融，分流商业银行零售和公司客户资源。

金融科技的发展与运用进一步完善了企业和个人的征信信息。区块链技术能够记载客户信息和交易记录，公开非敏感信息，通过获取企业和个人的信息，降低信息不对称，削弱中小银行的信息优势。在信息收集和整合的基础上，通过建立风险控制和分析模型，提供更加科学、合理、准确的分析结果，进一步优化中小企业和个人的融资条件、服务模式。在零售和消费金融领域，消费公司占据天然的场景优势，通过金融科技积累了大量的消费数据，能够将定制化服务覆盖更广泛的群体。其中，比较有代表性的是微众银行，通过借助微信社交积累的交易数据，拓展了大量个人消费类贷款业务。因此，金融科技使中小银行原本的"机密客户信息"更加透明，使得中小银行原有的信息优势不断被削弱，这将导致中小银行面临更大的客户流失风险。

在零售客户方面，传统银行主要关注私人银行客户、财富管理客户和理财客户。由于资产规模限制和风险监管的要求，银行在零售客户拓展上一直难见成效，尤其是个人贷款和理财业务的情况更不乐观。金融科技公司的迅猛发展，覆盖了低收入客户、欠发达地区和三四线城市客户，进一步加剧了银行零售客户的流失。

在小微企业客户方面，作为金融服务中的"长尾"客户，小微企业往往难以从正规金融体系获取金融支持。而随着互联网金融的发展，这一难题得到了有效缓解。互联网金融更具普惠性，在一定程度上增加了传统金融体系的供给，能够服务于更多的"长尾"客户，优化了金融资源配置。互联网金融与银行之间是一种竞合关系，且更侧重于合作，是对银行金融功能的有益补充。同时，由于互联网金融的独特性，其对小微企业融资需求的满足容易带来外部经济、规模经济、范围经济等多重效应，这为中小银行提升竞争力提供了良好的机遇。

在公司客户方面，传统的财报类数据是静态的、事后的且存在人为加工风险，而金融科技公司则将上述数据转化为动态的、实时的、丰富立体的交易数据，运用交易征信有效解决了企业评价难题。同时，金融科技公司通过运用上下游企业的交叉数据和行业大数据，有效克服了传统授信中存在的占用核心企业额度、要求核心企业硬性担保等问题，使供应链金融更具开放性。此外，金融科技公司运用区块链技术解决企业上下游交易存在的信任问题，进一步分流了银行客户资源。

8.2.3 跨界抢占银行业务场景

金融科技推动金融产品向泛金融、非金融领域延伸，实现了金融服务与线上线下场景的充分融合，将金融产品和服务简单、透明地传递给"个人"

和"企业"这两个资产端的源头，构建生活端和产业端场景。在切入场景的同时形成资金、数据闭环，产生强烈的正外部性。新业务模式、新技术应用、新产品服务对银行的金融服务供给产生了较大冲击。

1. 占据生活场景

在生活场景上，金融科技凭借大数据风控等优势，积极布局居民各类生活场景，尤其是消费场景和社交场景。

在消费场景方面，运用大数据等风控技术，消费金融公司积极介入汽车、教育、校园等消费场景，将业务触角延伸至传统金融机构未覆盖的领域，满足客户的消费需求。近年来，消费金融公司发展迅猛，其中以阿里巴巴和京东为代表的"电商系"消费金融公司加快产品创新，推出"花呗"、天猫分期、京东"白条"等一系列备受大众欢迎的产品，积极布局消费金融领域，抢占消费场景。"电商系"消费金融公司通过淘宝和京东等社交平台建立了强大的数据优势，运用大数据技术对海量客户数据分析，审核用户征信数据并发放贷款，用户再通过贷款在淘宝或京东购物，形成金融交易的闭环。

表 8 – 1　　　　　　　　典型消费金融场景及代表企业

场景	代表企业	场景	代表企业
汽车	汽车之家、易车网、天猫汽车	医美	更美、悦美
旅游	途牛、去哪儿、携程	租房	58 月付、趣租
校园	分期乐、趣分期、优分期	装修	易日升、齐家、家分期
教育	课栈网、小牛计划、分期学	农业	农分期、什马金融

资料来源：根据公开资料整理。

在社交场景方面，目前，社交场景类的金融产品主要有三种模式。一是基础性社交金融模式，其典型代表是"微信红包"。二是小额信贷模式，凭借丰富的社交网络资源，实现了高信用与低风险的匹配组合，其典型代表是"靠谱鸟""朋友范"。三是信息交流模式，即多方金融参与者通过同一平台进行金融信息交易，使多方参与者能及时掌握金融市场行情，获得投资和服务机会，其典型代表是"赢贝"。

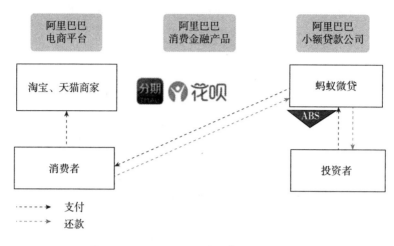

图 8 − 12   阿里巴巴打造消费金融交易闭环

2. 抢占产业场景

产业端涉及的对象有供应商、制造商、核心企业、经销商、用户等，其中核心企业在供应链往往处于核心地位，多为规模大、实力强、信用好的大型企业，且在上下游交易中表现很强势。上游的供应商和下游的经销商主要以中小企业为主，大多规模小、实力弱、信用差，往往难以达到银行贷款的标准，形成金融需求缺口。

在"互联网＋"时代，金融科技公司以电子商务为切入点，借助大数据、云计算等新兴技术，积极布局供应链金融，围绕上下游中小企业融资需求和"痛点"，创新产品和服务，为上下游中小企业提供应收账款融资、预付款融资等一揽子金融服务解决方案，积极布局产业场景。

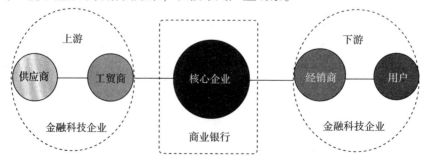

图 8 − 13   产业场景布局情况

8.3　颠覆银行业务模式，阻断传统盈利路径

金融科技的发展冲击了银行的发展理念、运行模式及风险管理模式，以用户体验为导向、数据为驱动、互联网为手段的金融科技具有资本集约、资源开放、创新集中的特征，通过技术的积累与突破，筑起传统金融机构无法超越的服务壁垒。通过构建庞大的金融科技服务生态圈，实现金融组织形态的多样化，全面颠覆传统金融服务的发展理念、服务模式和管理模式，从而使中小银行传统发展模式难以为继。

8.3.1　冲击传统业务发展理念

金融科技以全新的客户体验、便捷化的服务以及依托数据分析的模式，对传统银行的营销理念、创新理念、运营模式、风控模式、盈利模式形成较大的冲击。

1. 金融科技冲击银行传统盈利模式

金融科技改变了资金体系循环方式，传统银行资产负债盈利模式因而面临新的挑战。在信用中介功能发挥方面，金融科技利用整合、检索大数据，发挥自身的数据优势，以此对客户的需求进行预测，为业务开展提供判断的依据。其次，金融科技可以通过分析用户数据掌握信息，从而开拓自身业务。尤其是金融科技能够利用大数据建立信用数据库，可以避开银行的信用机制，逐步弱化银行的信用功能。在支付结算方面，消费、旅游以及社交场景均引入数字账户，用户使用更加便捷，这种方式已经成为主流。麦肯锡预计到2025年，消费金融、支付、财富管理和房屋抵押贷款业务的利润将分别下滑60%、35%、30%和20%。在投资理财方面，应用新的技术工具会降低理财服务的门槛，大幅提高线上投资理财业务的规模，通过智能投顾把服务融入大众市场中。

2. 金融科技冲击银行营销理念

单个客户和多样化需求是未来客户需求的两个重要特征。针对这两个特

征，数字银行需要构建客户精准营销机制，这种机制是对客户进行精准定位后采用相应的营销方式，不仅能关注到单个客户，还可以覆盖多样化需求。这种精准营销机制能够对客户的资金水平、兴趣、爱好、购买欲望以及购买力进行预判。通过不断迭代、精准的算法对客户所需的金融服务进行判断并推荐，从而保证以合理的价格及渠道向客户提供服务。

精准营销理念如图8-14所示。客户需要首先通过三个环节来获取某项金融产品或服务，其次是产生购买产品的欲望，最后是付款购买。客户通常会通过互联网搜索关键词来了解产品，在对其基本功能和属性进行了解后，再决定是否购买，在这个阶段进行数据搜索，初步预测客户的喜好，再结合银行的收入流水以及客户的其他信息，通过人工智能对客户需求进行测算，从而进行精准服务和营销。

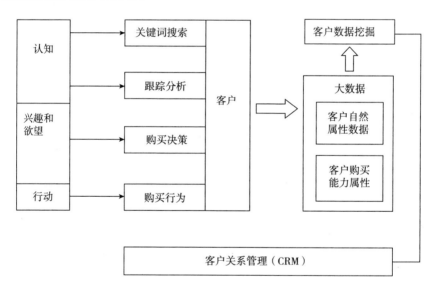

图8-14　精准营销理念

3. 金融科技冲击银行产品开发理念

商业银行一直是以专业化分工建立部门、条线化管理模式的，一项新业务的成立要历经很多环节，包括IT部门系统立项审批、长时间的需求论证、长周期的研发与测试，价格管理部门的定价授权以及合规部门的法律审查等，流程很长且更新迭代速度慢，导致新业务一推出就会落后于市场。基于此，金融科技公司对金融服务的价值链进行分解，优化拆解银行的服务及流程，实现金融功能商品化，形成了可以快速复制的开发模式并降低了成本，在相应领域具备了领先于银行的优势。

8.3.2　影响服务及其运营模式

"以产品为中心、以机构为本位"的传统金融理念已逐渐被"以用户为中心、以场景为切入点"的网络思维模式解构。金融科技革新传统业务的服务模式，包括金融科技对银行业务模式、业务流程、业务系统的冲击。

1. 冲击服务模式

金融科技变革为触达客户提供了新的途径。在用户和渠道入口方面，线上获客具有优势，互联网手段能够打破距离和地理上的限制，增强触达、连接客户的能力。传统金融机构主要以线下广告、路演以及网点辐射等方式触达客户，这种方式覆盖范围有限且获客成本较高。

金融科技为金融服务带来了全新的体验，以"开放、平等、协作、共享"的理念，始终把用户作为中心。"触达"用户之后，互联网技术在交易和服务体验环节也具有巨大优势，提供新的解决方案完善客户服务。利用互联网信息技术，服务方和客户方没有时空限制，可借助网络平台使信息甄别、匹配、定价以及交易更加方便快捷，降低传统服务方式的运营、中介以及交易成本。

金融科技改变了传统业务的服务模式。在支付清算方面，网络支付已成为主流，因此，银行需要积极在消费、旅游以及社交等场景中引入数据账户，使用户更加方便快捷使用。在融资借贷方面，社会已经渐渐理解并接受"去中介化"的网络融资理念，银行需要建立融资平台与投融资需求快速对接，形成新的借贷业务模式从而获得新的竞争优势。在理财服务方面，技术的成熟发展降低了理财服务的门槛，网络理财因此大量上涨，银行可以利用机器人投顾革新传统服务模式、增强运营效能，从而把服务融入大众市场中。

金融科技驱动银行实现渠道融合。互联网金融服务完全颠覆了用户的喜好，拥有大量的用户入口。在零售业务方面，客户可以借助网络金融服务快速自如地实现资产转移。在对公业务方面，前沿的科学技术以及新兴的金融产品推动了优质客户脱媒化，提供了更多可供选择的融资渠道，降低了存量信贷资产质量和利润增速。在此背景下，传统的服务模式和物理网点数量失去了优势，这就要求银行打造以移动支付为主力、网络支付为基础，微信银行、电话支付、实体网点、自助终端等为辅助，多渠道融合的服务机制。

金融科技发展有利于银行提高其业务整合能力，也促使客户提高其对一站式综合化金融服务的要求。综合化金融服务推动了银行"点式"业务向链式、网式业务扩展，单客户营销转向批量营销。

2. 冲击运行系统

金融科技对银行业务流程的影响。一方面，金融客户会帮助银行整合服务渠道。物联网、5G等技术逐渐发展成熟，在这个背景下，银行未来网点将传统模式与电子模式相结合，对服务与流程进行优化，对内完成客户需求协同呼应、产品统一部署以及渠道服务共享；对外与主流社交应用相互融通。深度数据挖掘、大数据整合等技术为实时分析市场、产品、客户以及管理绩效提供强有力的支撑，精准预判市场变化，迅速反馈客户需求。

金融科技对银行业务运行系统的影响。金融科技在不断发展，已经从原来的优化客户体验转变为影响商业银行的基础设施建设。过去银行主要以集中式运行模式为主，现在正逐步向分布式模式转型，这颠覆了银行现有的操作规则、组织体系、基础设施以及业务流程等运行系统。一是银行的交易体系、清算模式和基础构架产生了变化，诸如精简区块链发起、回馈、记账、交易以及对账等冗长流程，以点对点形式交易，提高交易效率。二是征信方式产生了变化，传统的征信方式是以信用中介为基础的，但区块链直接把交易数据放到分中心链中，以分布式逻辑与集成实现征信，大大降低了信息不对称程度。三是降低运营成本。人工智能有自动执行交易和记账等功能，银行业务系统与后台连接的环节多、流程长等问题都得到有效解决，使内部运行更加透明化，大大降低人力成本，增强银行中后台的运营效能，节省运营维护成本。

3. 冲击客户关系

金融科技对银行的客户关系也产生了影响，一方面，大数据、云计算、人工智能等新技术的发展推动了互联网金融企业的转型，在这些技术的支持下，互联网企业不断优化产品和服务。另一方面，金融科技打破了传统银行的客户管理范畴，带来了银行营收降低、客户数据流失等问题，使银行难以维持客户关系。

互联网和移动金融比传统的线下获客模式更具有"入口"优势，一方面，打破了时间和空间的限制，使产品和服务能够通过新的渠道和平台触达客户，拓宽服务范围。另一方面，在大数据技术和交互平台的帮助下，银行能够实时了解客户需求，创建服务场景，发现或重塑客户关联，提高为客户服务的频率和资源周转效率，延伸服务链条，实现客群、渠道、产品等多维度相互叠加的全面价值发掘和创造。长期以来，商业银行通过物理网点、团队等线下方式建立并维护客户关系，在如今互联网时代必须加快发展移动互联、大数据分析等技术以提高获客机会，增加客户黏性，提升客户价值贡献。例如，从深受互联网影响的支付业务可以发现，客户的行为深深影响着银行的客户关系。从交易金额看，银行线上交易的主体是网络支付，其成交额约占总交易额的80%；从交易量看，第三方支付是我国小额高频支付的主要方式，支付场景高度渗透进日常生活，其业务量是商业银行电子交易的两倍多；从发展速度看，第三方支付以 50%～100% 的增速发展，而银行移动支付仅以 20%～50% 的增速发展。此外，通过虚拟账户、提供增值服务等手段，第三方平台打破了银行和客户的互动，使"金融脱媒"冲击更加显著。

8.3.3　突破传统风险管理模式

金融科技推动风险控制的新探索。金融科技凭借大数据技术、云计算、人工智能、区块链等技术为金融风险管理提供新的风险管理技术和手段。金融科技依靠其底层的海量数据，通过挖掘分析提供充分的参考信息，并依托线上模式，逐渐形成一套行之有效的破局策略。通过挖掘客户信息、产品交易、信贷行为、征信、合作方和第三方平台等多个不同领域的风险数据，对客户进行综合评价和推断，形成细致的客户分群和诚信评级，立体评定客户的最高可授信金额。在反欺诈方面，通过分析客户信息，预测客户申请和交易中的欺诈可能性；通过分析客户与客户之间信息所呈现的共性特征，预测群体客户，解决银行信息不对称和风控难题，用更为有效方法找到风控管理的完美途径。

1. 大数据技术全覆盖风险管理的维度

金融风险管理必须牢牢抓住数据这个信息源，要想做出高效的金融风险决策，必须以全面的数据信息做支撑。因此，获取数据十分关键。金融机构要及时、准确收集各方数据，包括客户数据、合同数据、交易数据、市场行情数据、财务数据、产品数据、操作行为数据、机构行为数据、抵质押品数据等，以数据为基础进行精细化管理。传统的金融风险管理以低频数据为主要数据来源，近年来金融交易越发频繁，金融机构越来越重视依靠获取和处理高频数据实现微观金融风险管理。另外，大数据的应用使舆情分析更加精准、深入，通过爬虫技术可以对新闻论坛、社交网站等文本数据进行抓取，通过 Python 或 R 语言的应用可以实现语义分析、关联和情感分析、特征提取，从而了解市场负面舆情并进行跟踪预警。系统性金融风险受到多重因素的影响，在微观层面，金融系统内的资产期限错配及非理性波动会对其造成影响，在宏观层面，宏观经济发展不平衡和国际经济动荡也是系统性金融风险产生的主要原因。而大数据技术的引入能够通过数理统计方法对全方位的数据信息进行分析，从而实现科学决策，降低系统性金融风险的危害。

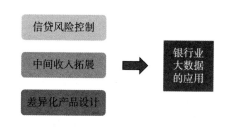

图 8-15　银行业大数据运用

在信用风险领域，金融科技能够通过解决征信评级问题减小风险。金融科技的创新性解决方式主要有，一是银行通过多种渠道获得工商信息、税务信息、缴费信息、法院诉讼信息、支付信息、公司信息等多维度数据，拓展征信数据源，以大数据和人工智能技术为基础，形成客户的信用报告，为银行授信提供数据支持；二是通过应用人工智能技术，包括机器学习、深度学习、神经网络等方式，为用传统评级模型难以解决的评级展望、非线性关系等问题提供解决方案，全面升级客户信用评级模型；三是借助自身搭建的大数据采集平台对客户信用进行实时评价，在区块链技术的帮助下，银行能够对信息作加密传输，实现客户的信用状况在银行间共享。

在市场风险领域，一是基于大数据和人工智能技术的量化交易系统对于预测资产价格变动起到了辅助作用；二是以往的风控模型只能利用交易数据做预测，运用机器学习可以突破这一限制，克服人工分析的主观性，运用相关技术实现自动化数据处理，通过对企业年报、行业报告、时事新闻、上下游产业链等非结构化数据作结构化处理及智能分析，找到影响市场变动的因素，从而提高处理信息的效率；三是以知识图谱做辅助，从"万物关联"的视角对价格走势进行推理分析，降低"黑天鹅"事件对原有预测模型的影响。

在操作领域，一是在时间上和空间上对支付结算、电子商务、信贷业务、信用卡等交易行为进行多维度分析，借助移动终端的生物识别技术对高风险交易的特征进行识别，形成复贷记录和失信黑名单，对客户信息的真实性作交叉验证，减少欺诈行为的发生频次。二是通过设备指纹以及社交网络大数据的智能风控对非正常交易活动进行重点关注，例如在相同时间和地点频繁进行信贷交易、相互关联的人之间发生多次交易等要对其加大监控力度，在集体诈骗与套取资金等欺诈行为发生前对其进行识别并防范。三是借助机器学习技术建立金融知识图谱，使风控系统的精准性得到提升，借助相似度聚类分析和依赖标签数据训练深度网络等方式，提高复杂环境下反欺诈的能力。

金融科技通过对大量结构化和非结构化数据进行整合，使甄别客户信用信息真实性能力得到大幅度提升，银行获取信用的成本大幅下降，使传统模式下无法度量的客户风险在金融科技的支持下变得可度量。

2. 人工智能提高风险管理的效率和精度

金融风险监管与预警由于人工智能的应用而达到了空前的水平。首先，人工智能的应用为发现"灰犀牛"提供了便利，便于了解并防范风险。其次，人工智能借助大数据挖掘手段，采用贝叶斯、SVM、逻辑回归、深度神经网络等方法，提高了预测金融风险的能力，对交易风险和违规行为进行智能化监控，提高了识别金融风险的能力。再次，人工智能通过全方位抓取和分析数据，对监管对象的风险状态做出判别并进行预警。最后，人工智能凭借深度学习及大数据融合优势对金融市场大量信息进行分析并找到风险源，为科学决策提供数据支持。

3. 区块链技术防范金融风险

区块链技术能够有效防范技术风险。区块链多节点分布的优点是当某一节点出现服务器故障时，其他节点仍能实现正常交易记账，且每一节点都将完整对区块链携带的数据信息进行保存，没有损毁现象。因此，区块链技术能够降低技术风险的危害。

区块链技术能有效减少操作风险。区块链所有节点的信息都会向全网发布，一个节点的操作失误会影响所有节点的数据信息无法记录到区块链上，必须对其进行修改直到无误。另外，可以将智能合约、程序化、自动化交易嵌入区块链平台，减少由人工操作失误带来的风险，提升合规监控效率，实现智能风险管理。

第9章 内外化交困，中小银行转型的困境与根源

中小银行转型面临着战略之困、创新发展之困以及运营改革之困等问题。中小银行存在资产规模、技术储备、品牌价值等方面的不足，又在与外部机构合作中面临着数据应用、合规创新等方面的困扰。同时，可能存在放大金融风险的问题。在监管不断推陈出新的外部状况下，中小银行发展之路充满着不确定性。与此同时，中小银行存在外部缺乏战略支持、系统对接与组织支持不足等问题，难以实现金融科技发展绩效。为解决这些困境，中小银行纷纷探索，但在场景、流程、产品创新方面存在较大不足，亟待对这些问题进行破解。

9.1 外部合作之困，合作进程滞留中途

中小银行资产规模不大，客户群体受限，风险容易集中，整体竞争实力较弱。中小银行与一些金融科技公司合作，推进其转型发展。但合作中仍存在一些共性问题，比如数据运用、合规创新、盈利模式等方面问题，使合作效果不佳，导致中小银行数字化转型滞留中途。

9.1.1 合作模式困境

中小银行与金融科技公司合作的困境主要包括三个方面，一是重协议、轻落实。虽然有合作协议，但是落实困难。二是合作中对接事项不够明确，

磋商过多且流程复杂耗时，即交易成本过高。三是在数据方面，金融科技公司难以分享技术，而银行也难以分享关键数据。对这些"痛点"的解决，将会对合作困境进行突破，实现双方的共赢发展。

1. 数据应用之困

大数据技术应用包括数据采集、整理与建模分析等环节。在每一个环节上，银行都存在着应用困境。在数据采集环节，银行面临的问题是数据量大，且分散在不同系统，数据维度少且更新慢。在数据整理方面，缺乏统一的业务标准，导致数据界定标准不统一。在数据处理方面，数据分析工具不足，技术人员缺乏，这些阻碍了对数据的挖掘分析。在数据建模方面，模型发展滞后，不能满足大数据的特征，深度学习算法难以立即消化吸收，不能推进数据价值的创造。整体来看，数据应用困境不仅仅存在于技术方面，还存在于制度中，比如数据之间的衔接统一，解决条线部门之间的分割，才能更好推进银行在大数据方面的应用。

除了自身在大数据管理方面的困境之外，银行与金融科技公司之间还存在着深度合作不足的问题。由于银行对金融科技公司数据分析的逻辑不清楚，不论是助贷模式还是其他模式，都缺乏相互交流，从而难以推进深度合作。比如，银行与金融科技公司共同研究模型变量、额度策略、定价策略、催收策略等，金融科技公司可以分享数据、进行模型分析等，但银行却不能分享核心数据，进而使双方优势互补合作难以推进。建信科技对此有新的解决方案，通过加密方式应用银行数据，一方面，提供外部数据及分析模型；另一方面，保证银行内部数据安全与专属化，这在一定程度上促进了合作的推进。

2. 合规创新之困

银行开展创新活动，同样存在合规与风险问题，因此需要探寻创新与合规之间的平衡。一是在数据的应用方面，需要注重数据使用、分析、转让等方面的合规性问题。二是在技术更新方面，分布式存储技术虽然发展迅猛，但分布式技术的监管体系还未建立，制约了分布式存储技术的规模化发展与应用。三是在产品创新上，受制于监管要求，很多创新仍停留在"半成品"阶段。

3. 盈利模式之困

银行运用金融科技成为必然趋势，但如何实现盈利还面临着挑战。一是金融科技投资巨大，中小银行往往难以承受；二是金融科技投资周期较长，见效慢；三是金融科技呈"边际利润递增"特征，中小银行难以忍受金融科技盈利缓慢的事实，往往在盈利之前便结束，未能探索出有效的金融科技盈利模式。

9.1.2　风险防范困境

银行与金融科技公司合作，并不能完全消除风险，银行仍需重视风险，防范风险。具体来说，一方面，金融科技公司为银行提供了信贷全流程的线上化技术，为银行提高了审批效率，降低了成本，但可能由于银行与外部系统对接存在盲区或空白，可能会成为风险隐患，放大金融风险；另一方面，随着银行业务的日益复杂，中小银行由于"重贷前、轻贷后"，加上对经济形势的反应滞后，对银行的风险防控能力提出了巨大的挑战。

1. 金融科技风险特征加大风险管控复杂性

金融科技是技术，本身就存在着一定的风险。一是随着金融科技服务范畴的不断扩大及其在各个领域的渗透，参与主体的多元性使其风险呈现出隐蔽性等特点，各主体之间的信息不对称程度加大了风险隐蔽性；二是金融科技为金融的混业经营提供了技术支持，放大了金融风险；三是金融科技使银行业务突破区域限制，加快了流动性，一旦出现风险，可能会快速演化为系统性风险。

基于金融科技的特征，加大了银行与其合作的风险。一是提升了风险的复杂性。金融科技的赋能，增强了银行业的稳健性，但同时对银行的风控技术提出新的要求，需要银行利用新的技术改革风险管理，新系统、新模型的磨合可能会加大合作风险。二是增加了风险的跨界传染性。金融科技突破了区域限制，提高了混业经营程度，使风险传染更加迅速。三是风险管控难度增大。金融科技的业态多样、主体多元、高度关联、动态平衡的特征，使银行在技术应用方面，需要平衡技术创新与安全应用的关系，注重试错风险。

2. 信贷部门重贷前、轻贷后

随着银行对金融科技应用的深化以及交易链条的扩展，银行与各交易主体之间的关系变得更加复杂，相互之间的信息交互也日益增多，使得金融科技直接或间接导致金融风险的交叉性、传染性、复杂性和突发性问题更为突出。根据监管要求，银行需要独立承担贷前、贷中、贷后的技术改造，不能将风控、贷款本息代收代付和贷后催收等业务外包。银行与金融科技公司的合作仅限于客户资料收集等领域，且需要银行自行承担资料完整和真实性责任。这就导致金融科技公司无法替代银行进行风控技术改造，更无法对其风险进行担保。

然而，在激烈的市场竞争中，一些金融科技公司为了获取业务流量，放松审核标准，从而给银行带来两方面影响。一方面，信用标准放松，可能会导致银行不良率上升，并加剧银行风险向同业领域的转移和扩散；另一方面，金融科技公司存在业务审核模型"黑箱"，可能存在对风控流程与风险定价的外包行为，从而可能引发银行信贷风险。

3. 中小银行同业风控存在数据、建模、风险引擎等多方面的问题

金融科技公司对银行提供技术输出服务，主要是为银行提供风控技术的搭建，并不参与其风控标准与审核的构建。银行由于技术短板，面临着数字技术、算法技术等方面的挑战。因此，银行与金融科技公司合作，银行不能完全依赖外部金融科技公司，而是需要共同推进两者的融合发展，引进人才，实现对技术的消化、吸收和再利用。

在数据的整理与处理方面，银行一般缺乏非结构化数据处理技术，使得内部数据整理比较困难。由于缺乏专业技术人才，银行对风控模型的更新滞后，不能满足外部经济环境变化带来的风险防范需求。此外，银行往往缺乏自建风险引擎的能力，而市场上提供风险引擎的企业一般不具备风险建模能力，需要与金融科技或咨询公司合作，从而导致整合绩效较低。

9.1.3　金融监管困境

合作业务模式创新加大监管难度。一是银行与互联网企业的战略合作，为了使得共同体利益最大化，合作业务模式创新同时必然伴随着双方属性的相互渗透。而金融是关系国家安全和民生的重要行业，必须严格监管，由专业队伍运营，而互联网企业对金融领域还缺乏深刻的认识和理解，且目前由于互联网金融产品定位不同，导致监管主体众多。如果两者合作过程中职责混淆，十分容易发生不可控的系统性风险。二是互联网金融行业中大部分企业属于新兴企业，一方面，数量少，呈现一定的寡头格局；另一方面，服务客户数量较多。因此，两者的合作会带来金融风险传递速度提高。

监管的首要挑战：金融科技四大缺陷	合作模式创新加大监管难度	形式合规约束金融科技公司和银行合作
• 缺乏隐私安全保护 对用户隐私信息缺乏安全保护，不能建立用户深度信任 • 数据标准缺失 对数据挖掘、分类、运用、逻辑缺乏明确的标准 • 牌照布局 缺乏牌照，金融科技初创公司融资风险较高，引发社会集资风险 • 监管层与社会缺乏交流 监管政策滞后于金融科技发展速度	• 职责混杂引发不可控风险 银行和金融科技公司合作，双方属性互相渗透，合作过程中职责混杂容易产生不可控风险 • 金融风险传递速度提高 银行和金融科技公司的合作推动业务线上化、移动化；面向普惠市场，用户数量快速增长；增加了抑制金融风险的难度	• 金融科技公司与银行合作困难 现有监管机制的不足导致在风险和创新之间找不到平衡点，单纯形式合规限制了银行拥抱金融科技的速度，监管的不确定性成为银行和科技公司的合作壁垒

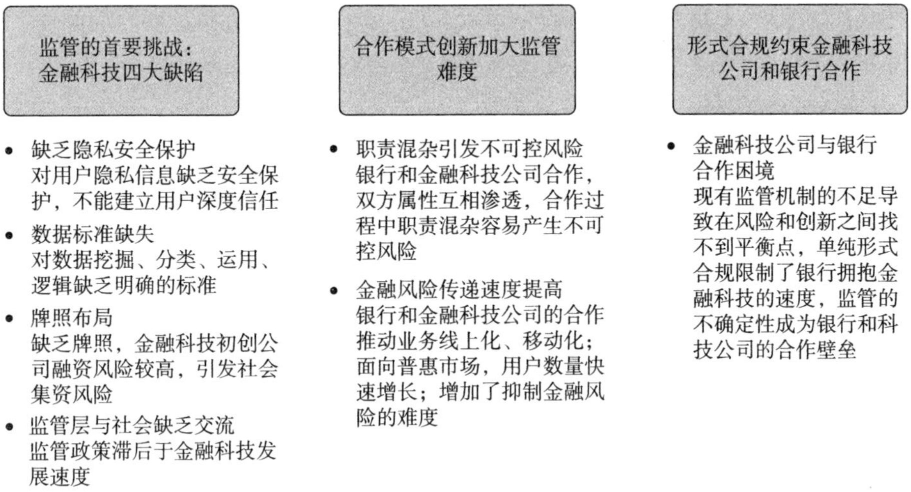

图 9 – 1　金融监管对金融科技与银行合作的影响

《2018 金融科技调查报告》指出，59% 的金融科技公司认为与传统监管机构合作将会面临监管的不确定性挑战。监管具有两面性，能够有效保障市场环境的健康有序，但同时也可能会阻碍创新。第五次全国金融工作会议后，我国银行业监管力度不断加强，从严从紧趋势更加明显。2017 年，银监会连续发布七个文件，加强对银行业市场乱象的整治力度，提高对银行全面风险防控的要求，进一步规范银行的理财和同业业务。同时，随着科技与金融的深度融合，传统监管手段已经难以发挥对金融市场的有效监管作用，也无法积极响应金融市场的变化。目前，监管机构对金融业务风险与技术风险叠加导致的扩散效应进行重点监管和防范，但并未建立起有效的监管框架和完善的监管机制，这不仅约束了银行对新技术的引进，还阻碍了银行与金融科技公司合作进程。

9.2 内部兼容不足，深化合作停滞不前

金融科技与银行内部特色化战略融合不足、金融科技公司与银行创新文化差异以及金融科技与银行系统对接困难等问题，导致中小银行与金融科技公司之间的合作停滞不前。

9.2.1 战略支持困境

战略趋同导致中小银行难以发挥自身优势。目前，中小银行发展金融科技主要面临以下困境：一是前期需要投入大量的资金，且存在后期的维护难题；二是金融科技公司难以有效满足各中小银行的差异化、特色化需求；三是合作过程中，金融科技公司可能会存在信息科技风险防范、业务连续性管理等方面的不足；四是中小银行各自与金融科技公司合作，容易导致资源的重复投资和浪费。目前，各大银行基本实现了数据化、智能化、去中心化、云化。为追赶差距，中小银行也加快了对金融科技的布局，推出手机银行、微信银行、智慧网点等。同时，从产品和服务创新来看，中小银行存在着严重的创新趋同问题，原生创新能力欠缺，差异化竞争优势不足。在金融科技战略上，中小银行尚未跳出原有的战略思维，战略脱离自身定位的现象时有发生，且普遍都面临着人才、技术、资金、运营等方面的挑战。长期来看，如果中小银行难以摆脱同质化的战略方向，未来将难以形成可持续发展与创新的势能。

战略规划的科学性缺乏，导致银行的金融科技追随战略显现出后发劣势。目前，多数中小银行的金融科技发展战略都是被动跟随的。与大银行相比，中小银行在客户、信息、资金等方面缺乏优势，且缺乏创造能力。在市场定价上，受限于定价能力、公司治理能力等因素，中小银行大多采取的是跟随大行定价策略，是市场价格的追随者，这将给中小银行发展金融科技带来挑战。受限于自身"短板"，地方性中小银行如果不调整既往发展战略，未来发

展将会面临较高的不确定风险，且盲目模仿、跟随同业模式等带来的问题也将愈加突出。要实现金融科技的转型发展，中小银行就应该制定独立、清晰、科学的战略定位和目标，并运用金融科技个性化服务特质，探索差异化、特色化经营发展道路。

9.2.2 系统对接困难

银行采购技术服务主要与采购部门、技术部门以及业务部门等部门相关，采购决策的环节多、流程长。银行通常在公布招标之前会与供应商名单中的推荐企业进行沟通，以确定招标名单。在安全性方面，银行要求企业驻场办公并私有化部署，金融科技公司服务银行至少需要一年的时间，并且要耗费大量人力，有高昂的服务成本。另外，各个银行的需求属于个性化需求，无法将产品标准化，边际成本递减效应也不会随着服务银行数量的增长而出现，所以金融科技公司服务银行的成本相对较高。

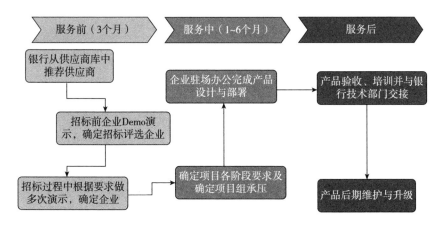

图9-2 金融科技公司服务银行流程

系统对接困难。兼容性是指硬件之间、软件之间或是软硬件组合系统之间的相互协调工作的程度。银行IT系统涉及上百个系统，数量相当多，主要包括渠道管理系统、中间业务系统、核心业务系统、支付清算系统、信贷操作系统、监管报送系统等。另外，银行IT系统主要以各类商用软硬件产品为基础，通常IT技术服务商会提供这些商用软硬件。创新型金融科技公司成为银行IT技术服务商的新成员，银行对业务资金隐私和安全比较重视，金融科技公司对批量迅速输出的能力和技术应用效率比较重视，两者是相互矛盾的，金融科技公司服务银行所面临的最大难题之一就是 IT 系统的兼容性。另外，银行目前的 IT 系统不稳定且系统处理压力较大，不能满足人工智能及大数据等前沿技术需要的系统灵活性和扩展能力等引入条件，必须尽快升级。很多金融科技公司做助贷都需要与银行对接系统。然而，银行的系统在所有金融机构中是最复杂的，涉及上百个系统。如何实现银行与金融科技公司顺畅的系统对接，是一个大难题。

9.2.3　组织支撑不足

银行传统的层级组织模式无法快速回应市场需求，难以激发内部创新热情。引入敏捷开发和持续交付等新兴 IT 运营模式，利用灵活高速、成本低廉的处理和存储技术建设新系统，需要中小银行不断提升组织支撑能力，支撑服务模式的快速转变。

尚未真正形成灵活的组织架构。由于部门之间缺乏一定的协同，发展金融科技成了网络金融部门的内部事情，其他业务部门依然以传统银行的业务为主，并未真正融合金融科技与银行业务。网络金融部门拥有大量的客户行为数据、社交数据以及物流数据，但并未充分发挥为传统银行开展业务提供支撑的作用。

后台对中台、前台的支持不足。后台开发与一线业务之间存在较大的隔阂，往往是业务部门提出需求，科研部门负责开发，但是科技部门与业务部门在理解需求提出的原因上有很大的差异。技术开发人员通常认为业务应该是体验性质的，缺乏对客户本质需求的认知，这一点值得注意。尽管形成了客户管理系统，将个人金融银行、账户行为和金融行为相关联，然而这仅是以客户为中心的基础工作。金融科技面对的一个核心问题就是如何了解客户及客群，特别是在当前的经济发展状态下，对客户及客群的变化和影响进行深入分析。面向交易的系统仍是主流系统，也是整个支撑和创新，绝大部分的创新主要是客户体验。系统聚集与处理的数据在后台是用来管理考核的。面向交易与考核的系统与面向服务的系统是存在很大差别的。

9.3　运营支持不足，融合绩效难以显现

中小银行在运营支持方面存在着支持不足的问题，其中，场景建设面临移动化冲击影响以及线上化竞争力缺乏等困境，流程再造存在线下业务的简单线上化改造，并未依托第一性原理围绕客户需求改造业务流程问题，产品创新面临创新迭代速度慢，跟不上市场变化以及创新文化缺失等问题。这些问题亟待进一步破解，以实现金融科技与银行的融合发展。

9.3.1　场景建设困境

互联网金融服务借助金融科技的优势，在提升客户体验的同时，改变着客户的交易习惯。在此背景下，银行传统的物理网点数量优势被大大削弱，传统的面对面交互方式失去竞争力，倒逼银行积极推动物理网点的智能化、轻型化转型，银行服务必须深度嵌入各类线上、线下场景，提供以客户为中心的服务。此外，推动银行积极构建以场景为切入点，以支付为突破口的系统化平台建设，但目前银行场景建设普遍不佳。

1. 削弱物理网点传统优势，倒逼线下网点转型

一直以来，银行是在其强大的物理网点优势基础上与客户取得联系并形成多样化的交易场景。但是这种形式覆盖的领域有限，并且有高昂的获客成本，较低的交易效率，不利于维护存量客户。而金融科技公司通过互联网手段打破地理局限，增强了连接用户与网络交易的能力，形成了强大的用户和渠道入口优势。波士顿咨询公司的研究表明，未来，全球利用移动渠道和互联网实现咨询与销售服务的零售银行的份额会从2012年的15%至少增长到2020年的40%。

移动设备弱化了中小银行的渠道优势。移动终端如手机等的普及加速了移动金融发展的步伐。从理论层面看，只要是具有线上金融服务的机构，所有人都能够借助移动终端与其进行交易。当前借助手机APP建立生态，各种拥有支付场景的消费公司（苏宁、美团）、第三方支付机构（支付宝）以及

各大商业银行都在进行金融业务拓展，但不再进行网点覆盖，突破了传统运营形式的空间局限性。

银行在互联网金融的冲击下，必须通过前沿的信息技术工具和管理理念，把客户作为中心，重点关注客户在金融服务方面的需求，在线下场景中引入金融服务，形成更加完善的线下服务场景，增强线下渠道竞争优势。一方面，银行借助智能技术设备，对传统的线下网点进行智能化和科技化革新。比如新增自助回单机、自主发卡机以及 ATM 等设施，减少人力资本投入，优化业务办理流程，提高效率；借助人工智能手段增添智能投顾服务，挖掘更多客户，实现普惠理财。另一方面，银行逐步建立轻型化、低成本的自助银行以及社区银行等线下网点，以期既可以节约成本，又能对客户网络"最后一公里"进行战略布局，以最低的成本形成交易场景多样化。

2. 线上渠道缺乏竞争性，推动线上平台建设

与互联网金融行业相比，中小银行在线上场景方面的渠道和场景建设能力较差。例如，互联网巨头对多个生活场景布局（团购、社交、支付、打车等），覆盖场景范围较广，但中小银行仅实现了行内业务线上化，并未涉及开放化业务。

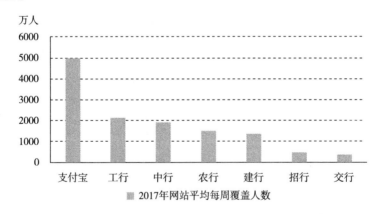

数据来源：Wind。

图 9 - 3　网上银行总覆盖人数与支付宝差距明显

近年来，中小银行在线上渠道方面有了新的发展，比如借助信息技术手段，进行线上渠道建设，逐步开创了网上银行、手机银行、电话银行、微信银行等多渠道融合的新局面。然而，与金融科技企业相比，中小银行因为存在传统商业银行的思维习惯，所以在生态系统中其线上渠道的友好性和功能性还有不足。一是获客投入不具有竞争性。与互联网金融企业"烧钱"的营销模式相比，商业银行"稳步推进"的网络渠道营销模式难以与之对抗。二是网络渠道开放程度较低，缺乏流量资源。互联网金融平台具有巨大的流量优势，中小银行与之相比，电子渠道入口狭窄，只限于本银行的开户客户，不对其他客户开放，获客率较低；另一方面，中小银行线上渠道场景往往不够完善，在理财、转账等传统业务以外，生活场景建设不到位，理财等业务通常是销售本行的产品。三是中小银行的服务创新不到位且线上渠道产品不足，缺乏客户黏性，难以吸引客户，所以中小银行的线上渠道基本都存在用户数量少、用户不活跃等问题。

=== **专栏 9 - 1** ===

多家银行加速场景化金融布局

银行在互联网时代最终会面临"被后台化"境遇。尽管有优质的资源整合、产品研发和财富管理、风险管理以及资产管理等核心能力为其保驾护航，但是互联网新的入口和场景正在逐步取代银行的前台业务产品，银行在这样的趋势下，必须要有强大的研发能力和IT后台为未来的发展提供坚实的基础，实现以强化前台、简化中后台为目标的管理和运作改革。

互联网占据了银行大量的应用场景，这是银行在互联网时代的最大"痛点"。在此之前，部分第三方支付公司与互联网机构对金融服务场景化进行了布局，然而银行几乎未涉足这个领域。

可能国内的银行逐渐意识到如果不采取措施，就会走向管道化和边缘化，所以越来越多的银行开始对金融"场景化"进行布局。

工行在2015年部署了新的互联网金融品牌战略，其电子银行要实现"从做功能到做场景"的转型。

平安银行与去哪儿网合作，进行场景化金融建设，在该网站向用户提供余额理财服务，具体流程是：用户在该网站购买到机票后，支付的资金在发

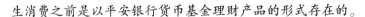

生消费之前是以平安银行货币基金理财产品的形式存在的。

建行推出"悦生活"平台，实际上也是将生活服务平台"场景化"，把服务的范围从仅限于公共事业缴费拓展到日常生活中。

银行在金融场景化趋势既定时，也开始改变发展策略，因为只有紧随服务和技术潮流，才能具备真正的竞争实力。

资料来源：根据公开资料整理。

9.3.2　流程再造困境

银行冗长的业务流程严重影响客户体验，一方面，银行仍然采用被动式获客的经营思路，需要客户主动提供大量资料并花费巨大的人力物力对其整理辨别；另一方面，科技水平限制了电子化作业的进程，人工作业仍是主流。

表 9 - 1　　　　　　　　金融科技公司业务流程

产品名		微粒贷	借呗	宜人贷	信用消费贷款
所属机构		微众银行	蚂蚁金服	宜信普惠	某银行
授信方式		主动授信	主动授信	被动授信	被动授信
放款速度		5秒出额度，借款最快一分钟到账	支付宝账户即时到账，银行卡2小时到账	3个工作日	3个工作日
申请材料	身份证明	√	√	√	
	收入证明			√	√
	资产证明				
	工作证明			√	
	流水			√	√
	居住证明				
	用途证明				√
申请流程					

资料来源：根据公开资料整理。

1. 多头管理

"多头管理"或"无头管理"等是流量梳理最常遇到的问题。"多头管理"是指业务流程烦琐，需要多部门协作完成。"无头管理"是指一项业务存在交叉和争议，或该业务发生风险问题，相关部门不想承担责任而拒绝认领。因此，在流程梳理过程中，在总行对每一个流程只设置一个主管部门，确保各部门明确自身职责，防止责任交叉。

2. 前后分离

流程梳理过程中可能会出现银行前中后台分离的情况，导致责任划分出现问题。前中后台分离实质上是为了更好实现风险管理，对前中后台的相关业务进行重塑，打造前台受理、中台复查、后台办理的新型业务模式。划分流程要以流程划分方法及规则为参考，避免出现多个部门共同参与评估的现象。

3. 选择模糊

流程梳理可能遇到选择模糊的问题。通常，产品类主流程的下级流程根据产品种类的不同进行划分，优点是保证各类产品相互独立、自成体系；业务类主流程的下级流程根据操作过程的不同进行划分，优点是可按照时间和操作顺序对业务操作进行排序，便于流程承接人或业务操作员较快熟悉并掌握全部流程和相关要求。

4. 粒度不均

流程梳理需要尽可能保证每一个流程都能在适当的粗细度上表达流程信息，从而避免各条线部门"粗细不均"的现象。比如"主流程"是指总行所有部门主要负责的管理领域及业务经营类别，而"步骤"则是指每个业务的具体操作。通常银行采用自上而下的方式梳理流程层级，即依据管理领域和业务的不同划分主流程，再逐级向下划分子流程和各个流程环节，再依照具体的业务及管理操作划分步骤。

5. 控制粗放

流程梳理的关键和要旨是明确"风险点"及"控制措施"。其中，需要尽可能详细、有针对性描述风险，包括风险起因、风险事件以及风险危害；控制信息梳理要以内部制度为依据，在控制描述中要重点强调具体的控制措施。一般来说，"风险点"和具体的控制措施是必须设定的项目，分别将其下设于"环节"和"步骤"两个流程。但也有部分中小银行在"步骤"下设立

"风险点"，这种操作可能会在同一环节的不同步骤出现相同或相似的风险点，而将其设立在环节下，则能够降低风险点的重复率，使各个环节的风险特点及管理要求能够凸显出来。

6. 衔接烦琐

在进行流程梳理的同时，尽可能对流程进行优化。首先，对流程进行分析并删除冗余的子流程及环节。其次，流程梳理必须保证环节上有风险点、环节下有步骤、步骤下有控制点，同一环节下不能有重复的风险点，同一步骤下也不能有相同的控制点，依据这个条件，可以去掉冗余的风险点及控制点。最后，无论流程梳理各环节的要求如何，都要保证主流程和子流程的通畅性，若主流程与子流程的运行不通畅，则可以借此找到瓶颈，并对其优化完善。

═══ **专栏 9 - 2** ═══

招商银行创新优化流程构建"极简金融"

招行手机银行从原来的以"卡"为中心转向现在的以"人"为中心。首先对账户总览功能进行升级，在主界面设置了用户资产负债清单，用户一旦登录就能看到自己的资产情况和各种卡的概况。招行还将智能提醒服务嵌入系统内，该项服务依据用户财产状况提出专业化建议。此外，招行大幅度优化"一网通"的注册流程为客户提供最大的便利，目前"一网通"注册流程十分简便，用户只需按照操作指南填写相关信息即可完成。

招行手机银行的终极目标不是追求"极致体验"，而是追求"极简金融"。呈现给用户的每一个界面都经历了交互线框图到视觉图再到最终产品的阶段，操作步骤简便易行，基本控制在三步左右，增加用户体验感。比如在总览界面就可实现查询、转账、缴费等账户操作。招行希望将金融服务打造成一个连贯的闭环。第一步看总览，第二步完成转账，第三步推出理财。而"理财日历"功能对客户和银行之间的重要财务事件进行整合，在界面上展示客户需要处理的日常事务，包括信用卡还款、个人贷款、缴费等，此外推出快速通道方便客户办理业务。

"闪电贷"是一款以客户服务为中心、应用金融科技的个人网络贷款产品，是招行通过大数据和云计算技术打造出来的一款创新金融产品。客户可以借助手机 APP 或个人贷款公众号实现自助贷款，系统对贷款申请、审批、签约、放款等流程实行自动化处理，客户可以在任何时间、任何地点完成贷款。同时，为保障资金安全，"闪电贷"开发出刷脸技术。"闪电贷"通过手机银行、个人贷款公众号实现在线贷款，客户在一分钟内即可完成整个贷款流程，无需提供任何纸质贷款申请，能够享受闪电般的贷款服务。

资料来源：招商银行。

9.3.3　产品创新困境

目前银行最大的问题在于团队缺乏技能以及原有管理体系无法支撑创新。要想产品符合用户当下的需求就必须加快产品迭代速度。腾讯坚持"灰度发布"的思路，即无需对产品进行反复论证、无需确保产品完美就可以向市场推出，这种思路使产品可以实现快速迭代、推陈出新。而传统银行受到组织机构僵化、监管要求高等限制，产品迭代速度难以保障。

创新文化支撑不足。在企业文化方面，银行经营风险与互联网科技公司有所不同，这使得合作难度加大。一是技术路线方面存在文化差异，可能导致在系统建设和运营合作方面出现分歧。双方在监管要求方面不同，银行的关注点在于安全可靠，在设计方案和产品选择时通常采纳成熟的方案。而互联网公司没有过高的监管压力，且对技术关注度更高，敢于突破陈旧、大胆创新，借助分布式架构、开源产品等方式提高产品性价比。因此双方在系统间的耦合、关联及快速复制等问题上存在合作难度。二是创新文化存在差异，使双方在共同研究产品设计、运营方面存在协调难度。在效率上，银行由于追求严谨而造成内部管理环节流程十分冗长，缺乏灵活性。而互联网公司，组织架构扁平、审批流程简明、技术开发敏捷，创新力度较大，落地较快。在经营策略上，银行经营审慎，运营平稳，讲求务实，以盈利为导向，以"二八"为原则，注重当期营收效益；而互联网公司通常不计较短期投入的成本，注重品牌打造和盈利模式。因此在合作中，实现在不同的企业文化中共同设计、研发产品，找到双方的共同利益点，是不容易的。

银行自身没有互联网基因。银行业务受到互联网企业的不断侵蚀而被迫进行改变，这种改变是由外向内倒逼的，不是由内而外自发进行的。大多数银行缺乏自主创新能力，生搬硬套其他企业的模式，这对于银行的长久发展有害无利。银行必须借鉴互联网企业的思维模式，结合自身特点，打造特色化专属平台产品。

没有建立开放共赢的金融生态体系。银行是一个独立的体系，其 IT 系统的特点是封闭化和集中化，银行尚未建立开放式的、去中心化的平台，以及标准化 API 接口。因此银行开始对大数据技术进行探索，但由于银行自身的数据相对单一，且缺乏物流信息、客户行为信息等多维度、立体化数据的支撑，对大数据技术的应用探索收效甚微。

合规创新之困。在以科技为动力的创新过程中，银行必须在创新与合规之间保持平衡。一是在数据使用方面，现有法律对数据所有权、使用权、转让权的界定尚不明晰，使得银行无法确定"运用哪些数据、如何使用数据"。二是在技术更新方面，虽然分布式存储发展迅速，但银行现有的存储方式是集中式存储，很难在短时间内推出分布式技术的监管体制，使得分布式存储难以实现规模化应用。三是在产品创新方面，由于监管要求的限制，很多创新无法走出"半成品"阶段。

技术应用的复杂性。银行要结合金融科技，对传统服务资源进行整合，实现服务方式和流程的创新发展，充分利用线上线下优势，使银行的资源配置更加合理有效，从而为客户提供精准、灵活的个性化服务，满足社会大众化需求。中小银行需要在传统业务的基础上做出改进，根据发展趋势对业务进行创新，这就要求中小银行对基础设施进行完善，在硬件配置、人才培养以及组织架构优化方面做好基础工作。加快构建金融场景平台，摒弃传统的客户交流方式，有针对性推出新产品和服务。对业务的金融技术潜力进行深度挖掘，创新发展支付手段、信贷业务、风险管理等，对各流程进行优化。

第10章　差异化突围，中小银行转型的探索与现状

在新的环境下，中小银行告别之前"扩地域、冲规模、全覆盖"大而全的同质化发展思路，转走深耕区域、差异化的"小而美"精细化发展道路，以适应当前挑战和未来发展趋势。中小银行以"客户为中心"和"特色化的产品与服务"作为差异化发展战略下的"两翼"，以金融科技作为发动机，助力中小银行业务转型。中小银行金融科技发展不足，技术人才缺口较大，思想理念滞后。正是在这样的基础上，中小银行在产品、渠道、营销、风控等方面开始探索金融科技应用之路。依据差异化定位，结合区域优势，寻找金融科技发展的方向，扎实人才、技术、制度基础，加快与金融科技的融合，推动中小银行转型与变革，实现差异化突围。

10.1　中小银行金融科技发展现状

随着经济增速放缓，息差收窄，监管趋严，金融科技企业全面跨界渗透，中小银行的生存环境日益严峻，转型求变已成必然之势。与大型银行相比，中小银行运用金融科技既面临观念僵化、人才匮乏、技术落后、资金不足、运营无方等挑战与困难，又有历史包袱轻、决策半径短、自主可控性强等先天优势。因此，充分认识中小银行特点，找到适合的科技发展之路是中小银行首要解决的关键问题。金融科技是助力银行转型与创新的利器。金融科技转变根本在于运用技术的初心。中小银行应立足本地、走差异化的金融科技

217

发展之路。中小银行所在区域特征明显，其业务转型与创新之路应各具特色，运用金融科技手段实现深耕本地，推进特色经营战略实施。

10.1.1　中小银行金融科技整体现状

《中小银行金融科技发展研究报告（2019）》对中小银行的调查分析显示，中小银行金融科技整体得分为 60.1 分，这表明中小银行金融科技处于发展的初期阶段。虽然中小银行对金融科技越来越重视，但技术短板显著。大多数中小银行看重金融科技的短期效果，忽视金融科技投入的长期性，影响了中小银行金融科技的发展水平。

1. 发展理念亟待转变

新经济环境下，银行转变发展理念才能更好适应竞争的需要。中小银行需要深刻认识金融科技带来的机遇与压力，树立内外相结合的金融科技发展战略理念，结合区域特色优势，贯彻以技术立行、以技术兴行的发展理念，发挥后发优势。

一是提高金融科技的战略定位，把金融科技发展纳入银行的战略发展规划中，并设定长短期考核目标，对其进行跟踪考察，按照目标要求推进金融科技发展；二是建立金融科技管理部门，专职负责推进金融科技发展事宜，协调信息科技部、互联网金融部等行内资源，支持金融科技发展；三是加快业务数字化改造，建立业务标准以及数据归集标准等，提升对数据的分析与挖掘能力；四是打通不同条线与部门之间的数据隔阂，建立信息共享机制以及资源调配机制，推进业务流程和提高信息科技管理的标准化和精细化程度，围绕客户需求，推进产品与服务迭代发展；五是加大对科技基础设施投入，引入科技人才，打造适合银行文化的金融科技体系，支撑其转型发展。

2. 特色优势发挥不足

中小银行厚植区域优势，在发展金融科技解决发展问题的时候，仍然需要结合区域特色，运用金融科技手段，加快其差异化、特色化发展。具体来说，中小银行应坚持特色化、差异化发展理念，定位于大行覆盖不到、小行能力不足的错位优势领域，为区域客户提供针对性强和适用性高的特色金融产品与服务。以此为基础，培育和发展能够支持其特色产品与服务的技术，循序渐进推进中小银行数字化转型。

中小银行推进金融科技发展可以发挥后发优势，一方面，中小银行通过参考其他银行的金融科技产品的情况，制定相应的技术对策与产品对策，可以实现"先模仿后创新"，达到对技术与产品的消化吸收再创新的效果；另一方面，中小银行通过外部学习，可以降低发展过程中的试错成本，以更低的成本实现业务产品和服务模式的创新，增强综合竞争能力。

3. 多方合作亟待完善

由于金融科技建设方面耗费巨大，多数中小银行难以短期内承担巨额费用。因此，中小银行往往借助外力，与大型银行的金融科技公司等共同合作，通过技术与资源之间的互补，实现转型发展。

一是中小银行可以与银行同业等开展合作，建立线上化共享平台，集中优势资源，搭乘现有平台，节约成本，实现自身的转型；二是承接大行金融科技公司的技术输出，带动中小银行金融科技发展，节省技术开发成本，但需培养懂系统、会用系统的技术人员，对技术消化吸收和创新；三是与各类金融科技企业对接，纵向接触金融科技前沿领域，横向拓展其他业务合作。

4. 基础支撑亟待加强

中小银行管理层领导已经看到金融科技的力量，意识到金融科技对于银行数字化转型的作用，大都制定了金融科技发展规划，但大多数中小银行面临着金融科技定位不清晰，缺乏长期发展规划等问题。

技术方面，中小银行的 IT 自主开发能力比较成熟，且对 IT 基础设施进行改造，但很少中小银行采取 IT 队伍前置的办法，并缺乏技术创新能力；数据方面，大多数中小银行缺乏数据标准和规范，数据分散在各个部门与条线；组织架构方面，大多数中小银行有变革组织的意识，设立了金融科技的管理部门，但大多数中小银行行动滞后，只有少数中小银行建立了敏捷组织；在对外合作开放方面，很少银行将接口进行对外开放，只是想把其他接口接入银行。

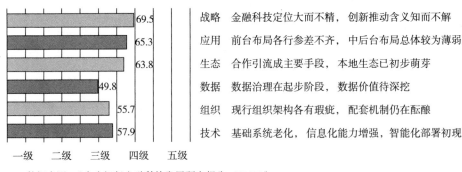

战略	金融科技定位大而不精，创新推动含义知而不解	69.5
应用	前台布局各行参差不齐，中后台布局总体较为薄弱	65.3
生态	合作引流成主要手段，本地生态已初步萌芽	63.8
数据	数据治理在起步阶段，数据价值待深挖	49.8
组织	现行组织架构各有瑕疵，配套机制仍在酝酿	55.7
技术	基础系统老化，信息化能力增强，智能化部署初现	57.9

一级　二级　三级　四级　五级

数据来源：《中小银行金融科技发展研究报告（2019）》。

图 10 -1　中小银行金融科技发展情况评分

10.1.2　中小银行金融科技缺口现状

金融与科技融合发展已是大势所趋，金融科技已成为中小银行改革转型的重要抓手。随着信息化的深入推进，包括金融业在内的经济社会各领域正加速向数字化、网络化、智能化更高阶段发展，我国中小银行纷纷布局金融科技，推动金融服务转型升级。但中小银行在组织流程、组织文化、技术支持、创新基因等方面存在着与金融科技融合的缺口，亟待进一步优化。

1. 传统组织流程与科技创新快速迭代之间的差距

银行设立金融科技子公司，虽然可以克服一些体制机制束缚，实现市场化运作围绕客户需求进行快速迭代创新，但是仍不能完全摆脱内部体制机制限制。具体来看，一方面，银行的文化、组织结构、决策机制等限制金融科技公司的决策，存在流程繁杂、论证耗时、决策低效等问题，可能会影响金融科技公司对外部环境变化的应对效率。另一方面，银行将创新想法转化为现实生产力的传统思维方式是，按照创新管理验证想法、纳入项目实施、投产上线，存在的问题是流程复杂、耗时耗力，可能错失市场机会。这需要银行改变创新文化，提高风险容忍度，忍耐一定的试错成本，改革组织架构与决策机制等，才能更好加快发展。

2. 业务、技术独立与高效融合需求之间的差距

银行业务条线各自为战，客户资源以及数据资源的分散导致银行难以形成合力，实现资源优化。

传统的部门银行内部业务条线之间缺乏沟通，导致业务条线之间各自为政，利益分割等，阻碍业务协同。新经济需要银行为客户完整的产业链条提供综合化服务，这需要形成业务创新发展合力。但从目前情况来看，业务部门提出的科技创新需求来自本部门的利益诉求，与其他部门之间缺乏沟通，从而难以形成部门协作的局面。尤其是当创新需要多部门协同推进时，业务部门之间由于沟通缺乏，创新滞后。

技术独立性不足，由此带来的技术风险值得重视。一是数字化时代，数据资产是银行的核心资产，数据分析技术是未来竞争的关键。同时对数据安全性技术提出了更高的要求，如果对数据保护和容错应急技术缺乏，可能会造成数据泄露等风险；二是过度信任和依赖新技术，相信技术能够完全替代经验，急于加快技术推广，则有可能会带来安全风险；三是技术选型错位，导致技术固有优势得不到发挥，带来不确定性风险；四是自身技术不足，难以跟进技术发展，导致技术过时，造成技术资源浪费。

3. 创新基因与文化氛围的缺口

银行是经营风险的金融机构，对风险的谨慎态度造就了谨小慎微的行为，面对风险容忍度低、对试错成本容忍度小等问题，往往不敢积极创新，而更多采取亦步亦趋的方式，即采用跟随战略进行模仿创新，模仿银行同业和金融科技公司的技术或产品，从而难以抢占市场先机。同时，银行创新文化不可与金融科技公司同日而语，银行内部固守的等级制不能与金融科技公司的合伙人制、股权激励相比，因而创新激励不足，难以形成有效激励以及形成持续创新氛围，这制约了创新活力的激发。

4. 人才缺口

银行推进金融科技发展面临的最大问题是人才短缺。无论是独立开发还是合作开发，都需要大量的专业人才支撑。在管理人才方面，中小银行缺少拥有技术背景，又有管理技术的人才，从而难以在金融科技战略规划下，对金融科技前瞻性技术布局提供管理人才支撑，进而无法从战略层面自上而下推动金融科技发展。在科技人才方面，一方面，由于科技人才级别低、待遇低、缺乏股权激励等问题，导致科技人才招聘困难；另一方面，由于区域限制等，导致高科技人才难以向区域性银行流动，制约了人才招聘。而且，中小银行考核机制普遍重视指标和规模，对高端技术人才的吸引力有待加强。

10.1.3　中小银行金融科技差异现状

金融与科技的融合已不仅仅停留在技术层面，更体现在思维、理念、业务模式、管理模式等方面的融合。中小银行根据市场发展趋势和自身经营特点，深耕细分市场，走差异化发展之路才是未来的取胜之道。宁波银行将"税务贷"升级为纯线上模式，为企业提供快速融资。上海银行推出养老金融客户专属APP，有针对性优化界面设计、操作流程和服务功能。中小银行针对区域特色，运用金融科技手段对业务进行改造、创新，才能真正落实差异化战略。

探索差异化、特色化、专业化发展路径，是中小银行未来发展的主要方向。中小银行服务地方实体企业和区域的经济社会发展，需要把资源配置到大型银行没有涉足、小型银行涉足不到的领域，进行错位竞争。

1. 金融科技要助推特色网点建设

中小银行结合区域经济特点，打造品牌化、差异化、特色化发展模式。随着金融科技的发展，中小银行通过推进专营支行发展，建设特色网点，更好助力地方经济发展。比如当前的专营支行或主题银行有汽车支行、小微企业支行、科技专营支行等。为增强特色化网点的客户体验，银行不断通过金融科技为其赋能。比如，依托数字化技术、人工智能技术等，加快业务审批，增强客户体验。

金融科技赋能，借助精准营销技术，加快特色化网点塑造品牌优势，辐射周边网点客户，形成集生活、支付、购物、理财、投融资等为一体的金融生态圈。借助数字化技术，加快数据化渠道建设，打造集获客以及深入挖掘客户价值为一体的数字化渠道。

2. 金融科技要助推"固农攻城"

中小银行在所属区域的城乡地区具有显著的品牌优势。中小银行需要借助人工智能、云计算、大数据、区块链等金融科技力量，助力农业发展。一是支持基础设施建设，扩大农村消费；二是支持农业龙头企业、农业合作社等农业主体发展；三是聚焦特色农业、旅游农业等新兴业态发展，在推进乡村振兴的同时，促进自身资产结构优化。

3. 金融科技要助推政务银行发展

中小银行是区域性重要金融机构，在服务地方企业、居民以及地方经济方面作出了突出贡献，因而获得地方政府的支持，并与地方政府形成良好关系。在数字化转型方面，中小银行仍需要借助地方政府支持，一是接入外部数据，为地方企业、经济发展提供更加深入细致的服务。比如运用企业的税务、工商、电费、水费、司法等数据，结合企业、客户其他的支付、结算等数据，分析客户的金融需求，为精准对接业务提供支持。二是借助地方政府支持，运用金融科技手段，将金融服务融入更多政务场景，比如融入交通、医院、社保服务，以及学费、税费代缴、补贴发放等场景，为银行进一步拓展业务提供支持。

4. 金融科技要助推能力提升

中小银行转型需要提升自身技术能力，与金融科技的合作可以提升银行的数据挖掘与分析能力。中小银行在与金融科技公司或咨询公司的合作中，首先需要提升自身的数据管理能力。内部规范数据定义，制定数据标准，整合业务条线的各种数据，打通数据之间的联系机制；外部接入更多的数据公司，以丰富的数据支持客户行为分析、风险分析等。其次注重与金融科技公司共同研究数据分析模型，开发客户业务准入预测、反欺诈识别、贷后管理、反洗钱等技术，了解数据分析背后的技术逻辑，防范技术空心化。最后，加快软硬件升级改造，建立大数据处理平台，提高大数据海量存储和分析处理能力，聚焦金融场景建设，提升数据挖掘分析能力，支持管理决策优化与风险控制。同时，以包容、开放、共享的心态，与金融科技公司开展合作，参考和借鉴金融科技公司的创新文化、思维与流程等，解决银行当前技术开发慢，不能快速对接市场需求等问题，并结合区域优势，通过双方技术与资源的互补合作，强化对企业、客户的渗透，深入挖掘价值创造力，助力中小银行自身发展能力的提升。

10.2　中小银行在金融科技上的探索实践

中小银行在推进自身金融科技发展中面临双重压力，一方面压力来自大型银行固有的业务优势；另一方面压力来自金融科技公司跨界竞争。在此背景下，中小银行依然顶住压力，积极探索转型的路径。目前，中小银行金融科技的探索主要集中在渠道改造、数字风控、精准营销、智能客服等方面。

10.2.1　探索产品创新

相比于金融科技企业的敏捷开发，中小银行的产品管理难以快速响应市场变化，竞争力不强，中小银行应充分借助规模小、灵活便捷的优势，关注产品的全生命周期，探索更加灵活的产品创新方式。在对金融科技发展的探索上，中小银行，借助深耕区域的优势，实施差异化战略，应用金融科技来助力产品创新和全面提升运营能力，支持战略实施并实现多方面业务价值。重庆银行基于场景和大数据分析的产品创新和管理有效缓解了小微企业"融资难、融资贵"的困境。亳州药都农商银行借助金融科技推出创新产品"金农易贷"，实现了资源整合、优势提升，实现大数据授信和农户在线便捷用信。乌鲁木齐银行基于对市场深刻理解，不断积极发展科技金融，推出一系列举措和新型科技助力政务、企业发展，实现了差异化突围。

═══ **专栏 10-1** ═══════════════

重庆银行：基于场景和大数据分析的产品微创新和管理

背景

2016 年，重庆银行与成都数联铭品科技有限公司合作推动"大数据金融实验室"计划，构建基于大数据技术的小微企业信用风险评级体系与大数据平台，为小微企业线上授信贷款提供技术支持。

措施

1. 平台搭建。重庆银行与成都数联铭品科技有限公司共同推出大数据金融风控平台，并基于此平台推出"数 e 融"系列产品。

2. 场景应用。"好企贷"是"数 e 融"的一款产品，实现了小微企业的信贷申请、审核、放款的纯线上化，便捷化流程提升了客户体验。

3. 产品标准化 + 个性化。基于大数据的分析技术，重庆银行先后推出了助力商业发展的商户诚信贷、创业贷、年审贷、专项续贷、微贷等主力产品。

效果

系统上线以来，重庆银行 2017 年的小微企业贷款余额达 663.92 亿元，同比增长 12.5%。"好企贷"产品为当地工商业客户提供了便捷化的服务，获得良好声誉与口碑，解决了小微企业的融资难、融资贵、融资慢等问题，同时为重庆银行获得良好收益提供了支持。

资料来源：根据公开资料整理。

━━ **专栏 10 - 2** ━━━━━━━━━━━━━━━━━━━━━━

亳州药都农商银行的金融科技产品创新——"金农易贷"

背景

2014 年，亳州药都农商银行开始推进大数据项目，旨在提高业务效率，增强核心竞争优势，2016 年基于大数据技术推出了"金农易贷"产品。

措施

1. 整合自身的数据资源。亳州药都农商银行接入了亳州市五十多个政府部门的数据，结合内部积累的数据，形成巨量的数据池，并对数据进行标准化处理，为数据分析与挖掘提供支持。这些数据资源成为亳州药都农商银行的重要资产与竞争优势来源。

2. 升级数字化服务。通过数字化技术等支持，对传统金融服务进行升级改造，加快为区域内客户提供普惠化、智能化、便捷化的金融服务。

3. 提升核心竞争优势。"金农易贷"具有安全性、科学性、拓展贷前调查新渠道、数据质量高、符合监管要求和多维度信用评估六大优势，可以通

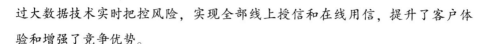

过大数据技术实时把控风险，实现全部线上授信和在线用信，提升了客户体验和增强了竞争优势。

效果

自"金农易贷"上线以来，共收到 24 万多份申请，目前已授信 13 多万户，总共授信金额达 105 多亿元，户均 7.62 万元。系统上线带动手机银行用户增长 30 多万户，派生存款增长 22 多亿元。

资料来源：根据公开资料整理。

专栏 10 -3

乌鲁木齐银行打造区域差异化优势

背景

乌鲁木齐银行基于对区域市场的深刻认识，厚植区域优势，推出了一系列金融产品和服务，满足地方企业与客户的需求。

措施

1. 由于乌鲁木齐地区网络与通信技术渗透率低，乌鲁木齐银行研究了客户的日常行为习惯，在此基础上，推出了移动式自助充值设备——"雪莲充值宝"，为客户办理水电、燃气、公交充值提供便捷化服务。

2. 乌鲁木齐是"一带一路"的重要节点城市，乌鲁木齐银行瞄准这一机遇，开发了"旅游＋金融"特色业务模式，推出了"雪莲畅游"旅游平台，通过平台与外部合作单位对接，共同为客户提供旅游金融服务，增强了客户对乌鲁木齐银行的依赖度与满意度。

3. 针对乌鲁木齐拥有大量的维吾尔族客户，乌鲁木齐银行推出了维吾尔语版手机银行，为维吾尔族提供方便的金融服务，这一措施将乌鲁木齐银行手机银行的服务范围迅速扩大。

4. 乌鲁木齐银行与市政府四十多家单位进行系统对接，获取包括税务局、工商局、房管局、交通部门等在内的数据，推出政务金融、医疗金融、教育金融等特色化金融服务。

效果

在支付结算方面，乌鲁木齐银行借助"雪莲充值宝"业务，建立了多方平台，为商户提供支付结算服务；在产融结合方面，乌鲁木齐银行与集团公司合作，开展基于核心企业的供应链金融业务，借助"雪莲畅游"平台，与合作单位开展基于旅游消费的贷款业务。

资料来源：根据公开资料整理。

10.2.2　探索渠道拓展

金融科技时代，中小银行需要探索利用数字化技术，设计、建设符合未来需要的数字化渠道并持续优化，在提供卓越的客户体验的同时，保持合理的渠道运维成本，提升渠道的投入回报率。中小银行在探索中，通过线下渠道线上化、渠道合作共享化和线下渠道智能化向渠道数据化转型。兰州银行较早开展金融科技探索，通过全方位多渠道运营、平台建设与同业合作，实现了多元化经营，满足了多层次的客户需求，并优化了渠道管理。台州银行探索客户经理移动工作站、引入人工智能和人脸识别技术拓展了移动渠道，实现了提速增效。

══ **专栏 10-4** ══════════════════

兰州银行的多渠道运营案例

背景

兰州银行是西北地区规模较大的城商行，较早就开始金融科技的使用，并在多元化经营、场景建设与开放合作等方面进行了探索。

措施

1. 借助金融科技力量，推进数字化渠道建设。兰州银行物理网点较少，但其存款规模很高，原因是兰州银行注重运用金融科技手段，打造数字化渠道，通过手机银行、商户支付等，推进存款业务的发展。

2. 积极营造生态化场景，满足客户多元化需求。兰州银行打造了线上金融服务平台——百合生活网，营造了全方位"生活消费＋社区金融"场景，用于满足客户的多元化金融服务需求。

3. 加强同业合作，提升技术能力。兰州银行与政府、同业合作，构建面向中小企业、"三农"的互联网投融资服务平台——"e融e贷"投融资平台。

效果

"e融e贷"平台共帮助农户等募集资金 14 多亿元，与甘肃省中小企业信用担保公司、股权交易中心、文化产权交易中心等合作，丰富了平台资产来源。

资料来源：根据公开资料整理。

专栏 10 – 5

台州银行的移动渠道差异化发展

背景

作为国家级小微金融改革试点台州的代表性银行，台州银行历来重视科技发展和创新驱动，积极运用科学技术推进金融创新，加快科技与金融的深度融合，并取得了一系列成果，其中客户经理移动站就是典型代表之一。

措施

1. 加快客户经理移动站的推广运用。台州银行鼓励客户经理团队使用 PAD 移动站进行户外拓客，现场为客户办理信息录入、征信查阅和开卡等业务，缩短业务办理时间，提高业务办理效率。在该模式下，贷款业务在两小时内就可以发回分行并进行审批。

2. 对接大数据风控模型。通过与大数据平台和风控模型的对接，客户经理移动站能够实现大数据风控的自动化，提升数据存储量和性能，拓宽查询范围，还能主动推送业务解决方案。

3. 引入人工智能和人脸识别技术。台州银行积极引入人工智能和人脸识别技术，使贷款业务办理效率大幅提升。在服务方面，台州银行已经在微信银行、网上银行及官网三个渠道正式启用智能机器人提供贷款、信用电子银行等的咨询和账户管理、个人理财等相关业务咨询。

效果

客户经理移动站的推广运用已经取得显著的成效。台州银行已经成功办理各类业务百万笔，服务效率大幅提升。同时，大数据平台的引入也使台州银行面临的成本、数据时效性等问题得到了有效解决。

资料来源：根据公开资料整理。

10.2.3　探索智能客服

智能客服是对传统客服形式的创新，是人工智能技术在客服领域的成功实践。智能客服具有多渠道、智能性和标准化的特性，能够通过系统知识提取、表现、索引和存储为客户提供全流程的服务。智能客服的运用能够有效压缩人工成本，大幅提高服务效率，既能够提供全天候的在线服务，也提供高并发量、短等待时间互动服务，还能够通过多样的服务形式满足客户不同的服务需求。银行将智能客服主要用于智能客服机器人、智能语音导航、智能营销催收机器人和智能质检系统四个方面。目前，智能客户并非是完全智能化的，而是以人机结合为主。智能客服应用于客户服务中的前端环节，为客户提供简单咨询或查询问题等服务。当智能客服无法满足客户需求时，将会转入人工客服。智能客服的运用实现了银行的低成本运营，提升了银行服务效率和客户体验，增加银行营销收益。

═══ 专栏 10 -6 ═══

重庆银行的小余智能客服

为应对金融科技发展带来的机遇与挑战，重庆银行积极探索前沿科技，不断创新，于 2018 年成功上线智能机器人系统。重庆银行将该系统作为服务的核心系统，加快推进客户服务的自助性、智能化、标准化，有效解决传统服务中存在的痼疾，提高重庆银行客户服务的智能化程度，提高客户服务质量和效率，降低客户服务成本。

智能机器人系统采用自然语言处理、知识图谱等人工智能技术，能够精准分析、识别客户的服务需求，并给予客户准确回答。智能机器人系统具有模拟自然坐席的沟通能力，能与客户进行自然的交流，有效解决了占客户来讯总量90%的日常标准化、频率高、操作性问题，同时，还能向客户进行产品服务介绍。

目前，该系统已经成功对接了微信银行和手机银行，能够为客户提供全天候在线服务。客户可通过"重庆银行"微信公众号或者"重庆银行手机银行"两种方式向智能机器人进行业务咨询。在咨询过程中，智能机器人既能够识别简单的关键词，也能够识别客户提出的整句问题，同时为了更好服务客户，还提供了推荐咨询的问题选择；此外，重庆银行智能机器人还上线了多样化的非金融类增值服务，融入客户生活多种场景，为越来越多的客户提供服务。自上线以来，智能机器人实现了重庆银行的低成本运营，还以高效的服务响应和优质的客户体验得到了客户的广泛认可。

资料来源：根据公开资料整理。

专栏10 –7

北京银行智能升级客服——小i机器人

随着微信用户数量的快速增加，客户对微信的金融服务需求也日益剧增，简单查询已经无法满足客户需求，客户需要更全面、更智能、更个性化的服务。针对这一需求，北京银行积极在微信端对客服系统进行智能升级，并于2014年启动小i机器人构建微信智能客服平台。目前，小i机器人已经成为全球领先的智能机器人技术提供和平台运营商，拥有全球最大的智能机器人云服务平台，其智能大数据、自然语言处理等多项技术在行业中首屈一指。小i机器人的解决方案为北京银行的智能化建设提供了强有力的保障。

北京银行的微信智能客服平台能够为客户提供全天候智能交互服务，自动理解客户的问题，快速识别知识库中对应客户问题的答案，并为客户提供实时解答。同时该平台还为用户提供了营销信息推送、消费信息提醒等服务。此外，用户还可通过绑定账户在该微信平台上缴费、转账。

鉴于该微信智能客服平台的良好反响，北京银行准备将小i机器人运用到更多的渠道，无缝对接网上银行、手机银行、自助银行、微信银行等电子渠道，建立起全渠道的金融服务体系，为用户提供更加立体化、更加综合化的金融服务。

资料来源：根据公开资料整理。

10.2.4　探索数字风控

在金融科技时代，银行可以借助大数据技术进行有效的风险管理，减少风控过程中的人为因素，提高风险预测和控制能力。中小银行可以运用大数据技术进行贷前、贷中、贷后的风险控制，提升风险管理能力。在贷前，构建征信模型，运用银行掌握的客户交易、活动数据和第三方数据平台的客户活动数据分析客户信用情况，并基于此开展授信。大数据技术通过将客户信息资料与三方数据进行对比分析，进行虚假信息识别与判断，能够有效反欺诈。同时，结合行业内企业数据，分析行业市场风险，降低行业周期造成的不良贷款。在贷中与贷后，运用数据模型进行风险预测，实时预警并启动相应的干预机制。在实践中，江苏银行自主研发了大数据风控技术，实现了对网贷业务和传统授信业务的贷前、贷中、贷后的全流程管理，并为多家银行提供了风控技术支撑。

═══ **专栏 10 – 8** ═══════

江苏银行的大数据风控技术

江苏银行自金融科技兴起之后就紧紧把握市场机遇，借助大数据与互联网手段，通过网贷技术和大数据应用，江苏银行推出了融创智库大数据风控"月光宝盒"，借助开发黑名单、反欺诈、评级评分、风险定价、授信额度测算、决策审批、智能调查、风险预警等系列风控技术，引入传统授信业务和"e 融"系列网贷业务的流程管理中。

江苏银行的大数据风控"月光宝盒"主要包括黑名单宝盒、贷前宝盒、授信额度宝盒、贷后宝盒、预警宝盒、反欺诈宝盒、评级评分宝盒、定价宝盒等，这些均属于拥有核心知识产权的信贷技术创新。内控名单宝盒主要是对同业间内控名单的数据共享进行推广，持续扩展内控名单数据库的容量；预警宝盒是按照风险等级向客户经理发出颜色不同的预警信号，并以此开发预警评分卡，在贷款审批和管理中使用；目前评级评分宝盒是在客户与准入环节应用；定价宝盒实现客户审批环节定价参考；资信报告宝盒包括贷前宝

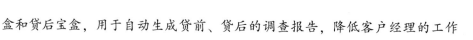

盒和贷后宝盒，用于自动生成贷前、贷后的调查报告，降低客户经理的工作量；反欺诈宝盒通过制定反欺诈规则对风险进行预判和规避。

江苏银行与京东金融于2017年签订了战略协议，相互借助对方的技术优势，在风控体系甚至系统机制层面展开合作。

从风控角度出发，京东金融把江苏银行的"月光宝盒"核心风控系统与自身解决反欺诈的方案相融合，深度增强银行风控能力和效率。

资料来源：根据公开资料整理。

10.3　中小银行金融科技差异化突围路径

中小银行面临严峻挑战，转型与创新势在必行。同时，中小银行开展金融科技独具优势。在金融科技的发展方向上，中小银行可选择切入场景、大数据风控、跨界合作、智能化、应用云化等多条道路，但都应注意科技与业务的融合，找准"痛点"，整体上逐渐升级架构，同时配合组织变革，以开放的心态快速行动。

10.3.1　中小银行金融科技发展方向

发展金融科技，实现差异化突围，中小银行沿着场景化、普惠金融跨界、智能化的方向前进。

一是深度切入用户"衣食住行医"全场景。目前，金融科技通常被认为是转型的利器，但是金融科技只是一种工具，银行必须要先具备转型思路，完全做到以用户为中心，设计以用户为中心的服务流程。银行要对用户进行研究与了解，挖掘能够应用金融服务的生活场景，借助金融科技切入场景获客，为客户提供更优质的服务以留住客户。

二是发展普惠金融。中小银行应该对农村区域不断增长的金融服务需求加以重视。以期加快农村区域的经济发展，向更多人提供金融服务，另外还要利用大数据技术加强识别和控制风险的能力。拥有海量数据是大数据应用的基础。农村区域数据基础薄弱，对于大数据风控来说，行内的存量数据以及省联社的数据远不足以支撑运作。中小银行如果要发展大数据应用，就需要将"活的"外部数据引进来，例如，政府相关部门拥有的医疗、交通以及税务等数据，互联网上时时刻刻都在产生的社交数据，这样才可以进行全面用户画像，从本质上实现风控目标。目前，金融业的热点主要集中在普惠金融领域，其已经是业界主流与国际社会普遍认可的金融发展战略。中小银行要在改革、转型中实践普惠金融，就必须坚持战略不动摇，同时要在渠道、产品和服务方面有新的作为。

三是跨界合作，批量获客。银行与金融科技公司合作的主要触发点是获客引流。栖息在互联网上的年轻客户群日渐增多。艾瑞咨询等机构的行业研究报告表明，拥有社会未来财富的群体更加偏爱互联网金融，而不是实体银行，并且其支付和网购习惯会逐步互联网化，互联网金融产品已经逐步进入年轻群体高频使用工具的名单中。另外，互联网在农村市场的获客潜力依然有很大的挖掘空间。

中小银行要深度挖掘在 O2O 中的线下优势，通过现有的跨界合作，例如与电商平台、互联网金融平台合作，进行优势互补，更具主动性，把握住未来宽广的市场。

四是提高智能化水平。第一，运用智能营销，节约获客成本。对用户的金融交易、社交、信用、消费等行为数据进行收集整理，借助人工智能形成精准营销的解决方案，实现精准营销与服务。第二，运用智能风控，增强风险管理能力。以反欺诈为例，借助复杂网络技术，利用各种信息节点，在规则和机器学习的基础上形成反欺诈模型，有利于进行实时反欺诈识别。第三，运用智能资管，增强投资服务能力。智能资产管理大大降低了投资门槛，填补了中低收入群体投资顾问服务的市场缺口，建立了普惠金融，发展前景极佳。第四，运用智能运营，推动零售网点转型。通过改造银行柜面业务运作机制以及客户服务流程，使其更加智能化，继而优化客户体验，提高资源配置，节约运营成本。第五，智能客服改善体验节约成本。智能客服每年为银行节约成本将近百亿元。

━━ **专栏 10 – 9** ━━━━━━━━━━━━━━━━━━━━━━━━━━━━

杭州银行的数据治理

杭州银行已经在金融科技发展中成为同业间治理数据的标杆，通过内部数据质量的不断提高，借助外部机构数据资源增强对数据的支持。

内部数据治理。统计工作主要就增强规范数据报送、优化升级报表系统以及治理数据源头等，提出了数据治理方案，深度增强数据质量的源头治理，并且完成了很多专项数据治理工作，例如逾期贷款利息数据、委托存款核算码等，有效克服了统计报送的数据质量缺陷。

外部数据合作。杭州银行与浙数文化在 2018 年初正式建立了战略合作伙伴关系。浙数文化构建了"富春云"互联网数据中心、浙江大数据交易中心、"梧桐树＋"大数据产业园及大数据产业基金，形成了以"四位一体"为中心的大数据事业群。通过浙数文化旗下的机构，其在精准营销、交易欺诈侦测以及数据灾备等方面的服务质量有所提高，其金融服务效率和风险抵御能力也得以提升。

资料来源：根据公开资料整理。

五是共享社会资源，实现关键应用的云化。当下，中小银行通过自建形式强化金融科技能力，无论在资金投入、人力支持上，还是可持续发展、建设水平上均处在顾此失彼状态，无法为业务发展提供支撑。银监会在《中国银行业信息科技"十三五"发展规划监管指导意见》中，提出了"推进云计算新技术应用"的指导意见。一些中小银行试图云化部分应用，以此享受云服务提供的便捷并形成使用云服务的能力。在当前的发展趋势下，云服务和云计算逐步完善和成熟。

━━ **专栏 10 – 10** ━━━━━━━━━━━━━━━━━━━━━━━━━━

北京银行——金融科技时代下的差异化突围

在激烈的竞争环境中，北京银行成功的金融科技转型给中小银行的差异化突围提供了很多值得学习的经验。北京银行的战略转型触发点是建设金融科技型银行，这不断提升了北京银行的金融科技核心竞争力。北京银行在金融科技时代中的差异化突围体现在，一是建设"科技型"银行，二是为小微企业提供服务，领先拥有小微企业的优质资产，三是客户下沉，借助零售业务开拓市场。

1. 发展"科技型"银行

中小银行要借助大数据、人工智能等前沿科技建设"科技型"银行，就必须向存量客户精准营销。北京银行把现有的大数据平台充当数据支撑，以智能机具为落地通道，实现快速、精准的客户产品推荐，并增强了客户体验、减少了推荐时间。另外，借助打通客户识别体系搭建、营销规则管理、策略数据下发、智能机具渠道实现和营销效果评测等环节，实现客户精准营销。

科技型银行不仅在服务方面体现，还在银行的风控体系中引进科技，中小银行在创新时要引起重视。北京银行在 2018 年上半年新增无纸化服务和生物特征仓库，利用无纸化服务管理客户凭证，并借助生物识别仓库对身份进行审核，减少人工干预。减少盗用客户信息的风险，已确保客户的财产安全，另外精简了人工审核和客户签字流程，实现流畅交易——达到防范风险与增强客户体验的平衡。

财报中也有所体现，北京银行在 2018 年 6 月末的不良贷款率为 1.23%，比年初下降了 0.01 个百分点，拨备覆盖率 260.48%，拨贷比 3.20%。风险抵御能力和资产质量一直处于上市银行的优秀水平。

2. 服务小微企业，抢占小微企业优质资产

互联网金融随着宏观经济进入新常态而独树一帜，金融业态相互竞争激烈，银行等传统金融机构的利润增速逐步减缓，不断聚集信用风险，供给侧结构性去杠杆的压力巨大，并且存贷款业务利息差也由于利率市场化改革的不断深入而受到挤压。在此背景下，优质、安全的资产对中小银行尤为重要。金融行业将工作重心偏向风险防控，各银行、平台等竞相抢夺小微企业主、个体工商户等潜在客户。北京银行秉持服务小微企业的原则，在金融服务小微企业的方式上不断进行探索和创新，加大金融对小微企业的支持力度，已经形成了独特的金融服务小微企业的方式。根据财务报告，北京银行普惠金

融贷款余额不断增长，已达到470亿元。在具体实施中，北京银行探索了一系列创新模式，比如在远方网等民俗旅游专业运营公司的助力下，合力开展"农宅宝"互联网＋旅游模式，共同打造乡村旅游品牌，如山楂小院、黄栌花开等，创建"富民直通车"惠民金融服务体制，与京东、联通等建立合作关系，共同开拓新型"富民直通车"服务站点等。根据相关数据，北京银行设立在京津冀的农村金融服务站已经超过300家。

在推动产品和服务创新方面，北京银行持续加大对金融科技应用的支持，小微业务被推向线上化、智能化、场景化发展转型。北京银行针对供应链两端的小微企业推出"京信链"服务计划，围绕在线收付、资金存管、在线融资建立互联网综合金融平台，实现产业链付款凭证拆分、转让及融资。此外，北京银行针对小微企业交易商推出"e商融"，使小微企业能够享受线上订单融资、仓单融资以及资金结算、存管等配套金融服务。截至2018年上半年，北京银行单户授信在500万元及以下的小微企业贷款余额超过430亿元，比年初增加83亿元，同比增长230%。

3. 客户下沉，通过零售业务挖掘新市场

当前宏观经济的发展推动银行向零售转型，银行业正在聚焦时下最新的金融科技创新技术，实现向零售的转型。从传统金融行业发展思路来看，在用户下沉、刺激消费的大背景下，将零售业务做精做实是一条合理的路径，以往被忽略人群的信贷需求被发掘，形成了巨大的市场。目前，互联网行业监管越发严格，互联网企业发展良莠不齐，市场存在大片空缺。中小银行在这样巨大的市场面前具有两方面的优势，其一，中小银行拥有以往对地域性客户的积累；其二，中小银行能避免与大中型银行进行正面竞争。该怎样提高这部分用户的黏性并在此基础上继续深度挖掘呢？北京银行的措施是将"智慧银行"与普惠实践紧密结合，促进北京银行网点向智能化改进。一是对现有流程进行优化，提升用户体验感和便利性；二是开拓新技术，促进业务与技术的结合，要善于捕捉新兴技术，引领业务模式创新发展；三是突破传统业务办理流程的限制，优化业务办理模式，推动金融服务发展和完善。

为降低银行人力成本，缩减客户等待时间，提升服务效率，确保小规模网点有能力提供更多的银行服务，北京银行对业务流程进行优化再造，对需要进行多次审核和身份确认且耗时较长的业务流程进行重组，创新推出一次插卡、一次验密、一次授权的购物车模式，使业务办理效率得到提升。同时，北京银行借助客户识别系统获取进入营业网点客户的信息并对其进行分析，进而为客户提供高效引导，对客户进行有效分流并主动接待客户，实现客户接待和业务办理的单点接触、全程服务。比如在购买理财产品时，平台会对客户的理财账户签约状况、风险评估是否过期等信息进行判断，避免客户因为忘记是否具备相应要求而重复交易，并且在结束前进行统一的客户确认，确保业务具有简便性和连贯性。

当前中小银行在改革中还遇到不少问题，与大中型银行相比，中小银行在很多方面都缺乏竞争优势，例如资金、人才等。而在细分领域，中小银行则具有业务灵活、转型迅速等优势，若能充分利用这些优势，中小银行将会更快实现转型改革，未来发展也具有广阔的空间。

资料来源：根据公开资料整理。

10.3.2　中小银行金融科技发展基础

中小银行在品牌影响力、市场规模、跨境结算、跨区域金融服务等方面具有短板，但是中小银行拥有地缘、人缘、政缘优势、信息优势、低成本优势。金融科技的发展需要中小银行结合区域特色优势，取长补短，实现后发优势，助推中小银行的差异化竞争。

地缘、人缘、政缘优势。作为地方性银行，中小银行对当地中小企业有更深的了解，熟悉当地情况，包括文化、经济和风土人情等，因此，中小银行更容易得到当地政府、企业和个人的支持。中小银行的责任是服务于本地经济发展，为本地居民、企业提供全方位、多层次的服务，也因此与当地政府建立了密切关系。

信息优势。长期以来，中小银行在为地方服务的过程中逐渐熟悉了当地经济和中小企业的发展情况，再加上地缘和人缘优势，为中小银行提供了便利的社会关系网，使中小银行能更加深入了解中小企业主的详细情况，例如信用品质、产品市场销路、财务状况等。

经营机制灵活，市场反应迅速。中小银行的结构相对简单，机制较为灵活，决策链短，对市场变化反应敏锐。这些特点完全贴合中小银行的金融服务需求，使中小银行能够抓住商机，创造价值。中小银行规模较小，经营范围有限，结构趋于扁平化，决策层次少，因此，拥有更高的决策效率和更加灵活的管理机制。此外，中小银行的征信方式多样，能够快速对市场变化做出反应，抓住发展机遇，也能满足对资金"短、频、快"的需求。

政策保护，牌照优势。金融牌照是进入市场的必要条件，因此备受监督部门管控，也被各机构互相争夺。互联网企业必须先获得金融牌照才有资格开展金融业务，而中小银行可以与第三方科技公司合作开展金融业务，实现优势互补。

后发优势。中小银行对金融科技的投入较少，优势是对新兴技术的支持更少，但随着金融科技的发展和应用，中小银行通过对比分析金融科技的应用状况，可以通过最先进的模式参与竞争，发挥后发优势。

10.3.3　中小银行金融科技发展路径

一些中小银行借助云计算、大数据、区块链等新技术推出了系列创新产品与服务，从而加快了业务模式转型升级步伐，但仍有诸多问题亟待研究探索。

1. 业务模式转型

中小银行从四个方面开展数字化转型业务。一是将业务产品场景化。借助大数据技术研发智能化人机交互模式，重新定义业务流程，实现从"以银行为中心"到"以客户为中心"的转变，通过数字化转型实现对客户需求的精准识别和对潜在风险的正确判断，为客户提供更优质服务。二是服务渠道数字化。各渠道之间要实现无缝衔接，使客户通过网点、手机客户端、电话银行等不同渠道能够获得一致体验。三是以客户为中心，针对客户需求提供个性化营销和量身定制服务。比如，中小银行借助大数据技术对交易数据、社会舆情进行分析，为客户打造全景视图，对客户群细分。四是以智能分析系统为依托，深入分析非结构化数据，使客户获得更加生动的交互体验，为客户提供专业化财务分析和投资建议。

2. 风控体系转型

中小银行在探索金融科技的应用中，随着业务场景的变化，中小银行需要改变传统的风控体系才能适应新的业务需求。换句话说，为了推出新的产品和交易，就需要以风控体系的变革作为支撑。一是摒弃原有的被动式管理思路，转向主动式风险管理，在调查客户背景信息时运用大数据分析和互联网技术，将数据分析模型应用于反欺诈活动从而避免金融诈骗的发生，依托强大的监控体制管理客户资金流量。二是传统的合规审查要消耗大量资源，浪费人力物力，而金融科技的应用能够提高审查效率，借助人工智能在短时间内处理大量数据并做出准确判断，保障审查的完备性。

3. IT 技术转型

中小银行要实现技术转型，从原来的封闭式、集中化、内部化走向开放式、分布化、互联网化，必须依靠云计算、大数据、双速 IT 等新技术。一是分布式计算的云平台能够提高效率，对互联网时代业务的快速增长有较高的适应性，云计算具有快速、灵活、高效等特点，这些特点促进了中小银行业务更好更快发展。二是中小银行的数据量不大，通过合作实现信息共享是中小银行获取大数据的最佳手段，通过打通服务流程保证数据信息在流动中自然沉淀，对数据信息的安全边界进行明确界定，实现数据的实时交换，与大规模的数据公司或互联网公司建立合作关系，导入海量数据进行精确分析。三是在区块链中应用密码算法，保证商业网络的参与方能够看到与自身有关的交易记录，使交易更加安全。在金融市场中，部分企业早已将区块链技术应用于业务活动中。中小银行必须把握机会，深耕于区块链领域并不断进行试验，结合自身实际开发区块链系统。四是中小银行需要实施"双速 IT"战略以应对快速变化的市场需求，同时确保核心系统的可靠性与稳定性。

第四篇
中小银行转型的潜力与未来

第 11 章　中小银行市场定位，转型制胜的战略基石

中小银行顺应经济发展的趋势，依据自身定位，利用金融科技，瞄准发展方向，推进专业化、敏捷化发展。通过消费金融、普惠金融、数字金融的发展方向，变革传统发展模式，拥抱未来，成长为价值创造的新型银行。

11.1　找准中小银行定位，推进差异发展路径

在经济发展以要素驱动、投资驱动向创新驱动转变的背景下，需要构建与创新驱动相适应的金融体系。中小银行围绕服务于区域战略需求，服务城镇居民，服务小微企业进行定位，进而形成新的发展思路与策略，依托金融科技手段，走出品牌化、特色化、差异化发展之路。

11.1.1　定位决定发展高度

错位竞争和差异化经营是中小银行发展金融科技的正确战略选择。中小银行在创新文化、经营管理水平、资源能力等方面与大型银行具有较大的差异，不能完全照搬其金融科技发展经验，应根据自身特色，探索与自身能力和资源相匹配的金融科技发展模式，寻找挖掘金融市场空白领域，制定具有品牌化、差异化和特色化的发展模式。

1. 专业化定位

中小银行在金融科技发展的战略定位上，应聚焦于行业内的"盲点"，即

根据地方特色及产业特征，借助金融科技力量，推进差异化、特色化业务，形成错位竞争优势。

构建金融科技发展的战略规划，以形成核心竞争能力，支撑中小银行的金融科技发展与数字化转型。金融科技本质是技术手段，中小银行需要将其与区域特色相结合，因地适宜发展金融科技，才能更好推出差异化产品与服务。

=== **专栏 11 - 1** ===

部分中小银行金融科技定位

台州银行：以开放的心态发展金融科技，用市场化的方式去实施。小银行养不起高端人才，舞台也太小，将来发展金融科技的方式一定是市场化、开放式的，只需把握关键流程，部分事情可以交给专业的科技公司去做。

中原银行：科技已经倒逼银行必须顺应发展趋势，中原银行将自己定位为数据银行、科技银行。战略方向上，城商行能"走出去"当然最好，不过还需要一定的过程，因此提出了"上网下乡"的口号，"下乡"指的是服务下沉。

湖北银行：由于各家银行业务覆盖范围有限，开发新产品的成本又很高，未来可以考虑联合起来共建平台，扩充产品、降低成本、互相促进、共同发展。

嘉兴银行：每家银行在"危"中可以先抓住一个问题解决，不用一开始就求全。比如提升管理效率，删除冗余流程，即使其他事情都先不做，也能得到较大提高。

绵阳银行：中小银行独自的风险判断能力比较弱，但如果通过合作，就能少走弯路。

资料来源：节选自《中小银行金融科技发展研究报告》。

2. 明确金融科技重点应用领域

应用金融科技重点关注获客成本、风控能力、增强客户体验、增强服务水平等方面，更好与用户需求相融合。

低成本获客。人工智能、大数据等技术的应用，可以为其解决精准营销、智能投顾等问题，降低获客成本，提升获客质量。平安银行利用大数据技术通过对客户的交易数据、社交数据等分析，筛选优质客户，精准对接客户需求，为其深挖客户价值提供支持，真正降低获客成本，提升交叉营销绩效。

提升风险管理能力。人工智能、大数据等技术可用于构建基于规则和机器学习的反欺诈模型，图像识别技术可用于身份反欺诈，图谱分析可用于找出融资者的关系网络，发现可疑客户等。平安银行运用金融科技，建立了海量数据库，为客户进行行为画像，并对客户信用进行判断，实现了毫秒级决策响应的全天候实时反欺诈监控。中小银行应根据业务规划，研究制定金融科技的应用领域，加强此领域风控能力，为业务稳健发展提供支持。

11.1.2　定位决定发展思路

中小银行金融科技发展定位决定思路，思路决定出路。围绕中小银行的差异化定位，通过金融科技手段，采用敏捷化开发思路，围绕客户要求体验形成发展思路，并平衡创新与稳健经营的思路，为中小银行转型提供支持。

1. 敏捷开发思路

中小银行在推进金融科技发展过程中，关键是要根据自身业务发展战略确立金融科技的发展策略，即选择合适的模仿追随或者突破型创新战略，紧盯行业优质的解决方案和创新技术，向大中型银行、先进金融科技公司学习，对相关技术经验进行取舍，以提升自身的技术能力。在此阶段，"敏捷化"转型是实现技术发展目标的重要支撑。中小银行通过打造敏捷化的技术团队，针对客户需求的动态变化，迅速响应，向市场推出相应的产品与服务，然后根据各方反馈及时对产品和服务进行迭代更新，把握产品与服务的市场先机与竞争力。当然，敏捷化开发离不开金融科技公司的支持，中小银行可以通过购买或合作的方式，提升自己的技术能力，为敏捷开发提供技术力量。

2. 关注客户体验的解决思路

随着数字化技术、数字化渠道的发展，未来银行将是服务的平台，而不再局限于物理网点。银行业务通过移动终端就可以快速完成。但未来银行，并不是简单的将线下业务保持固定流程地迁移至线上，而是根据第一性原理，以客户情景式完美体验感为目标，重新设计业务流程，从而实现以极简化方式为客户提供服务，即当客户有需要的时候，服务就在身边。

11.1.3　定位决定发展策略

城商行都在前沿科技研究、技术人才储备、可投入资源等方面存在明显短板，发展金融科技能力不能只凭一己之力，而应该多借助外力，通过开发、协作等方式引入较为成熟的技术方案，快速补齐能力短板。依托创新发展理念，采取追随策略、数据融合策略等推进银行金融科技发展。

1. 创新金融科技发展理念

中小银行发展金融科技关键在于理念创新。满足客户需求和提升客户体验是中小银行金融科技发展的根本导向，为了向"以客户为中心"的金融科技发展理念转变，需要中小银行在坚持差异化、特色化发展的基础上，依据业务发展策略，以全新的金融科技发展思路，关注应用场景的融入，重视技术的融合应用，助力中小银行产品与服务创新，驱动中小银行的数字化转型。

2. 科技应用策略

中小银行在创新文化、资产规模、品牌实力与技术储备等方面无法与大型银行相比，而且金融科技投入的长期性等，制约中小银行独立创新的选择空间。中小银行在推进金融科技发展中，需要以合作创新或模仿创新为主。借鉴同业经验，根据业务发展策略，选择性学习相关技术，对人才、技术、数据等进行布局，发挥后发优势，实现模仿创新、集成创新基础上的适应性、差异化的"微创新"，加快中小银行的转型发展。

在模仿追随创新的基础上，因地制宜提高自身金融科技技术应用能力，防止核心技术空心化。目前，中小银行推进金融科技发展面临的最大问题是底层技术较弱以及相应的创新能力缺乏。对于资源较为稀缺的中小银行，需要依据业务数字化转型的需要，根据自身资源禀赋和人才基础，在科技研发、技术应用以及商用等技术研发转化过程中，优化资源配置，持续加大投入，加快特定技术的发展，推进技术能力的发展，增强技术竞争优势。对于资源充裕的中小银行，可以设立金融科技创新中心、技术创新项目孵化中心、金融实验室等研发机构，跟踪了解前沿技术，探索新技术的研发及应用，加强对技术的研发及应用，打造自身的金融科技发展核心竞争力，实现跨越式发展。

加强外部合作，实现优势互补发展。中小银行通过与金融科技公司等开展合作，推进金融科技发展。在合作中，一方面，填补自身服务和产品空白，形成金融业务的协同效应；另一方面，吸收金融科技公司的创新模式及技术，增强技术优势。与 P2P 平台、电商平台等合作，挖掘未被满足或未被发现的金融业务需求"痛点"，推进敏捷化开发，提供相应的金融服务，拓宽银行的业务空间。与研究机构、孵化器机构等开展深入合作，通过研究专属化金融产品、服务以及吸收合作机构的创新服务思路、创新理念等，提高对技术的把控能力与新技术的跟踪能力，在根源上控制产品与服务的风险，填补产品与服务的市场空白，为持续赢得客户资源和业务机遇提供支持。

需求分析	应用洞察	原型获取	适应性优化	试点和推行
基于业务发展或现有痛点改进分析，提出需要借助科技实现的目标	基于需求，了解行业内相应金融科技应用成功案例经验	找到/取得相关应用已有的原型	根据自身业务特点，对原型进行适应性调整优化	进行小范围内的试点，快速迭代优化后大范围推行

图 11-1 追随战略实施步骤

3. 数据运用策略

中小银行拥有大量的数据，由于传统经营模式并不重视数据管理，中小银行缺乏完善的数据收集系统，更没有数据分析模型，导致沉淀数据并没有发挥好价值创造作用。比如，数据缺失与数据流失等，使大数据征信等技术无法开发应用，从而导致一些业务流失以及风险防控策略失效。而且，银行内部的沉淀数据，只有在合理的量化分析模型基础上，经过系统整理、分析之后，才能转化为数据资产，成为银行的核心资产。

大多数中小银行面临的数据管理问题是，数据多源头、数据孤岛、数据标准化不足、未引入第三方大数据、分析和挖掘不足，总体停留在只为行内提供报表查询、部分经营数据的初始"数据仓库"阶段。数据管理是需要中小银行长期投入的工作，跳过数据管理直接进行数据分析会导致结果"水土不服"。比如，基于场景式的金融服务，分析的是客群的基本特征，直接借用其他模型，而对银行内部数据特征不加以分析，容易导致分析结果的偏离。中小银行应该在引入客户支付、结算、消费等数据的基础上，结合行内客户的特征，对客户进行画像和风险识别。

因此，数据管理是中小银行的长期工作，数据能力的发展需要长周期的沉淀和完善。数据运用策略首先在于对行内数据进行盘活，识别本地客户的数据特征，然后结合外部数据等，建立分析模型，识别客户需求与风险。

11.2 塑造成功能力定位，支持中小银行转型

摆脱定位相似、战略趋同、策略相近带来的扎堆效应，中小银行可从资源独占性、服务体验感、运营高效化三个方面寻求破局，通过以资源整合为根本、以工匠精神为导向、以战略聚焦为工具的发展路径，实现差异化格局。金融科技既是地方性中小银行"弯道超车、异军突起"的重要抓手，也是实现以上竞争策略的核心动力。

11.2.1 中小银行技术能力定位

在金融科技的开发和运用上，中小银行各有特色。从中小银行的角度来看，其优势主要在于风险控制、合规经营、客户资源以及资金成本，从已有产品来看，这些优势也都被运用发挥，包括在精准营销、风险管控、个性化服务中的智能化改造等。例如，长沙银行打造了"未来银行"概念，将虚拟网点、生物识别以及人工智能等技术手段嵌入其中，以此为客户提供综合金融服务，而这一切都得益于金融科技创新和大数据运用。重庆银行则开发了基于大数据计算的信贷产品"好企贷"，引入税务、征信等信息，帮助符合标准的小微企业在几小时内通过手机申请融资贷款，缓解小微企业融资难的同时为企业节省时间。银行的信用、资本、管控能力，才能使金融科技公司的数据、流量、客户有效释放；而银行也要找好的场景，使服务更好落地、提

升客户体验。

在银行信用资源优势方面，间接融资仍是社会主要融资方式，银行是间接融资的主体。而且银行信用可以克服商业信用的局限性，而且可以创造信用。银行利用自身信用优势，依托金融科技技术，通过整合大量结构化数据和非结构化数据，提高了甄别客户信用信息真实性能力，降低银行获取信用资源的成本，促使传统模式下难以度量的客户风险变得可度量，从而将信用资源进行转嫁。比如，广发银行依托自身先进的大数据分析技术、完善的风控体系以及全渠道整合能力等，接入政府等外部信息数据，为授信审批提供决策支持。广发银行的金融产品与服务，帮助客户将其纳税等信息转化为信用额度，实现以"信"换"贷"，为企业提供融资支持。

在银行技术方面，中小银行的资源和投入有限，需要聚焦差异化、特色化主业才能集中力量实现转型。比如大数据技术已在风控、精准营销等领域得到广泛应用，且成果被业界广泛认可。中小银行可将其用于特色产品与服务的改造，借助金融科技的力量，加快差异化发展。而有些金融科技应用还有很大的不确定性，比如区块链技术目前还处于小范围应用阶段，应用前景不是特别广阔，因此，中小银行在区块链技术的推进方面，需要关注其发展趋势，在转化应用方面注意控制节奏。

在银行风险管控能力方面，监管规定银行不能将风控业务外包，只能在与金融科技等公司的合作中，自我优化风控能力，重塑风控管理体系。中小银行积累了大量的风控经验，现在需要借助金融科技的力量，将这些经验转变成可控的数据分析模型，提升风险管理效率，推进中小银行的稳健发展。

11.2.2　中小银行服务能力定位

中小银行所提供的金融服务与当地经济转型及产业升级的契合度、融合度是其核心竞争能力之一，由"规模化"向"价值化"发展，成为中小银行发挥自身优势、特色的关键点。大数据、云计算、人工智能和区块链等金融科技越来越多被运用于银行业的转型创新，对中小银行原有业务模式、产品、获客手段，甚至自身体制都带来了深刻变革。中小银行发展金融科技更为灵

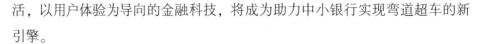

活，以用户体验为导向的金融科技，将成为助力中小银行实现弯道超车的新引擎。

1. 中小银行深耕区域，提升客户服务体验

中小银行深耕区域可以很好了解当地产业特征和客户特定的需求。中小银行具有良好口碑、信用优势以及本土品牌等优势，凭借这些优势以线下广告、路演以及网点辐射等形式完成触达客户。然而，其覆盖范围有限，较高的获客成本，很有可能成为其发展业务的阻碍。互联网技术在服务和交易体验方面也具有显著的优势，互联网银行推出了新方案去优化客户服务。服务提供商与客户借助互联网技术打破了时空限制，信息甄别、匹配、交易以及定价都可以通过网络平台快速、便捷完成，这就节约了传统服务的运营、交易以及中介成本；金融服务扩展了传统服务的安全范围和可行性空间，能让用户体验到全新的服务。例如，桂林银行凭借地缘优势，大力发展旅游金融业务并且形成了零售银行和贷款产品，诸如"游船贷""景区贷"以及"十项费用全免"的漓江卡等。

2. 中小银行建设生态圈，增强客户服务内涵

客户体验是客户在使用产品时所产生的一种纯主观感受，主要有操作习惯以及用后的心理活动等。在体验经济时代，银行可以对客户体验进行优化，继而提升金融产品和服务的价值。中小银行只有不断在各个领域中以优化客户体验为中心进行创新，才能得到长久发展。当下，银行的产品创新和服务创新的相似度较高，有很严重的产品同质化问题。如果银行要给客户提供一个更佳的体验，就必须突出产品、服务、人员以及过程管理等方面的特点。

思维体验是通过创意来引起客户的兴趣，向客户传递认知和解决问题的体验。大力发展移动金融，积极构建网上银行、手机银行等，按照客户的个性化需求去开发相应的渠道，依据客户群进行产品部署。例如，把现有的网上银行分为网络版网上银行、个人版网上银行、小微版网上银行、企业版网上银行，让产品更具针对性和有效性，从而打下坚实的客户群基础，主动获客，增强运用能力。应该重新对实体网点进行功能布局，引进智能化自主交易设备，如自助发卡机、ITM、VTM 等，以"大堂引导 + 客户自助 + 远程服务"协同联动形式，向客户传递更高效率服务、更佳客户思维体验。同时，中小银行可以通过跨界合作形成新型网点业态。中小银行在线上通常与互联网平台企业建立合作关系，对消费贷款业务进行导流。而在线下与特色产业进行合作，共同构建当地生态。尽管中小银行具有多种多样的形式与外部资源合作，但是依然要加强整体开放意愿。部分银行可以本行核心业务为主推出一系列周边业务，有针对性给客户提供参考建议。然而也有部分银行正在寻找突破口。例如，2018 年，浦发银行全新推出以"无界，无感，无限"为目标的开放银行，借助 API 接口向合作伙伴开放银行的核心业务和服务。

行为体验是对客户产生影响的互动、生活形态以及有形体验。客户的行为会对银行的竞争结果产生直接影响。由此，需要对客户行为进行深入研究，寻找各个层次客户的行为体验需求，有针对性提出特定的营销方案。在支付清算方面，用户可以通过网络支付进行存、取、借贷、理财以及记账等活动，这种方式已经成为主流，因此中小银行要积极在消费、旅游以及社交场景中引入账户，使用户更加方便快捷使用。在融资借贷方面，社会已经渐渐理解并接受了"去中介化"的网络融资理念，中小银行要建立融资平台与投融资需求快速对接，形成新的借贷业务模式从而获得新的竞争优势。在理财服务方面，技术的成熟发展降低了理财服务的门槛，网络理财因此巨量上涨，中小银行可以利用智能投顾革新传统服务模式、增强运营效能，对客户的情感体验加以重视，升级优化服务理念。客户竞争终究还是中小银行业务竞争的本质，所以应建立良好的客户关系，让客户对银行的产品与服务产生情感认同，既关注客户情感体验又培养客户的忠诚度。

11.2.3　中小银行运营能力定位

传统银行产品服务是内生的，但当封闭的产品链转变为开放的外部合作链时，从根本上改变了传统银行的经营模式，这种颠覆不仅在产品上，更多是在组织架构上。因此，需要建立与新金融发展相适应的专业化经营组织架构。

在运行模式方面，部分银行提出了智慧运营模式。智慧运营是在以客户为中心的基础上，把业务价值作为导向，通过数据驱动，着力构造集约化流程，争取形成集约化后台、轻量化网点、经济化管理以及机具化运营，逐步实现数字化、智慧化运营管理工作。以客户为中心，对网点自助机具进行布局、对线上线下渠道进行整合、对人机交互进行简洁处理等，提高网点的获客、留客能力。以数据为驱动，形成全方位客户画像机制，立体呈现客户的基本信息、风险偏好、行为偏好、营销方向等。以业务价值为导向，将业务价值、客户贡献度作为衡量指标达成创收。

在风险管控方面，借助人工智能、大数据等科技手段，对供需双方的风险和信用进行更加科学评估，对风险管理方式进行完善，逐步实现"经验依赖"向"数据依赖"的转变。机制原理可以理解为，通过对多维数据进行搜集并交叉对比，进行反欺诈识别。如果用户通过了信息交叉验证，就依据账单数据、电商交易记录等经济行为数据对其进行信用评分。新网银行借助现代金融机制拥有的数据以及互联网大数据技术进行大数据机制建设，构建了

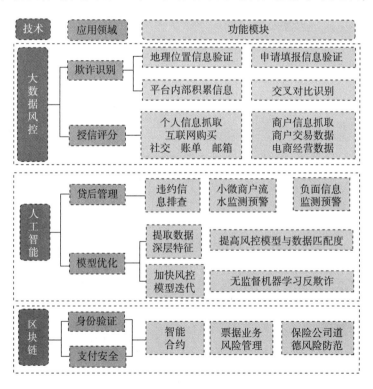

图 11－2　金融科技在风控领域的运用

全面的安全反欺诈机制，以保证用户、设备以及意图的真实性。另外，利用人工智能和高维大数据技术，有效识别和防控科技风险，形成信息科技智能监控感知能力，建立了前沿的智能科技监控机制，提高了感知信息科技运行风险的灵敏性，增强了信息科技管理能力，确保了业务的连续性。

在管理机制方面，形成内部孵化器对创新进行鼓励和引导，并基于信息系统对流程与组织进行改革，形成生产经营平台统一化，为团队的运营提供支持，建立一体化前台销售。一是探索产品快速迭代机制。通常银行的产品研发具有较高的风险偏好，功能完备优于开发耗时，往往产品在推出时就落后于市场了。中小银行需要加速形成快速研发体系，能够使满足客户核心需求的小型功能产品优先推出，之后在局部创新和市场反馈的基础上迅速更新，实现快速迭代演化。二是产品多元定制化。客户的消费需求随着金融科技的发展而越来越多样化、个性化，银行需要借助人工智能和大数据等手段实现产品定制化和个性化。按照不同客户属性量身定制不同收益率和风险的金融产品；按照客户的风险偏好，向客户提供风险加权稳定的财富管理服务产品；对客户的社会关系和行为数据进行全面分析，积极挖掘客户的潜在需求并提供服务，实现客户体验优化。

11.3　瞄准定位应用方向，拥抱未来发展蓝海

中小银行定位于区域特色，深耕区域发展。数字金融、普惠金融、虚拟金融和消费金融是中小银行战略定位实施的重要抓手。数字金融依托数据资产改变传统信贷方式，普惠金融依托长尾客户改变价值创造方式，虚拟金融依托客户体验再造运营流程，消费金融依托场景优化服务，系统性推进中小银行转型发展。

11.3.1　数字金融方向改变信贷模式

数字金融是金融创新的发展趋势。数字金融的特征是服务性和普惠性，以扁平化、平台型的金融服务获客，借助大数据节约成本也是一个明显的优

势。在数字金融兴起后，银行逐步转变为信息中介和信用中介并重，数据业务与货币业务并重，资产和数据共同驱动。

1. 数字金融突出跨界融合创新

要发展数字经济就必须开放合作，数字金融的发展方向之一也是开放合作。要提高联动性，让数字资源深层次、大范围、多领域开放共享和有序流动，充分发挥数字价值。加速形成公平的数字经济贸易规则，建立面向全球、互惠互利、深度融合的数字市场。积极发展双边以及多边的数字经济合作项目，加速国家之间的信息化合作进程，提高监管合作与金融风险防控。金融业并未因数字金融改变风险性质，风险管理一直都是金融的重中之重。优质数字金融机构经营的底线就是把控风险，数字金融持续发展的关键就在于有效的风险管理。要提高网络安全性、数据安全性，增强对消费者的保护，进一步强化跨行业、跨国界的监管合作，对数字经济时代的监管形式进行创新，加强监管能力，寻求创新发展与风险防控之间的平衡。

2. 数字金融优势特征

数字金融借助客户数据信息对客户的经营现状与信用状况进行甄别，只要有数据做支撑，无论所在领域与企业规模大小，金融机构都可以向客户提供特定的金融服务。金融准入门槛在该服务形式下大大降低，覆盖范围和服务领域均因此增大，金融服务逐渐渗入大众群体，继而为打破上述僵局提供了可能。所以，数字金融是普惠金融和服务型经济时代的金融。

在获客方面，数字金融是扁平化、平台型金融。传统金融是层级化金融。传统银行在该模式下有时空的局限性，必须要在全国范围内设立分支机构网点实现获客，在拓展金融机构业务道路上，建设物理网点成为瓶颈，特别是在低人口密度的区域。数字金融具有扁平化的特点，只要中小银行建成数据平台或者网络平台，就能够以"身份证+银行卡+生物识别"形式对客户进行验证，继而突破时空的限制，实现迅速"触达"客户。国务院颁布的《推进普惠金融发展规划（2016—2020年）》指出，"鼓励金融机构运用大数据、云计算等新兴信息技术，打造互联网金融服务平台"。

在风控方面，数字金融是大数据金融。金融机构所经营产品有风险，风险是由信息不对称造成的。传统金融是典型的"小数据"金融，金融机构在这种模式下是借助大量的客户经理进行调查以取得客户的信用、财务以及资产等信息，然而，这些信息属于碎片化、少数时点、低维度的数据信息，其来源十分有限，不具备持续性，加之银行内部的客户信息分布于各个部门，客户信息由此割裂，银行内部就逐步形成了"信息孤岛"。金融机构不能顺利获取信息就只有借助传统的质押品和抵押品作为风控手段。而数字金融通过对客户在柜面、网上银行、微信银行、手机银行等渠道的交易记录和政务信息进行分析，将客户的物流、信息流、资金流等整合为统一的数据流，基于客户系统性、持续性的数据信息，依托云计算技术对客户进行深度分析，有针对性提供智能化、个性化、差异化的产品和服务。也就是说，传统金融进行风险控制依托的是抵押品等有形资产，数字金融进行风险控制依托的是大数据等无形资产。

在成本方面，数字金融是低成本金融。由于存在较大的信息不对称问题，且传统银行机构臃肿、人员众多、业务流程冗长，这些均导致传统银行金融服务成本居高不下。而数字金融服务，银行依靠平台获客，依靠数据和云计算进行风控，数字金融以海量数据信息为基础，及时发现客户在资金和风险方面的变化，主动向客户推送个性化、定制化的金融产品，通过对人工、机构、流程进行精简和压缩，形成低成本、高精度、时效性强、可持续的新业务模式。

=== **专栏 11 - 2** ===

国内外数字金融发展实践

从国外来看，英国在数字金融领域发展遥遥领先。Atom 银行是英国首个完全基于手机 APP 的数字银行，该行在没有实体网点和 PC 网上银行的前提下获得了审慎监管局颁发的银行牌照，此后各数字银行相继成立，如 Tandem、Mondo、Starling 银行等。这些数字银行以移动端为中心，可以提供零售银行为客户提供的一切核心服务，包括信用卡、活期账户、储蓄和贷款等，客户能够通过手机对自己的个人财务进行管理并减少开支。瑞穗集团凭借亚马逊

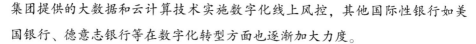

集团提供的大数据和云计算技术实施数字化线上风控，其他国际性银行如美国银行、德意志银行等在数字化转型方面也逐渐加大力度。

从国内来看，银行和金融业是科技高度敏感型行业。近年来，国内金融机构也逐渐涉足金融科技，加强与金融科技公司的合作，促进数字金融的发展，从而为客户提供更优质服务，实现数字化转型。

在数据平台建设方面，当前我国各大银行包括农业银行、工商银行、浦发银行、平安银行在内，都是借助各种平台，如购物平台、社交平台、融资决策平台和客户分析平台等，与客户建立起沟通的桥梁，在分析客户数据基础上有针对性地为客户提供金融产品，例如工商银行推出"融e购""融e联"等。

在金融产品创新方面，建设银行、中信银行、招商银行等银行以客户数据为基础，通过分析数据为客户推出量身定制的金融产品，对客户的行业信息、资金状况、关联客户信息等情况进行实时分析，向金融机构推出多元化金融服务，如识别客户身份、评估投资交易、目标客户高精度画像等，此外还推出新型金融产品，如POS商户网络贷款、"税易贷"等。

在制度创新方面，2015年兴业银行成立兴业数字金融服务（上海）股份有限公司，主营业务是资产管理、投资咨询、经济信息咨询服务、金融数据处理。2018年民生银行成立"民生科技"，促进民生银行在普惠金融领域的发展，以期实现数字化和智能化转型。2017—2018年，多家银行主动与互联网公司如阿里巴巴、腾讯、京东等强化合作关系，以共建金融科技联合实验室等方式将互联网公司的科技优势（大数据、人工智能、云计算等）同金融机构的产品和资金优势结合起来，在智能风控、服务创新、流程优化等方面促进金融机构的数字化转型。

资料来源：根据公开资料整理。

11.3.2　普惠金融方向驱动价值成长

普惠金融是金融服务实体经济的重要业务发展方向，也是中小银行实现可持续发展的内在需要。在传统模式下，中小银行更多服务大型企业的客户，以满足企业的高强度投资需求。

1. 金融科技推进普惠金融发展

近年来，以互联网和信息技术为代表的金融科技迅速发展，应用也越来越广泛，使中小银行的普惠金融服务成本降低，更多居民有机会享受金融服务，在很大程度上促进了普惠金融的发展。

（1）低成本服务海量用户

近年来，信息基础设施的发展和完善使我国智能手机得以快速普及，其用户量居于世界首位。《中国移动互联网发展报告（2017）》显示，2017 年我国移动互联网月度活跃设备数基本保持在十亿以上，人均单日使用时间接近 240 分钟，户月均接入流量接近 1800 兆。目前我国移动通信信号几乎覆盖所有城镇和农村地区。智能手机的普及和智能技术的发展促使各种移动金融服务快速升级。《2017 年中国第三方移动支付市场发展报告》显示，我国移动支付用户数量大幅度增长，2017 年用户规模达 5.27 亿人，与 2016 年相比增加了 5700 万余人，同比增长 12.4%，其中 70% 用户使用手机支付。根据《数字中国建设发展报告（2017 年)》，我国 2017 年移动支付交易总额超过两百亿元，居世界第一。

数据来源：中国移动互联网数据库。

图 11－3　2017 年互联网月度活跃设备数

（2）提高居民金融服务可得性

获得金融服务的前提是开设账户，众多国家和地区为提高金融服务的覆盖面纷纷采取措施激励金融机构帮助城市低收入群体和农村居民开设账户。

在传统模式下，金融机构需要花费高成本来开设和维护账户，且效率较低。而低收入者受限于时间、地理位置、经济状况等条件，到实体网点办理金融服务的成本也很高。金融科技的应用扩大了互联网金融终端的普及范围，居民通过智能手机下载相关 APP，简单学习之后即可享受便利的金融服务，这使金融服务的成本降低、效率提高。我国手机银行业务成本大约是柜台处理业务成本的 1/5，是网点和代理点成本的 1/354。移动数字技术的进步，推动了我国 4G 技术的全面普及，降低了移动支付的难度，使居民能够以较低的成本享受便利的金融服务。央行数据显示，移动支付业务在农村具有巨大优势。2017 年，农村地区网络支付业务中有 1417.82 亿笔来自非银行支付机构，金额高达 45 万亿元，其中 122.73 亿笔采用互联网支付，金额约 2.1 万亿元；1295.09 亿笔采用移动支付，金额约为 43 万亿元。

（3）数字征信低成本广泛覆盖

金融机构凭借广泛且成本较低的征信服务对信用风险进行管理。在传统征信模式下，金融机构不能准确判别低收入者和缺乏信贷记录的小微企业是否存在信用风险，所以风险溢价较高，使这部分群体获得金融服务的可能性降低。金融科技打破了传统征信模式的束缚，使征信机构能够以较低成本在多场景收集客户信息，大大提高了信息的准确性。未来，信息覆盖面会随着互联网向社会生活的渗透加深而越来越广。

2. 普惠金融发展策略

中小银行基于金融科技的支持而加快发展普惠金融，借助信息技术打造具有多种功能、产品服务完善的网络金融平台，在偏远落后地区推进移动金融的应用，在降低经营成本的同时提高服务可得性。中小银行依托金融科技对网点布局进行优化，一是在网点特征方面，对实体网点进行合理布局，依据金融科技的特征使网点向轻型化、智能化方向发展。二是在区域设置方面，仿照村镇银行和金融服务网点模式，依据农村金融特点，基于金融科技对农村金融服务网点布局进行完善，对县域农村地区智能网点加大建设力度。三是充分考虑小微企业特征，依托征信、支付等金融科技，为小微企业、个体工商户提供专业化服务。四是使实体网点和应用场景、移动支付紧密结合，借助移动支付技术，以实体网点为纽带，以应用场景为主要拓展渠道，对实体网点的服务范围进行扩展。平安银行实施"智零售，新金融"计划，以智能化建设手段实现网点转型，使网点成为提供专业化综合化金融产品服务的机构，通过跨界联合转变成能够为客户提供生活社交服务的场所。客户可以在线预约门店，通过在线查询了解门店营业时间、排队情况、客流高峰分布时段，还能查询办理业务所需资料、正在进行的沙龙活动、周边五公里优惠等。平安银行近千家门店信息和预约取号功能在高德地图上线，是第一家在高德地图 APP 提供门店服务的银行。平安银行将实体网点与应用场景结合起来，不仅对实体网点服务范围进行拓宽，还使网点服务能力得到提升。

中小银行加大对金融科技的应用，不断创新产品和服务，在小微企业产业链融资、贫困人群帮扶、农村地区金融服务和低收入客群服务等领域加强对产品和服务设计的创新力度，通过金融科技的应用使风险管理流程得以优化，提升金融服务的可得性和居民及中小企业的服务水准。普惠金融不仅注重贷款业务，更将重心放在与日常生活有关的业务上，比如零售金融、消费金融等，中小银行应该重点关注传统的"长尾"客户。

中小银行借助金融科技促进普惠金融的发展时，不能忽略以下问题。让客户享受到易用、安全、智能化金融服务，全方位提高客户体验，银行就要开发出具备良好客户体验的银行全生态 APP，在此基础上打造"全渠道、全业务、全生态"的智能服务体系。加大对实体网点数字化转型的资金支持，加大投入人脸识别和一体化智能终端等智能化设备，而实体网点的客户覆盖率和体验度都有一定限度；相比较而言，实体网点带给客户的便利性和体验感远远低于以相同成本打造一款体验好、有丰富场景和较高安全系数的 APP。平安银行借助各类 APP 实现业务的自助办理、智能营销和智能管理，为客户提供 OMO 线上线下融合服务，促进平安银行加快提供各种创新金融服务，使客户获得良好体验。

提升金融科技创新能力，创造自主可控的金融科技。根据麦肯锡全球银行调查，当前近五分之二的银行通过直接方式发展金融科技，超过一半的银行通过与金融科技公司合作的方式发展金融科技。中小银行应增加对金融科技的资金支持，培养自主发展金融科技能力，与外部金融科技公司加强合作，提高金融科技创新能力，推动普惠金融的发展进程。比如杭州银行在人工智能、大数据风控、大数据营销、生物识别、金融云生态建设等领域与腾讯公司合作，使其金融创新能力获得大幅提升。

以金融科技为依托，创造数字化金融生态。中小银行要加强移动互联网终端技术和互联网平台的应用，在零售、消费、公司等业务场景中嵌入金融服务，创新业务模式。中小银行要建立 APP 等自有平台，在此基础上实现与金融科技公司、实体经济公司的合作，将消费者与实体经济连接，成为银行客户连接实体经济公司的桥梁，创建一个与实体经济、金融科技企业深度融合的共享生态圈。比如，招行推出的"掌上生活" APP 是银行创建生态金融的典范，该 APP 与影院、餐饮、超市、火车票、水电费、话费等多种场景对接，引入消费类业务，增加大量用户，当前用户已累计超过一亿人次，月度活跃用户突破六千万人次。

11.3.3　消费金融方向优化服务场景

随着我国消费市场的不断扩大，消费金融成为我国金融市场的亮点之一，政府部门积极推动，商业银行、消费金融公司、互联网金融公司也在积极拓展这片蓝海。作为我国金融核心的银行，是推动消费金融发展的主导力量，消费金融对中小银行培育新的增长点、提高盈利能力有重要的作用。发展消费金融是中小银行战略转型的重要方向，也是助力金融供给侧结构性改革的现实要求。中小银行保持竞争力，需从创新消费金融产品、服务方式和流程出发，提高消费金融产品质量。

相较于传统金融业务，消费金融表现出新的特征。一是客户群体主要是中低收入者，融资需求大多"短、频、快"，这一点完全有别于传统银行个人业务主体的高端化。二是需要最终消费品供应商的积极配合与深度参与。消费金融与商业信用密切相关，不仅需要消费者的参与，还需要供应商借助分期付款方式联结商业信用与银行信用。比如，西班牙的消费金融公司在开展消费贷款业务时一般采取"漏斗式"营销模式，利用汽车经销商和零售商积累的客户信息，构建客户数据库，并根据筛选条件确定营销目标，不断扩大营销客户群。三是中介服务机构专业化程度较高。由于技术门槛较高，服务于消费金融机构的中介机构大都是高度专业化的。深刻认识消费金融的上述特征，能够较好地把握消费金融市场的发展趋势，有利于消费金融产品的创新和监管政策的制定。

场景和效率将成为消费金融行业未来竞争的重点。场景金融是消费金融发展的核心，可以有效满足客户的融资需求，而金融科技将有力驱动场景金融的进一步发展。消费金融的关键在于场景生活化，当购买行为与场景紧密结合时，能够较快形成消费闭环。发展消费金融，银行需要关注切入个人信贷、下沉生态圈的底线与时间点等问题。目前，各消费市场尚未饱和，具有较大的挖掘潜力，为中小银行发展消费金融提供了机遇。在此背景下，中小银行应当凭借自身的地域优势，通过与经销商良好合作，加快拓展分期业务，营销更多目标客户。

近年来，银行等金融机构紧贴居民消费生活场景，深入剖析居民融资"痛点"，挖掘居民消费需求，不断丰富金融产品体系，拓展服务范围。中央经济工作会议强调"要努力满足最终需求，提升产品质量，加快教育、育幼、养老、医疗、文化、旅游等服务业的发展"。由此可看出，教育、育幼、养老、医疗、文化、旅游等行业不仅是国家政策支持的重点，也将成为未来消费金融市场竞争的主要领域。服务类消费场景发展前景可期，有望在未来实现突破。

从需求侧来看，消费领域的快速发展有望带动消费信贷业务的快速增长。养老、旅游、汽车、农村电商等是政府大力支持发展的行业，中小银行应紧紧把握政策导向，积极布局上述消费领域。同时，中小银行也要重点关注技能培训、高职扩招等教育服务类消费领域。从发展现状来看，实物类消费金融发展起步早，已经较快渗透进各线上电商平台和线下零售场所，而服务类消费金融发展则相对滞后，线上渗透率相对较低且未形成一定的规模，但近年来服务类市场发展速度已经领跑实物类消费，这为中小银行发展服务类消费金融提供了较大的发展空间。

第12章　中小银行金融科技，转型突围的技术能力

金融、科技与互联网的结合改变了原来金融服务的路径依赖。中小银行由于技术基础薄弱，金融科技为中小银行科技实力和业务升级提供了新的可能。银行4.0数字化转型，以技术创新带动业务创新，通过技术为客户提供无处不在的、内嵌的银行服务。银行业整体仍呈现出较为明显的趋势，科技与银行业务深度融合，并对业务起到更强的推动和创新作用。中小银行重视金融科技的创新引领作用，对发展金融科技做好长期投入的准备。立足本地，求"专"不求"全"，确立技术突围逻辑和技术重点发展方向，推出特色金融服务及产品。围绕流程再造、虚拟化运营，构建信息服务等，培养"走出去"生态，并积极拓展形成"自有生态"，即推进中小银行技术化改造，使中小银行嵌入外部平台，加快中小银行转型发展。

12.1　确立技术突围逻辑，抢占转型发展高峰

中小银行认识到金融科技的重要性，并且开始探索与实践。中小银行明确自身优势，推进精准化、特色化创新。在技术层面，中小银行重建技术架构，在技术方向上，紧盯人工智能、大数据、云计算的发展及应用。在合作模式上，差异化选择合作类型，实现优势互补。

12.1.1　重塑中小银行技术突围新逻辑

中小银行立足自身优势、把握政策及市场机遇，实现差异化发展。首先

需要明确创新战略，在对机遇和挑战的权衡中找到真正适应于自身的金融科技创新战略。技术突围逻辑是，针对中小银行的特点，对金融科技布局进行整体谋划，明确定位、路径和突破口。

1. 以金融云为架构转型方向的突围路线

中小银行推进金融科技的发展需要以架构转型为基础。目前，中小银行根据业务规划、业务规模等采取了传统小型机加 SAN 存储模式或基于虚拟化平台甚至容器平台模式，一般中小银行倾向于互联网云平台模式，以保障与金融科技的深度融合，实现转型升级。

以金融云为架构转型方向，推动公共基础设施建设升级。传统的数据中心架构由于基础资源整合水平低、共享程度不足、资源使用率较低等原因，已不能满足银行对强大的计算能力、海量数据分析能力的要求，需要革新数据架构。金融云作为公共基础设施的组成部分，以其虚拟化、可扩展性、可靠性和经济性的特点为银行提供强大的计算能力和服务能力，在推动中小银行差异化、特色化发展方面表现突出，以及为银行业务创新提供技术和信息支持等方面的作用日益凸显，成为大多数中小银行构建架构的重要选择。

目前，公有云虽然具有规模优势，但受到安全性以及监管合规等影响，银行没有大规模使用，而私有云具有差异化的特征，但不具有规模优势，目前只有中国工商银行、中国建设银行进行了私有云部署。大多数银行依托云计算技术，搭建云架构，构建高效数据中心，打造智能化的运营体系，以实现存储资源、网络资源和计算资源等的集中调度和优化配置，提升信息系统的可用性、可靠性与利用率。

2. 银行新核心系统基础架构技术路线选择

架构选型目前已经有多种成熟方案，适用不同规模和要求的银行，具体根据业务连续性要求而定。

一是开源技术——从封闭走向开放。开放式、分布式架构具有扩展性高、资源利用率强与性能好等优点，能够满足银行业务快速发展的需要，成为银行 IT 基础架构转型的重要选择。中小银行选择开放式、分布式架构的关键点在于技术先进性、可用性、二次开发及维护能力、应用场景以及开源社区的活跃性、生态链的完整性，并且开放式、分布式架构技术可以实现定制化、敏捷化，使得大多数银行通过打造开放式、分布式架构来实现可用性强、性能优越、部署简单、成本较低的目标。

二是 IT 底层系统架构变革——从集中式走向分布式。互联网分布式架构的核心思想是，依托开放软件、开源软件、标准化、低成本等基础，通过开放式、分布式架构系统处理能力无限扩展的目标。一些企业在实施开放式、分布式架构时，往往会依据业务需求、特点等对基础架构进行适应性改造，并选择合适的开源软件进行消化吸收和再创新。借鉴企业在基础架构方面的经验，一些中小银行也进行了探索，依托云计算和分布式处理架构打造新一代银行核心业务系统，构建分布式、开放式的 X86 和云计算平台架构，以满足"以客户为中心"的转型要求，推进银行 4.0 的无感知银行发展，即实现"任何人在任何地点、任何时间、任何场景下，通过多种手段均可使用银行服务"。

12. 1. 2　紧盯中小银行技术突围新方向

随着人工智能、大数据、云计算、区块链在银行业务及其运营管理等方面的运用日益成熟，作为金融科技的追随者，中小银行紧盯金融科技发展新方向，并不断结合其特色定位，实现技术应用突围。

1. 人工智能

人工智能技术将在金融等领域具有重要应用，可以预见，基于人工智能技术的新一代网络信息技术与金融服务深度融合的智能金融，代表着金融的重要发展方向。据相关机构预测，预计到 2030 年人工智能技术将为金融业带来至少 6000 亿元的经济效益。为把握人工智能技术发展机遇，我国制定了《新一代人工智能发展规划》，将人工智能的发展提升到国家战略层面，并加快推进人工智能在金融领域的应用，推进金融的智能化转型发展。

人工智能与金融的融合，是依托于机器学习、知识图谱、自然语言处理、计算机视觉等相关的人工智能技术，为金融业务、运营、风控等提供支持，实现银行的智能化发展过程。人工智能与金融的融合发展朝着"体验为王，技术制胜"方向演进，体现在产品和服务层面，智能支付、投顾、客服、风控是人工智能的主要应用。

智能支付。智能支付包括指纹、虹膜、面部、声音等识别技术，这些技术都在各个场景实现应用，而且这些支付方式具备精准比对、快速验证、灵活搭载、难以伪造等特点，成为提升银行客户体验的重要手段。自人民银行2018 年发布《移动金融基于声纹识别的安全应用技术规范》以来，西安银行首先在其手机银行发布了符合人民银行标准的声纹识别技术应用，主要用于手机银行登录、支付、转账等。未来，随着支付技术的发展，以无感支付为代表的技术将为客户提供无停顿、无操作的便捷化支付体验。

智能投顾。智能投顾技术可以针对客户投资偏好，快速为其提供个性化的投资推荐。具体过程是，银行通过对客户投资行为等数据进行分析，实现对客户精准画像，掌握客户的理财能力、风险偏好和投资习惯，以此为基础，为客户提供个性化的资产配置或投资组合方案等。艾瑞咨询预测，2020 年智能投顾市场规模将有望超过 1800 亿元。招商银行顺应市场发展需求，推出首个智能投顾产品——"摩羯智投"。随后工行、浦发、兴业等银行也都推出了智能投顾产品。

智能客服。智能客服是规模化、智能化解决客户接待、管理及服务的技术手段。具体来说，智能客服是将运营层的文本、语音及机器人反馈动作等传递给客户，指引客户进行流程操作或向客户提供决策支持等。智能客服的应用有利于降低服务成本与提高服务效率。目前智能客服在金融领域的渗透率估计在 30%，大致可以解决 80% 的常见问题。

智能营销。智能营销是通过客户数据分析，挖掘探索客户潜在业务需求，通过机器学习等，为客户提供最需要的信息，满足客户需求和体验。随着技术的进步，未来银行将联合多种技术，对客户进行画像，并借助机器学习等模型，为客户提供更加精准的推荐。

智能风控。智能风控技术目前在信贷、反欺诈、异常交易监测等方面具有较为广泛的应用。以信贷业务为例，人工智能技术的应用，可以从贷款前中后各个环节识别风险，提前进行风险防控。智能风控不仅可以有效降低业务风险，而且还可以节约成本，比如，智能催收可替代 50% 左右的人力，降低了业务成本。

2. 大数据

大数据与银行的有效结合对促进中小银行转型发展具有重要意义。中小银行主要将大数据技术用于潜在客户挖掘、信用风险防范、综合管理改进、金融产品定价等方面。

潜在客户挖掘。从数据信息背后挖掘客户潜在需求，就是通过客户数据基础，依托客户资产状况、人生阶段、兴趣特征、人群组合、职业状况、行动数据等，推演出具体的画像标签，洞察客户的个性化需求。在此基础上，挖掘其潜在的价值，推荐相关产品，增强客户黏性与体验度。

风险控制。大数据技术应用在预授信、反欺诈、信用评级等方面，不仅为银行贷前审查提供了支持，而且为贷后监测、预警提供了手段。比如，富国银行面向大数据技术的客户行为分析，可以发出预警，使银行按照预案防范风险。

金融资产定价。大数据技术可以通过分析模型，帮助银行对资产进行定价。比如摩根大通银行进行房抵贷时，会依据周边房屋价格、邻近区域房屋成交价格等构建模型，合理测算公允价值，保障银行的利益；瑞士银行将大数据对金融产品定价的理性评估作为上限，当客户经理定价过高时，则会触发预警信号，使其定价回归理性，规避盲目投资。

═══ **专栏 12 - 1** ═══

金融大数据的典型案例

交通银行构建了大数据系统，该系统通过反作弊模型以及实时决策体系，帮助银行卡中心提升实时反欺诈交易的监控能力，通过分布式实时数据采集技术以及实时决策体系，帮助信用卡中心整合多系统业务，处理线上海量数据，识别欺诈行为或恶意用户等，进行实时处理。系统上线后，交行迅速监控电子渠道产生的虚假账号、伪装账号、异常登录、频繁登录等新型风险和欺诈行为。系统运行稳定，日均处理逾两千万条日志流水、实时识别出近万笔风险行为并进行预警。数据接入、计算报警、案件调查的整体处理时间从数小时降至秒级，监测时效提升近三千倍。

百度的搜索技术正在全面注入百度金融。百度金融运用梯度增强决策树算法，在知识分析、汇总、聚合、提炼等方面具有较强的优势，并且其深度学习能力可以利用数据挖掘算法较好地解决大数据价值密度低等问题。百度"磐石"系统基于每日一百亿次搜索行为，通过两百多个维度为 8.6 亿账号精确画像，高效划分人群，能够为银行、互联网金融机构提供身份识别、反欺诈、信息检验、信用分级等服务。该系统累计为百度金融信贷业务拦截数十万欺诈用户，累计合作近五百家金融机构，有效提升了金融业的整体风险防控水平。

资料来源：根据公开资料整理。

3. 云计算

云计算技术改变了银行的服务模式、运营模式、营销模式与风控模式等。在服务模式方面，通过云计算技术共享协同各方信息，促进中小银行挖掘、预测客户潜在金融需求，为快速响应客户、更低服务成本拓展客户等提供支持。在运营模式方面，中小银行通过云计算技术，整合内外部数据资源，形成为客户提供服务的协同网络，灵活处理相关业务流程。在营销模式方面，全面分析不同类别客户的金融需求，并为之提供标准化的业务支持，向客户营销综合化金融解决方案，实现客户批量开发，并提升客户的价值贡献。比如，银行在为供应链上下游企业提供云端的从采购到支付流程处理支持，并实现客户业务流程与银行支付结算、信贷、现金管理服务等金融服务的无缝衔接的过程中，中小银行可以拓展供应链运作过程中的融资需求等业务。在风控方面，云计算技术可以帮助银行实现基于实时、更丰富的外部信息与外部协作，强化事中风险管理，并且可增强业务的透明度、实时性等，满足各种监管要求。

云计算技术的落地实施需要解决行业间合作、行业与法律监管、银行内部管理模式、IT 管理与 IT 技术等问题。而且，云计算技术的实施还需要监管部门、政府部门等共同研究银行业内部及跨行业在数据、业务流程、行业共

用信息、接口与通信四个方面的各项标准。

在行业间合作方面，中小银行通过与金融同业的合作，实现资源共享，发挥云计算技术的作用，或者参与外部金融机构基于云计算技术的业务模式，分享业务合作利益。因此，中小银行依据云计算技术的发展规划，明确各方的权利义务，推进云计算发展。

在行业与法律监管方面，中小银行在开展基于云计算技术的业务模式时，需要与监管部门进行对接，使监管部门对相关业务模式能够有清晰的认识，才能更好做出监管判断与业务支持。一些银行在参与外部金融机构基于云计算技术的业务模式时，需要监管部门明确各方职责，清晰监管目标，促进相关业务的发展。

专栏 12 –2

中小银行云计算的应用

兴业银行的金融科技公司——"兴业数金"的定位是为中小银行、非银行金融机构、中小企业等提供金融信息云服务，开展数字化业务，以实现其"让金融更简单、让金融更美好"的使命。其主要业务是金融行业云服务，目前，兴业数金打造的金融行业云服务品牌"数金云"，包括人工智能云服务、区块链云服务、备份云服务、容灾云服务、专属云服务和金融组件云服务六个基础云服务。目前，兴业数金已累计为三百多家银行提供了从 IaaS、PaaS、SaaS 到 BaaS 的四百多项金融云服务，是国内最大的银行信息系统云服务平台。

快速增长的业务让南京银行系统压力大增，为解决这一问题，南京银行与"鑫云+"互金平台开展了"1+2+3N"业务合作。其中，"1"代表南京银行，"2"代表阿里云和蚂蚁金融云，"3N"分别代表的是医、食、住、教、产、销等N个业务场景、旅游、电商、快递等N个行业平台以及N家以鑫合金融家俱乐部成员行为主的中小银行。在此多方合作生态中，推进南京银行的业务快速发展。

资料来源：根据公开资料整理。

4. 区块链

区块链本质上是分布式账本，具有去中介化、不可篡改、公开透明等优点，可以解决交易过程的信息问题，有利于提高银行业务效率。目前，区块链在银行方面应用的探索主要集中在支付结算、资产数字化、供应链金融等方面。

用于支付结算业务。区块链技术可以通过智能合约记录交易信息，并且通过物联网实现位置追踪，当完成交货时，自动触动智能合约完成交易，区块链技术为支付结算成本降低与效率提升提供了支持，成为银行竞争取胜的关键工具。

用于资产数字化。基于区块链的数字票据能够实现非中心化的信息传递，通过底层智能合约框架实现自动化流程降低操作风险和道德风险。区块链合约的不可篡改特性保证了交易的可靠性，同时为票据交易业务提供了可追溯的交易途径，为持票方增加了商业信用。

用于供应链金融。供应链金融是银行依托供应链核心企业与上下游的交易关系等，为其提供订单、应收账款、存货等融资支持。目前，中小银行主要围绕电子交易、商业票据、支付转账、数字货币、信息存储、内部管理等方面探索供应链金融业务。

表 12 - 1　　　　　　　　　　区块链应用及其优势

应用空间	技术优势	应用实例
支付结算	降低结算中介（银行、第三方支付平台等）成本	Ripple，世界上第一个开放的支付网络
资产交易	用于资产交易，通过减少中介数量、提高达成协议效率而降低成本	纳斯达克推出基于区块链技术的股权交易系统 Linq
登记确权	信息透明，信息安全有效（不会被篡改）	洪都拉斯政府用区块链技术登记房地产资料
快速审计	保证资料完整、准确，提高了数据可信度和工作效率	德勤试验区块链技术，提升客户审计服务

资料来源：根据公开资料整理。

区块链技术未来将从三个方面解决银行发展面临的"痛点"，一是解决传统银行生态链在部门调用时的效率损耗问题；二是解决传统银行经营的高门槛、高成本、客户拓展缓慢低效问题；三是消除银行系统不同组织间信息不对称问题。

═══ **专栏 12 - 3** ═══

微众银行助力"区块链 + 司法"落地

微众银行关注区块链技术的发展与应用，在技术开发、场景嵌入、同业链接等方面取得了进展。2017 年微众银行联合广州仲裁委、杭州亦笔科技，基于区块链技术，共同搭建了"仲裁链"平台，在传统存证方案基础上进一步加强了证据的不可篡改性，为证据核实、纠纷解决、裁决送达等提供了可信、可追溯、可证明的技术保障，重点解决金融领域取证难、诉讼难问题。

2018 年 2 月，"仲裁链"出具了业内首个裁决书，这标志着区块链技术在司法方面的应用落地并得到价值验证。区块链技术的应用精简了仲裁流程，节省了各方成本，为金融机构的司法诉求及快速解决提供了高效率的解决方案。

资料来源：根据公开资料整理。

12.1.3 重建中小银行技术突围新模式

银行发展金融科技路径主要有三种，内部研发、投资并购和合作。不同类型都有一定的优缺点，中小银行需要从自身定位出发，结合区域差异化目标及自身技术资源储备等，选择合适的技术突围模式。

1. 内部研发

内部研发是指银行借鉴金融科技创新发展思路，在现有科技部门的基础上，设立金融科技子公司，自行开发金融科技或创新产品与业务模式等。内部研发需要充裕的资源，包括人才、技术、资金等。内部研发成本高、周期长、见效慢，一般大型银行或者规模较大的中小银行可以采用这个方式。比如，建设银行成立的国内首家金融科技子公司——建信金科，最初由行内直属的七个开发中心和一个研发中心近三千名员工组建而来。兴业银行成立了兴业数金公司，目前已服务的银行超过三百家，服务四万多个网点，服务对象包括政府部门、核心企业、中小银行以及非银机构等。光大银行的内部研发机构则主要为内部技术开发提供支持，用于孵化光大银行的新产品、新服务、新模式等。

2. 投资并购

投资并购是指银行通过股权并购的方式收购金融科技公司，使其与内部业务融合，助力银行金融科技发展与产品服务创新。并购金融科技公司虽然可以降低技术开发时间，快速占用垄断技术等，但对银行的资本规模、文化整合等方面也提出了相应的挑战。

2016 年，《关于支持银行业金融机构加大创新力度开展科创企业投贷联动试点的指导意见》发布，允许银行设立具有投资功能的子公司从事科技创新创业股权投资，推进了银行发展金融科技的热情。比如，工行的全资金融机构工银国际投资了智能风控公司"第四范式"、人脸识别公司"依图科技"等，建行的子公司建信信托、国开行旗下国开金融都参股了蚂蚁金服等公司，积极布局金融科技，通过技术融合、创新引领等带动传统业务转型。

3. 合作

银行与金融科技公司合作是指通过共建实验室、孵化器、共同研发或购买服务等，实现技术应用的模式。对于银行来说，合作模式可以降低成本、缩短研发时间，并且有利于合作双方优势互补。目前，共建实验室或共同设立金融科技公司等方式已有银行在进行探索，比如，腾讯和中行联合成立金融科技实验室。

在银行向金融科技公司购买服务方面，《2017 年全球金融科技调查中国概要》显示，我国有48%的金融机构向金融科技公司购买服务，这一比例会继续增加。例如，百度将技术能力输给南京银行，帮助南京银行拓展客户服务边界等。

4. 实施路径

中小银行推进金融科技发展，首先应当树立长期发展战略规划，从战略层面明确金融业务与金融科技的融合目标，其次围绕目标明确实施方案与细则，然后，推进组织、流程、运营等变革。中小银行发展金融科技可从以下四个方面探索实施路径。

一是确立金融科技的战略定位。中小银行应把推进金融科技发展提升到全行的战略高度，并在战略规划方面，设定其长期规划目标与短期目标，保障全行按照既定目标推进金融科技发展。二是明确金融科技重点应用领域。一方面，中小银行扎根区域，了解区域特色，形成差异化的竞争优势；另一方面，中小银行技术薄弱、人才缺乏，应该在差异化领域形成与大型银行等的错位竞争。因此，应用金融科技手段，强化其特色业务，形成具有强大市场竞争力的产品与服务，更好实现与地区经济的融合发展。三是依托金融科技，从技术层面全面提升运营效率和客户体验。围绕特色产品和服务，运用技术手段推进流程再造和运营模式变革，加快数字化转型，增强客户体验。四是拓展多元化服务场景，完善金融生态。通过开放接口，连接多元化场景，集聚不同类型客群，通过技术支持，分析挖掘客户潜在需求，提升价值贡献，促进银行转型发展。

12.2 构建技术突围方向，系统支撑差异转型

中小银行沿着实体银行向虚拟银行、沿着部门银行向流程银行，沿着金融中介向服务中介转型。金融科技为银行发展提供了突围方向，通过对金融科技的运用与融合，系统支撑中小银行的差异化发展。

12.2.1 金融科技加快虚拟网点运行

柜台式服务不能为用户提供个性化的服务，借助网点虚拟化让用户享受到更加便利、高效的服务。电话银行、VTM 的使用以及网上银行自助服务是实现网点虚拟化的三种主要渠道。电话银行没有银行网点，所以无须投入资金来建设、维护营业网点，在一定程度上节约了银行运行成本。使用 VTM 办理业务是通过远程服务实现的，这极大地缩减了办理业务的流程，使冗长的流程变得更加简洁。这是因为银行具备完整的大数据，大大减少了判定用户

信用等级所需的时间，有效地提高了银行业务办理效率。建设网上银行可以使银行柜台的压力适当减小，且可以节约银行运行的成本。网上银行随着移动互联技术的发展正逐步将 PC 端的业务转至手机，手机银行得以快速发展。银行通过应用网点虚拟化，拥有了巨大的竞争力。

金融科技的兴起推动了银行建设虚拟化网点的进程，商业银行在虚拟现实技术运用方面是最积极的。虚拟现实技术（VR）是一种借助计算机从视觉角度模拟一个三维空间，让用户具有与真实世界相似体验的技术。VR 与人工智能的结合很大程度上影响了智能化网点的建设与客户服务体验的提高。VR 正在客户端方面让客户享受到新的服务体验。外部环境在 VR 的带动下发生了改变，人工智能赋予了其内在智慧，这样全新的融合模式与银行"以客户为中心"的服务理念更相适应。

在国外，很多银行都开始借助 VR 技术去改善经营状况，按照应用方向可以划分为日常业务应用和其他业务应用。国外银行正在其发展经营中引进 VR，其中的部分应用能够解决实质性问题，一些应用是以营销手段出现，可见银行中确实有发展 VR 技术的一席之地。首个开放 VR 体验区是中国建设银行。中国建设银行广东省分行在 2016 年完成了"金蜜蜂"创客空间建设，该场所是国内第一个金融系统创客空间，拥有各种金融科技设施，黑匣网与建设银行广东省分行一起成立了虚拟现实体验，用一段 6 分半钟的 VR 体验片向大众呈现了 VR 技术未来在场景展示、金融交易以及客户服务等方面的应用。

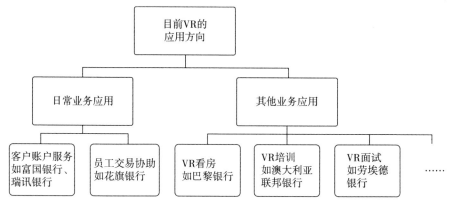

图 12 - 1　VR 技术的运用

银行在"虚拟＋真实"场景中能够随时随地为客户提供服务，形成"浸入式"体验，使客户在意识上知道身处银行的操作环境，可以迅速了解并找到想要的功能。AR 虚拟化技术打破了网点的空间局限，因此能够对模型进行扩展，比如，根据银行产品对柜面进行细分，包括票据柜台、外汇柜台以及理财柜台等，以便客户可以迅速在虚拟场景中找到业务。

虚拟网点的建设是未来发展的趋势，AR 作为技术手段同时也是建设虚拟网点的一个重要工具。要实现虚拟网点应用产业化，就必须节约 AR 硬件设备成本、降低提示硬件性能，将生物识别技术、机器学习以及人工智能等前沿技术融入进去，另外，银行业也要更加关注虚拟技术。

12.2.2　金融科技重塑流程模式设计

流程银行是对银行的文化理念，管理、组织以及管理流程进行再造，彻底改变传统的银行模式，以此打造全新的以流程为核心的银行模式。

建设流程银行必须要有信息技术和计算机技术作为支撑。流程银行通过现代信息技术和计算机技术从根本上改造传统银行的管理流程、组织流程以及业务流程，再将新模块化的管理流程、组织流程以及业务流程进行虚拟化，由此完全改变反应速度、质量以及成本等绩效。一方面，信息技术的应用从本质上就具备重新构造银行流程的要求与内容。在运作上，信息技术的应用突破了时空限制，银行的运营管理活动因此能够打破时空障碍，重新打造一个银行再造业务流程的平台。另一方面，要实现银行业务流程再造，就要通过现代信息技术从根本上改革传统银行的管理流程、组织流程以及业务流程。重新构造业务流程不仅要有以科技创新为基础的信息基础设施作为支持，还要坚持发展信息技术为与日俱增的业务革新提供源源不断的动力。

当前，很多行业已经开始实施以云计算为代表的新一代信息化建设方案，在流程银行中应用云计算，增强了运营模式的数据安全性和服务质量，完成共享科技资源，节约了运营成本，从中获得了巨大的竞争优势。数据量和信息随着银行业务量的激增以几何级数倍增加，在可靠性和数据存储容量方面有了更高的要求，"私有云"具备同时解决这两个问题的方法，云中能够存放

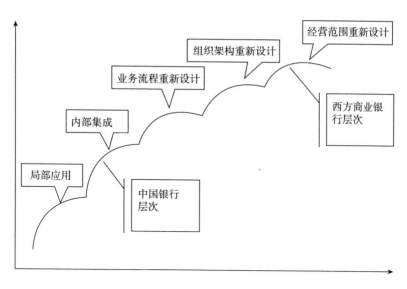

图 12 – 2　银行流程再造与银行信息化

数万台服务器，假如某台服务器出现了故障，云中服务器可以借助克隆技术在很短的时间内把服务器中的数据拷贝到另一台可以正常工作的服务器中，同时启用新的服务器提供服务。另外，云计算可解决流程银行中的技术难题，云计算具备最安全可靠的数据存储中心。由此可见，应该积极推广云计算并在流程银行中大力发展和普及云计算的应用，从而带动传统银行运营模式转变为流程银行，让用户体验到更加快捷、便利的服务，也使银行获得可观的利润。

12.2.3　金融科技打造信息服务中心

银行作为信用与期限转换的金融中介机构，最重要、最基本、最可以表现出经营特征的职能是信用中介职能。然而，并不意味着银行的信用中介职能是一成不变的。改革与技术创新不断深化，社会的信用环境也在逐步完善，资金融通双方能够借助互联网完成直接交易，具有融资中介职能和支付中介职能的银行正渐渐失去其本身的金融中介优势。在此背景下，银行业的未来转型方向应该是从信用中介转变为信息中介。银行需要积极顺应趋势，争取转变为提供综合服务、把创新作为驱动力的金融服务中介。

从"金融功能观"来看，新兴起的非金融机构与金融机构正在取代银行的一些功能，银行要积极创新，利用人才、资金以及客户等突出的优点，持续进行传统业务的升级转型，在部分功能被取代的过程中积极对服务的领域与功能进行拓展与创新。近年来，银行不断转型与创新，坚持扩展自身的生存空间，逐步推进传统功能转型。"资金中介"转为"服务中介"是其核心所在，也就是从以资金融通和支付为主的"资金中介"转变为拥有支付、咨询、信贷、风控、投行等多种服务的"服务中介"。很多银行都决定转型为"服务中介"。纵然银行在金融科技迅速发展中逐渐失去信用中介的角色，互联网电商平台也具备海量的信息数据，在一定程度上可以取代银行发挥信用中介职能，但是传统银行具备底蕴丰厚的个人信用信息数据库和巨大的企业信用信息资源，也有很成熟的信用风险技术，这是信息中介或信用中介不可缺少的一部分，因此这也成为银行实现由信用中介转为信息中介的牢固基础。金融科技在转向金融服务中介过程中具有重要作用。商业银行通过金融科技，借助人工智能、云计算以及大数据等前沿技术驱动服务革新，加速资源整合与渠道协同，研发全新的商业模式和金融产品，增强服务效率并提高能力，让客户随时随地享受到任何方式的服务。一是金融科技加快中小银行实施信息化经营管理发展战略。中小银行形成互联网金融服务能力得益于大数据技术的广泛应用，同时带动中小银行开展互联网金融服务业务，中小银行信息中介服务收入的占比因此而提高，减少中小银行对以信用中介为基础的存贷利差收入的依赖程度，推动中小银行实施信息化经营管理发展战略。二是金融科技可以有效整合客户信息。中小银行形成客户信息统一管理平台，基于模型开发大数据技术应用，向客户提供全面的风险视图，带动客户信息标准化处理，有效整合中小银行的客户信息。三是金融科技能深入挖掘客户信息价值。中小银行借助模型对客户进行筛选，对客户的融资价格与风险等级进行确认，通过大数据模型力争完成实时预警与在线监督贷款风险。

目前正在从"资金中介"向"服务中介"转变的银行有很多，以期成为拥有更多金融服务比如支付、咨询、投行、信贷以及风控等的"综合服务中介"。"资金中介"转型为"服务中介"是大势所趋，同时也体现了价值银行的形成以及"以客户为中心"的服务理念。然而，中小银行不一定适合综合服务中介，在某种程度上，只有一小部分大型银行可以转为"大而全"的银行，与之相比中小银行不具备转型为综合服务中介的竞争优势。所以中小银行应该转变为专业、聚焦的服务中介，可以向某一区域聚焦，也可以在某一领域实现专业化。中小银行可以更加灵活发展金融科技，对金融科技进行战略布局，将科技基因嵌入在内，中小银行能够在金融科技的支撑下实现弯道超车。

12.3　构建技术突围路线，最小阻力超越发展

在数字化转型时代，中小银行要以数字化变革为主，积极改造技术、运营以及技术，始终把客户作为中心，借助技术工具对业务模式进行变革，重新构建运营模式，对风控管理进行创新，获取后发优势。

12.3.1　围绕业务的线上化技术改造

中小银行线上化改造，需要把增强营销能力作为目标，加快客户和产品上线，增加线上产品服务的种类，形成科学的线上考核系统，构造线上营销的闭环管理。需要把增强管理质量与效率作为目标，加快管理在线和员工在线，深度节约成本，提升管理效能。需要积极研究与运用智能厅堂与网点经营新模式，对业务监督与授权、日常运维等工作改进进行探索，深度降低成本，在全行推广。

对企业版手机银行、移动银行、电话银行、微信银行、个人版手机银行进行整合，对在线客服、在线智能机器人这两大在线服务进行优化升级，发展无卡支付，生物识别技术、云闪付、网上支付等。比如，上海银行直销银行对移动支付进行创新，形成联名电子账户 ePay 业务。上海银行在大力发展移动支付及"互联网＋"的环境中，与大型互联网平台联合推出了电子联名卡移动支付业务，这是上海银行的国内首创。该业务支持全线绑定"手机钱包"、在平台开立个人客户账户以及云闪付标准下的移动支付等功能。该业务

让移动支付结合电子账户，同时具备便捷、实用与安全、规范，市场反响极佳。另外，结合消费金融能够帮助贷款人实时监控贷款资金的使用动态，便于了解借款人的资金去向，实现互联网平台闭环监控资金流向，确保没有违规使用；该业务产品体现了上海银行支付结算业务安全、及时以及规范的优势，让互联网平台的个人客户享受到了以电子联名账户为基础的银联云闪付服务。

零售业务	上海银行	黑龙江省农信社联合社
	上海银行优先发展移动渠道，强化生物识别等新技术应用，提供个性化、智能化、全场景互联网金融服务功能： √ 手机银行渠道 推出指纹登录、刷脸登录、刷脸转账、个性资讯、智能消息提醒、健康检测、智能出行等新功能；围绕数字化销售应用，推出在线上银e卡、在线尊信贷、在线社保卡、代发工资专享理财、养老e理财、智能理财推荐等新产品，个人手机银行和个人微信银行客户数分别达到372.77万户、250.83万户 √ 网银渠道 个人网银完成扫码登录、理财机转账等服务优化、个人网银客户数已达426.33万户	与壹账通合作开发云电子账户及移动银行、直销银行并在下辖法人行试点使用并逐步推广，采取金融科技手段，提升传统银行服务能力： √ 云电子账户及移动银行、直销银行 壹账通帮助省联社开发的云电子账户及移动银行，目前在几家试点银行推行效果出色，未来一年将在下辖其他法人行全面推行运行 √ 未来规划 目前正在开发线上借款申请和还款功能，与云电子账户和核心系统对接，后续将逐步帮助各法人行接入贷款、缴费、信用卡、二类户输出等产品，提升各法人行的互联网金融盈利能力及对客户的服务水平
对公业务	平安银行	
	平安银行针对对公板块推出专属的移动端服务平台——"口袋财务"APP，为对公业务发展线上渠道： √ 转账快速 通过在支付估算场景中运用口袋财务手机证书技术，企业客户在APP上可像个人客户那样"无感支付"，在不降低安全性的同时，让企业财务人员和管理人员可以快速完成大额转账 √ 协议便捷 借助于人工智能和OCR等技术，在"口袋财务"中，企业客户只需一次申请、一次临柜，就能一次完成多种协议签署 √ 特色模式 在行业内首推出企业单人模式，一个法人便可以独立完成APP中的所有业务	

图12-3　线上渠道建设案例

当前，中小银行主要的获客渠道仍是线下，线上获客能力非常薄弱。线上渠道与传统的物理渠道相比具有更少的运营费用，可以克服物理障碍，并对年轻客户有较大的吸引力。所以中小银行必须要不断建设线上渠道，对线上渠道的架构布局进行持续优化升级。一方面对线上的客户体验进行优化，将数字化互动设计嵌入其中，缩短打开 APP 的时间、线上客服响应时间，提高运作平滑度，更深层次地引进智能投顾，借助人工智能对客户的风险偏好和资产负债状况进行深入分析，让客户体验到标准化的投资顾问服务。另一方面，形成微信银行、网上银行、手机银行等线上渠道协同机制。借助人工智能以及大数据，将智能技术引入线上线下的服务流程与场景中。

专栏 12 - 4

长沙银行加快开拓产品业务线上化

近日，长沙银行开发出线上抵押贷款产品"快乐房抵贷"。该业务是长沙银行借助互联网改变原有抵押贷款模式的一项个人消费金融业务，通过长沙银行手机 APP "e 钱庄"对个人贷款线上化进行优化升级。

用户只需在"e 钱庄"的 APP 上将房屋产权证号码等信息进行完善，就能够了解房产的估计价值与综合消费借款额度，最快获取审批的时间不满一天。之后在房地产部门办理抵押手续，总的放款耗时最快达一周。"快乐房抵贷"最高借款消费额度为 200 万元，能够进行教育、旅游、买车以及装修等，具备按日计息、实时到账以及在线借款等功能，十分便捷。2016 年长沙银行在湖南第一个推出互联网消费贷款产品"快乐秒贷"之后，又继续创新推出"快乐房抵贷"。"快乐秒贷"在季度末的授信客户高达 11.8 万户，其贷款余额将近 60 亿元，在市场受到了追捧，实现了居民消费升级目标。长沙银行在近几年中不断对金融产品进行创新，增强风险管理，同时大力发展业务线上化，借助科技手段完善客户体验。相继推出"企业 e 钱庄" APP、"快乐 e 贷—税 e 贷"等线上产品。

其中，"企业 e 钱庄" APP 仅用了半年时间用户量就超过了 5 万户，它是针对企业客户的移动金融服务平台，只需要一部手机即能在任何时间、任何地点享受到"综合金融、财税服务、OA 云服务、员工圈子"等企业日常需要的金融和经营服务；"快乐 e 贷—税 e 贷"借助公积金、工商、税务、社保等大数据作为贷款审批依据，在线上就能够在任何时间申请、审批和放款，贷款余额在一季度末超过了 12 亿元。

长沙银行的网络银行目前客户已经超过 440 万户，借助柜面、微信银行、"e 钱庄"、网上银行、ATM 等渠道进行信息互动与共享，形成全渠道综合金融服务。以智慧政务、"呼啦支付"、智慧医疗、智慧出行、智慧校园等为主，开发了一系列本地民生服务，以及智能支付、智能理财、智能贷款、智能存款等金融产品。

资源来源：根据公开资料整理。

12.3.2 围绕流程的数字化技术革新

中小银行为尽快实现数字化转型，逐渐加大对金融科技的应用，在金融科技的研发和实践中投入大量的人力、财力，借助当前大数据、人工智能和区块链技术，向数字化银行迈进。大数据能够为传统金融机构刻画精确的客户画像，通过分析客户的行为特征、生活习惯以及社会属性，对客户进行抽象化描述，为金融机构提供一个标签化用户模型，基于客户画像开展精准营销，提高客户黏性。同时金融科技不受时间和空间的限制，大大降低消费者的时间成本，使"长尾"客户的需求能够满足，客户覆盖率也大幅提升。金融科技也将促进风控创新。传统风控的主要困难表现为信息不对称使传统金融机构在收款过程中高度依赖抵押进行风险控制，而以抵押担保进行风险控制的模式具有较高的变动成本，限制了业务规模的扩大。在此背景下，金融科技能够替代抵押担保，大数据风控能够将外部数据引入，并实现外部数据和行业内部信息的有效结合，使风控手段从根本上得到提升。此外，区块链账本具有无法篡改和智能合约的优点，这为参与跨境汇款的各方提供了实时、可信的信息验证渠道，汇款不再无迹可查，跨境汇款的速度和安全性也得到不断提高。

金融科技促进中小银行实现数字化转型，一是金融科技改变了信息创造方式。商业银行运营的核心技术支撑是信息创造方式，信息创造方式的改变是中小银行数字化转型最集中的体现。大数据在信息处理方面的应用越发广泛，最主要的是各种算法的应用，通过自动、高速、网络化运算降低了信息不对称程度，使风险管理、风险定价的效率得到提升。大数据分析是基于统计学的一种数据分析方法，多以全样本数据作为分析基础，侧重于分析相关关系而不是因果关系，分析结果是概率而不是精确度。在大数据时代，中小银行要想实现数字化转型，必须对信息创造方式加以改变，创建效率高、价值高、成本低、信息不对称程度低的信息创造方式。

二是拓展客户界定范围。在大数据时代，客户的服务范围不断扩大，大客户和"长尾"市场的需求也能逐步得到满足。中小银行的运营模式是产生较高服务成本的原因，同时中小银行信息处理能力落后，技术水平跟不上大数据时代的步伐，因而无法满足"长尾"市场的金融服务需求。中小银行数字化转型最主要的表现是依托大数据的创造力和价值为高智慧、高要求的客户服务，能应对互联网时代不断变化的金融需求。通过清洗、分析、整合客户的浏览习惯、地理位置、销售终端、应用程序等，挖掘其背后的关联关系，从而对当前市场有准确的判断，明晰未来的发展路线，通过分析清楚客户类型，再进行市场定位和产品创新。

三是提高灵活性并精简运营流程。中小银行依靠大数据技术打造有较高适应能力的核心银行系统，进而创造敏捷灵活的银行业环境。在调整业务、运营和技术的基础上，中小银行将通过行为模式识别技术实现风险控制，为客户提供更高水平的服务，提高客户满意度。这种运营模式能促使中小银行加快推进产品与服务创新，提升和改善服务水平与客户关系，使机构更加具有灵活性。中小银行应用大数据技术推出模块化服务促进业务流程的规范化发展，模块化服务的组成部分包括通用数据、业务规则和业务流程，这些都能实现快速配置，精简运营流程，提高客户体验，减少运营成本，提升竞争优势。

四是优化风险管理。大数据技术赋予中小银行识别企业各种风险并对其进行全面管理的能力，包括信用风险、经营风险、IT 风险和名誉风险等。风险管理在应用大数据技术后具备了洞察新型风险的能力，在构造风险视图的基础上进行风险调整值管理，从而提升银行的运营效率和财务营收，从客户赢取率、产品定价、执行标准、战略执行中获取收益。因此，在大数据平台的支持下，财务、风险与合规部门能够借助中小银行实时提供的可靠数据，通过高级分析和情境分析对投资风险、风险回报、资本分配、压力测试和报告制作进行模拟，进而将结果集成到管理信息系统中，为决策提供数据支持。中小银行以大数据为基础的风险管理，在监管、业务流程和系统中落实解决

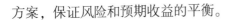

方案，保证风险和预期收益的平衡。

═══ **专栏 12 - 5** ═══

光大银行的数字化技术革新——"数字光大"

光大银行在 2018 年提出"数字光大"的口号并以此为目标，通过科技推动银行数字化建设，实现价值创造。同年，光大银行财富管理银行理财业务通过对产品净值化、基础设施科技化、风控全面化、投研专业化等多个方面的探索及调整，明确了未来的发展转型路线和策略，为"打造一流财富管理银行"战略目标提供了蓝本。光大银行已经构建了"一个大脑、两大平台、三项能力"全方位金融科技体制，以该体制为基础，逐步走向服务移动化、平台生态化、获客场景化、风控数据化和系统开发化。

"一个大脑"是指数字化大脑，银行以数据为基础进行风险控制、经营管理和市场开拓，借助数字技术对经营管理进行改进，促进商业模式创新和产品迭代更新，提供智能化服务。"两大平台"是指大数据和云计算平台。"三项能力"是指自主研发、安全运营及开放协同能力，在多个方面均有涉及，包含自主研发公共技术、规范流程制定标准、连接互联网场景赋能产融等。此外，在业务层面的价值也持续凸显出来。光大银行手机银行通过引进人工智能、金融科技等技术大幅提高了客户体验。每年的活跃用户量超过两千万人，每月活跃客户量也实现了翻一番增长。在风控领域，光大银行创建了基于大数据的风控团队，为大数据风控模型的构建奠定了基础。

光大银行推出的"云缴费"是实现"数字光大"转型战略的一次重要尝试。"云缴费"在十年时间内发展成为我国便民缴费领域的先驱，在互联网普惠金融领域也处于领跑者地位，是光大银行最重要的基础业务之一。根据相关数据，"云缴费"在 2018 年接入项目超过 4000 项，服务客户数量约为 2.5 亿户，缴费总额突破 2000 亿元，手续费收入接近 1.6 亿元。

资料来源：根据公开资料整理。

═══ **专栏 12-6** ═══

华夏银行数字化银行转型实践

华夏银行从顶层设计开始着手对体制进行全面优化，主要在三方面进行调整。一是完善现有体制，打造拥有核心技术的团队，开发模式从"以外包为主"转向"以自主研发为主"，成立属于自己的科技子公司，加强市场化人才引进和自主化技术研发，提高自主创新能力，促进金融科技更好应用于银行的发展；二是改进业务发展理念，将互联网思维融入对金融服务平台的完善改造中，包括大数据应用平台、获客服务平台和内外连接平台；三是改进技术架构，将分布式、云计算等基础架构应用于对现有技术架构的完善，建立独立信息系统，使产品功能具备模块化、组件化和平台化的特点，以技术为支撑促进场景获客、专属产品研发及数字化运营。

智能嵌入，推进线上产品创新。在数字化建设的基础上，明确了网络金融领域未来发展的七个目标。一是加速建设网贷平台，推进总行端信贷管理系统网贷业务平台的建设，推进业务全流程实现数字化、线上化和自动化。二是在数字化信贷产品方面进行创新，加强同蚂蚁金服、腾讯等公司的合作，逐步开展"华夏蚂蚁借呗""龙商贷"等金融科技项目。三是发展"电商贷"，在大数据的支持下开发集主动营销、精准营销、客户智能化筛选于一体的特色化产品，在免担保、对借款人经营现状实时监控、在线提款和还款等功能的支持下，实现对低风险、高收益优质客户的批量营销。四是加强对智能投顾系统的优化改进。不断改进和完善智能投顾系统，提升财富管理效率，进而满足客户在财富增值和投资理财方面的个性化需求。五是开展"普惠基金宝"，与货币基金进行对接，与直销银行在限售渠道方面强化合作。六是升级智慧网点。在智慧网点的建设中要遵循"轻型化、小型化、智能化"原则，将智能自助设备应用于网点建设，提高办理业务的效率，降低网点成本，提高经营效益，提高客户体验。七是创新产品和服务，在12306、航天云网等大型央企重点平台嵌入定制化、个性化服务。

互联互通，加强生态圈建设。根据"互联互通"的发展理念加快生态圈建设，打造"金融＋生活"的服务模式，在增加客户黏性的同时推进普惠金融的快速发展。一是打造智慧社区生态圈，将增值服务和金融产品进行整合，如整合"衣食住行游"和理财、贵金属、网贷、移动支付，通过线上营销、场景式金融服务或社交型客户管理提升批量"获客"的能力，推动普惠金融发展。二是打造有车一族生态圈。推出电子收费及线上销售服务，通过互动营销和信息交流使产品和服务渗透到 ETC 客户群，并不断扩大生态圈服务内容，加强与汽车行业内机构的合作，如汽车第三方服务机构、汽车供应链金融商、汽车保险公司等，使知名商家与生态圈对接，提高生态圈产品和服务质量，让客户享受到金融生活交易场景服务。三是建设"完美生活"移动金融生态圈，打造小微商户收单平台和移动银行缴费通服务平台，Ⅱ类账户联合和具备资源优势的外部平台结合，通过与中国联通、腾讯、京东金融等第三方机构合作实现在余额理财、联合营销、账户互认领域的快速发展。

资料来源：根据公开资料整理。

12.3.3　围绕运营的智慧化技术创新

客户服务和集中作业是我国中小银行的核心运营功能，在此基础上向精益化、智能化方向转型。中小银行可将营销业务嵌入前台、将作业嵌入中台、将客户维护嵌入后台，借此拓展运营范围，支撑业务全流程，从而实现传统人工服务转向标准化、智能化工具服务，推进智能化转型。

一是开发智能数据分析系统。中小银行以往主要采取单一团队推进单一产品的传统营销方式，而技术进步推动了中小银行营销方式智能化演进，开发出智能分析数据系统，将客户画像与后台数据库相结合，借助微信小助手和电话智能外呼与客户建立联系。在营销产品的同时对客户需求深度了解，降低营销成本。

二是推出智能语音分析系统。一方面语音智能引擎的运用不仅推动了质检的全面覆盖，还提高了话后满意度及坐席服务水平；另一方面在语义分析模型的基础上对客户通话内容进行分析，挖掘出有价值的重要信息，实时掌握外部市场竞争状况及市场活动反馈，使客服部门对外支撑能力得以提升。

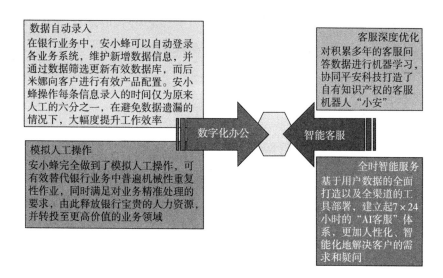

图12-4 平安银行电子营销服务体系

三是集中外呼营销建设。在呼入业务开展的同时，要积极建立外呼营销团队，逐步向收入型呼叫中心转变，不断拓展规模，并对外呼营销体制进行优化，将需求开发、营销设计、结果分析集于一体，打造闭环式管理模式，建立多个应用场景，包括贷前预处理、贷中核实、在线激活、信用卡账单分期、催收及高净值客户回访等。

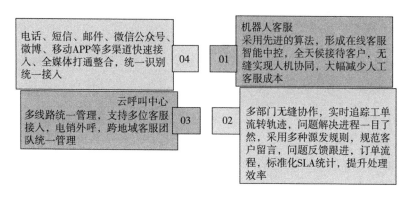

图12-5 威海蓝海银行电子营销服务体系

四是建立智能化客服系统。中小银行普遍将全流程客户投诉制度应用于客户服务系统中，通过了解客户反馈信息来改善产品、优化流程，打造一支专业化客服团队，建立体系化客户管理体制和程序。进而建立包括在线智能客服及智能客服跟踪的智能化客服系统，分析客户的投诉信息和相关建议，深挖客户需求，并及时向相关部门反馈，从而实现产品和服务的优化升级，强化营销能力。

=== **专栏 12–7** ===

农行网点的智能化转型探索

农行在对网点的客户排队、业务量和业务类型监控分析的基础上，优化网点布局；在获取用户相关信息和网点服务状况的基础上，为用户选择最优网点提供建议；在引导网点合理布局各功能区（户外服务区、咨询引导区、自助服务区、智能服务区、综合服务区、高柜服务区、客户体验区、财富管理区、集中办公区、营销服务区）的基础上，使网点更加细分高效。

到店：感知。将摄像头布置在网点的各入口，推出无感支付停车功能，使刷牌停车、预约智能停车和景区无感停车成为可能。在网点入口设置人脸识别系统，识别到店客户，提醒服务人员。

预约：网上处理。客户通过农行微银行可以进行网上取号和大额取款预约，略过了排队和业务填单程序。

存款、取款：说话就行。将科大讯飞语音技术应用到智能语音识别系统中。客户通过与 ATM 语言交流即可完成存取款活动。

服务：联动响应。所有功能区在大堂分布紧凑且连贯，保证客户的多项业务在一条线上集中办理。客服通过语音耳麦向各岗位发布精准服务提醒，保证了服务的连贯性。

电子屏：既能看又能买。将交付技术应用于智能屏幕金融产品中。网点展示屏幕内置系统在对面前的客户进行人脸识别后结合后台数据自动生成客户画像，在对客户行为进行分析的基础上有针对性推送个性化产品，客户手机扫码即可购买，建立客户与屏幕的互动关系。

商户：就在大堂。在大堂内展示网点周边的商户、特色餐饮等，实现与网点周边金融生态圈的融合，此外在第三方交易场景中套嵌金融服务，实现与消费场景的融合。与国内著名旅游售票机构合作，为客户提供掌上银行的服务，使客户能够通过离行式自助银行完成扫码购票。

专家：就在身边。开发营销远程视频专家支持，实现与总行客服远程银行的对接，将远程视频客服系统应用于网点贵宾客户理财，贵宾客户可通过专属理财师实现一对一咨询。

坐下就能搞定：客户只要就坐于"一站清"柜台前，就能进行现金、非现金、存单存折、票据、产品购买等多种活动。

资料来源：根据公开资料整理。

第 13 章　中小银行转型模式，转型角力的谋划布局

通过金融科技手段，推动中小银行转型，已成为中小银行顺应未来市场竞争，实现可持续发展的内在需求。中小银行由于资源禀赋差异，关注夯实转型基础，从技术、人才、产品等方面补短板，推进改革，支撑转型发展。在适时、敏捷转型策略的支持下，通过差异化转型路径，形成与内部机制耦合的转型模式，促进中小银行的发展。

13.1　夯实转型基础，提升竞争能力

中小银行在资产规模、品牌效应、技术储备、人才培养等方面存在不足，为推进数字化转型发展，开始加强储备金融科技人才、技术，确定转型原则与策略，为转型发展提供坚定基础。

13.1.1　中小银行转型基础

金融科技为中小银行的流程、运营、风控的数字化转型以及产品服务创新提供了技术基础，推进了中小银行的转型发展。

金融科技重塑银行的商业模式、运营模式、创新模式。从商业模式来看，传统银行主要是基于融资企业过去发展状况预测未来，更多关注融资企业的抵（质）押物状况，在此模式下，银行顺周期趋势明显。但在新经济环境下，随着技术的发展，银行从"重资产"向"轻资产"模式转型，基于融资企业上下游状况，更多注重融资企业相关数据反映的经营状况。数据资产成为银

288

行竞争取胜的关键。从运营模式来看，传统业务的运营依靠线下线性流程的运转，而现在依托第一性原理对业务流程进行再造，以极简方式满足客户金融需求，以快速的业务审批为依托，增强客户体验。从创新模式来看，传统银行的创新垄断性不高，而金融科技赋能下的产品与服务创新被同行照搬的可能性大，而且与传统线性创新模式不同，金融科技赋能下的金融创新呈现出非线性突破的特征，即中小银行也能引领创新，这在一定程度上弱化了中小银行品牌和规模方面的劣势。

13.1.2　中小银行转型原则

金融科技的发展为客户提供了更多服务选项，从而引发了客户行为变化，这对中小银行带来巨大挑战。虽然大部分中小银行已经分别在多渠道平台进行了有益尝试，但其在开展金融科技创新时普遍面临机制僵化、人才匮乏、技术落后、资金不足、运营偏弱等困难。所以，在此情况下，中小银行的战略布局尤为关键，一定要从自身的特点出发，发挥相对比较优势，规避绝对比较劣势，打造特色型中小银行。

个性化。中小银行转型不能照搬大行经验，也不能随意进行"颠覆型创新"。一是中小银行具有区域优势和丰厚的本土关系资源；二是中小银行对区域客户挖掘潜力巨大；三是中小银行差异化、特色化发展趋势越加明显。在此背景下，中小银行需要根据自身发展规划，结合金融科技手段，形成个性化发展规划，为其发展优势助力。

精准化。中小银行精准布局金融科技发展战略是在自身定位以及对客户需求深刻认识的基础上，对金融科技发展目标、重点、方案等方面的精准化推进。一是深刻把握中小银行自身资源基础及差异化业务；二是全面把握客户需求及其发展趋势，围绕客户深化差异化业务发展；三是精准对接特色业务的金融科技赋能需求；四是改革流程、运营与风控等，支持中小银行业务转型。

开放化。中小银行资源匮乏，缺乏长效的技术、人才、资金投入机制以及创新文化基因，需要依靠与外部机构的合作，推进技术开发与应用，并且通过端口向多元化场景开放，导客引流，共同打造开放化的金融生态。

可操作化。实现金融科技战略规划目标的可操作性就是同时推进组织结构的相关变革，以支撑新模式的发展。一是组织结构扁平化，优化决策支持；二是科技部门迁移，优化配置技术资源；三是人才制度激励，保障各方创新的积极性。在制度体系、组织体系、技术支撑等方面协同推进，加快转型规划的可操作、可实施。

13.1.3　中小银行转型策略

金融与科技的融合是对银行业务、运营、风控等环节的赋能过程。中小银行的差异化发展模式对金融科技赋能支持下的转型策略呈现出异质性特征。转型目标侧重个性化、差异化；业务转型侧重本土化、简洁化与高效化；风险管控注重数据化、智能化。

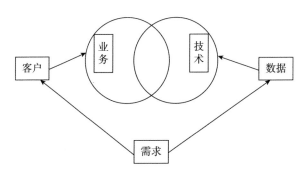

图 13 - 1　科技与金融融合关系

1. 明确个性化发展目标

中小银行转型需要明确错位竞争目标，突出发展个性化。一方面，资源充裕的中小银行，在转型发展中，可以采取稳中求进的战略，侧重于金融科技对中小银行业务流程效率的提升；另一方面，资源短缺的中小银行，在转型发展中，可以采取联盟、合作的发展方式，突破技术、人才、资金等方面的困境，以数字化模式、便捷化体验紧抓各类客群的金融需求，通过金融科技力量提升产品与服务质量，充分挖掘区域客户资源及其价值贡献。在此基础上，加快构建支撑其个性化发展的组织结构，即横纵协调发展的组织架构路线，横向组织架构形成业务协同，支撑个性化创新发展；纵向组织架构推动技术前移，推进技术资源共享，优化业务流程。

2. 精简业务流程

中小银行业务转型就是通过金融科技的运用，回归"以客户为中心"，实现差异化发展，突出特色优势，推进业务的智能化、数字化发展。一是本土化。根据区域优势产业、特色行业、独特客群等资源，运用金融科技手段改造银行传统产品与服务，利用本土化优势提高产品与服务的特色。二是简洁化。紧密围绕客户的核心需求，改造业务流程，后台依托金融科技超强的存储、计算能力以及有效的算法等，支持前台业务流程的极速体验。三是高效化。以信贷业务为例，通过人工智能、大数据、云计算等技术改造信贷体系，建立贷前客户筛选、贷中信用评级与定价、贷后预警系统，实现业务的个性化快速处理，推进业务发展。

3. 加强合作与开放

中小银行实施由金融科技支撑的转型，需要坚持合作开放的发展思路。首先，中小银行在制定金融科技转型的战略规划的基础上，成立专门的领导部门，协调金融科技发展所需的资源，以及加强与外部合作，为中小银行围绕市场需求，开展技术转化提供支持；其次，培养相关技术人才，完善考核制度，增强中小银行在合作中对外部技术的消化吸收能力。

表 13-1　　金融科技与银行业务融合系统总体框架

顶层	业务服务层	客户业务系统	主要针对银行日常业务的线上、线下系统，例如存款、支付、贷款、理财产品销售、直销银行等
		资产运营管理系统	主要针对同业资金融通业务系统
中层	内部业务层	业务流程系统	主要包括银行开展业务的内部岗责分工及流程说明，通过技术手段实现流程优化和效率提升
		风险管理系统	主要包括银行传统经营风险和金融技术革新带来的新风险等
		资源共享系统	主要针对银行内部客户数据资源共享与基础资源共享等
		产品创新系统	主要针对银行根据地方自身经济发展实况所推出的具有特色差异的产品创新
		薪酬绩效系统	主要针对转型背景下前中后台激励模式的革新

续表

中层	数据处理层	数据采集	主要针对金融科技背景下大数据资源的收集与整合，比如对个体客户和企业客户相关数据的收集，对客户需求、客户财务状况、职业、产业经营、违约风险等信用评估数据的收集整合
		数据挖掘	主要是对所搜集数据进行量化处理和筛选并将其转化为银行可利用资源
	数据资源层	企业数据库	经营区域内大、中、小型企业的相关数据
		个体客户数据库	经营区域内各种个体客户的相关数据
		专项数据库	主要针对区域内国家专项政策的相关数据：扶贫基金、惠农基金、创新鼓励金等
底层	平台支撑层		金融科技银行业务平台

资料来源：根据公开资料整理。

13.2 创新转型思维，适时推进转型

金融科技为中小银行的发展提供了一种平等、独特的新型技术供给。既有利于优化银行的业务流程、降低运行成本、改善中小银行的发展业态，也会有伴随产生创新风险及相关次生风险的可能。因此，中小银行需审时度势，适时运用好金融科技，增强其核心竞争能力，积极打造"小而美""小而优""小而智"的发展模式。

13.2.1 中小银行转型思维

错位发展是中小银行金融科技发展的有效路径，即依托开放、包容、合作等思维，创新发展理念，植入创新文化，推动金融科技与业务的深度融合，实现中小银行转型发展。

依托科技优先的思维，不断向产品与服务注入科技基因。一方面，通过金融科技，推进精准营销、智能风控、数字运营；另一方面，通过金融科技，加快金融产品与服务研发，确立新型竞争优势，实现弯道超车。比如江苏银行依托金融科技，推出"税 e 融"，具有"全自动、全信用、全天候、全覆

盖"等优点，已累计为 10 万以上小微企业提供了超过 160 亿元的贷款，为小微企业发展提供了有力支持。

依托科技赋能的思维，不断向组织变革与模式创新注入技术力量。一是基于大数据技术建设数字化银行。运用数字化技术、数据挖掘技术、数据分析技术等，分析客户行为，实现客户筛选、精准营销、价值挖掘。二是基于云计算技术提高对科技资源的扩展应用，增强计算力、存储力，为算法的实施提供基础设施保障，增强业务的安全性并降低成本。三是基于人工智能技术加快智能营销、智能投顾技术的发展，提升客户体验。四是利用区块链技术增强业务信任机制，依托智能合约提升业务效率，增强银行系统的安全性。

总之，中小银行转变发展思维，需要以资源和业务优势为基础，增强金融科技赋能以及创新文化植入，提升中小银行发展的内在动力。

13.2.2　中小银行适时转型

科技的迅速发展使传统银行业面临着"变则生，不变则亡"的境遇。科技为银行转型赋予了新动能，驱动银行向客户提供开放式、体验式的金融服务。为加快实现银行服务转型，银行需要积极实施智能营销、智能风控、智能资产管理、智能运营和智能客服等，全方位提高服务智能化，不断提升服务质量和效率。

适时推进中小银行实施智能营销，降低获客成本。对于中小银行，建立了客户资源优势就相当于获取了竞争优势，就能占领发展先机。智能金融能够精准识别用户，并可建立用户画像，为银行实施精准营销创造了有利条件。智能金融通过整合用户的消费、交易等行为数据，借助人工智能制定精准营销解决方案，进一步提升银行的客户筛选能力和精准服务水平。在国内实践方面，平安银行以智能化的"平安脑"为依托，从新客户精准营销、存量客户交叉营销、流失客户识别与挽留等方面实施客户全生命周期智能管理，并取得了明显的管理成效。

适时推进中小银行实施智能风控，提升风险管理能力。风控是中小银行的核心竞争力。近年来，随着不良率的提升和与日俱增的信用风险防控压力，中小银行更加重视风控能力的建设，加快实施智能风控。以反欺诈为例，要实现智能实时反欺诈，可借助基于图谱的网络技术，构建基于规则和机器学习的反欺诈模型。比如，基于积累的海量客户金融数据，平安银行构建了用户行为画像、训练大数据侦测模型，同时搭载高效决策引擎，实现了毫秒级决策响应的实时反欺诈监控。

适时推进中小银行实施智能资产管理，提升投资服务能力。随着居民投资需求的日益旺盛，中小银行的资产管理业务将迎来较快发展。近期，智能资产管理备受银行的关注。2016 年，招商银行推出"摩羯智投"，实现了资产规模的快速增长。从长期来看，智能投顾服务通过大幅降低投资门槛，能够满足大多数中低收入群体对投资顾问服务的需求，促使金融服务更趋平等、普惠。

适时推进中小银行实施智能运营，推动零售网点转型。在日趋激烈的竞争环境中，国内银行纷纷布局零售市场，加快实施大零售转型。在转型过程中，金融科技已经成为银行业的共同选择。借助金融科技，银行能够实现柜面业务运营体系和客户服务流程的智能化，为客户提供更加高效、优质的服务体验，同时可以优化资源配置，实现银行的低成本运营。从国内外实践来看，一些外国银行已经实现了智能化运营，服务效率得到大幅度提升。国内，平安银行已经建立了以"社交 + 移动应用 + 远程服务 + 智能网点"为核心的零售银行运营体系，向智能运营转型迈出了成功一步。

适时推进中小银行实施智能客服，改善体验降低成本。智能客服的发展将有效替代人工客服，不仅能节约银行的人工成本，还能够进一步改善客户服务体验。比如，平安银行创新推出"AI 客服"，借助 AI 技术、生物认证技术和大数据技术等为客户提供远程服务，实现"在线一次性业务办理"服务。目前，"AI 客服"已经在银行、证券、保险等金融服务领域得到了广泛运用。从实践来看，AI 客服可借助庞大的金融数据库实现文字、语音、图片等多种模式的人机交互，且具有93%的机器答复率和95%的回答正确率，使银行客服效率和质量得到大幅提升。

13.2.3　中小银行敏捷转型

"敏捷"在银行前后台有不同的体现，即前台营销人员能够快速洞察客户需求，后台体制机制能够及时响应客户需求，以高效、专业的服务满足客户需求。"敏"是指要对客户的需求变化具有较敏感的感知能力，"捷"是指要快速应对客户的需求。敏捷转型的核心在于快速迭代，不断试错，准确把握快速迭代周期，不断提高对下一步迭代的指导能力，不断调整并接近最合理、最理想的战略方向。

敏捷组织是对传统组织形式的创新和突破，解决了传统组织架构的条线割裂、层级森严问题，平衡了组织的稳定性与灵活性。敏捷模式能够将产品开发速度、决策效率分别提升五倍和三倍。敏捷组织具有稳定性，同时又极具活力。对外，敏捷组织能够很好适应环境变化，灵活应对市场变化、技术创新及政府监管等。对内，敏捷组织在结构上更趋扁平，同时又能更加包容企业运营中的不确定性。

在国外，荷兰 ING 银行敏捷改造了整体组织架构，对组织造成了较大的影响。在国内，银行可以从关键业务、关键产品或者关键团队等方面实施敏捷转型，在不断总结经验后逐步推进。实施敏捷转型，一是银行要在战略方向上形成共识，并抓好落实；二是加快建设与之相匹配的组织架构、体制机制和人才资源配置；三是将敏捷转型的文化和信念传递给全体公司人员。

近年来，国内银行也开始积极实施敏捷转型，探索适合自身发展的模式和路径。2018 年，中原银行正式确立了数字化转型战略，加快发展金融科技，探索敏捷银行建设。中原银行首先在零售条线实施部落化敏捷转型，公司条线紧跟其后，将原有金字塔式组织架构转变为灵活扁平的工作小组，提高迭代速度，精准把握客户需求。同一年，平安银行将科技派驻模式引入对公业务条线，在"口袋财务"APP、"FB 远程柜面""智慧管理"等项目中继续试点敏捷开发模式，加快了产品迭代速度，显著提升了交付质量和客户体验。恒丰银行也致力于敏捷银行转型，并率先在零售金融、IT 部门团队开展敏捷试点。恒丰银行通过战略确立、架构调整、流程优化、组织推动、资源调配等手段，不断推进敏捷转型。

经过多年的应用开发，目前金融机构基本已经实现了信息化系统的全覆盖、无死角。针对银行各业务部门的差异化 IT 需求，中小银行应加快由传统信息化到数字化的转变，促进从"烟囱系统，重复开发"转向"共享沉淀服务能力"，从"数据孤岛"转向"数据智能决策"。可以预见，打通组件化、服务化"共享敏捷中心"，将成为影响金融机构成功向数字化转型的关键。

第一个关键经验是，组织阵型。敏捷能力建设依赖于敏捷的组织阵型，需要建立独立于业务线的中台技术团队和 KPI 机制。IT 部门服务于业务部门，但也要独立于业务部门，兼具局部的"战斗视角"（支撑短期业务，业务驱动科技）和全局视角，因此，银行应当建设配套的中台技术团队，负责进行全局公共服务的沉淀和建设，并在 KPI 上独立于业务线。中台技术团队一方面要能够深刻理解前端业务中的公共和通用业务，不断总结抽象出能够沉淀到共享业务中的业务点；另一方面要时刻关注技术发展趋势，从共享业务层面确定业务创新方向，支持前端业务发展。

第二个关键经验是，架构持续治理。共享中心和业务域的架构师要定期进行领域范围的架构评估，评估业务烟囱是否有通用性和共性，进行中台提炼和沉淀。共享中心域建设是一个不断优化调整的过程，离不开业务域的滋养，同时又能通过再放大滋润业务发展。共享中心建设需要经历数代技术架构更迭，而每次更迭中的关键一环都在于盘点烟囱和拆烟囱。架构的持续治理过程实现了有价值的业务能力的沉淀和复用，防止了重复建设。

第三个关键经验是，采用"四眼原则"，实现业务与技术的融合。根据"四眼原则"，通过"一横多纵"（共享中心域＋业务域）分解结构化需求，并进一步识别结构化需求中能够显现在运营中台的产品类型、业务流程、配置能力等，以有效降低学习和沟通成本，进而通过领域建模、业务规范、流程重组等方式推进各领域的分工建设，促进开发活动的快速标准化、图纸化。各个小开发团队通过高内聚、低耦合的"合约化"服务开发方式，实现传统复杂系统的大闭环（开发—测试—上线）向松耦合小闭环的转化，不断提升团队敏捷开发效率。

第四个关键经验是，从原子级服务发展到复合服务。随着高内聚、低耦合的原子级服务的不断沉淀，前端业务方将面临更多新的需要理解的原子级服务问题。比如，业务端有 M 个业务渠道，资产端有 N 种原子化资产服务，当每个业务渠道与所有原子化资产服务进行对接和集成时，就会产生一个复杂的 M × N 集成配置。针对这种问题，可通过建立统一资产交换业务服务，基于业务视角重组业务服务，屏蔽底层原子服务复杂性，将 M × N 的工作量压缩到 M + N，有效提升效率和灵活性。

第五个关键经验是，不断测试。当技术平台变为分布式架构、微服务体系后，业务架构将非常复杂，一个系统一般需要成千上万个对象支撑，为了提高复杂系统的可用性、对各类故障的免疫力，只有通过问题才能提升系统可靠性，但却不能被动等待各类故障和意外的发生。因此，在采取系统测试、压测、灾备等防范策略的同时还应该不断进行测试，通过对各类意外情况的模拟，检验系统是否具有可靠性。为提高系统的可靠性和稳定性，需要不断进行攻防，通过技术风险管理将技术问题和风险管控在确定的范围内。

13.3　选择转型模式，增强转型动力

传统的金融机构主要是通过外部创新、内部创新以及联合创新这三种渠道带动金融科技转型。中小银行要发展金融科技，就需要对中小银行的禀赋优势和它们的适用范围进行透彻分析，形成借力创新和互助协作的新型联合创新模式。外部创新是借助其他具有创新实力的金融科技公司与团队，进行资本运作将技术公司整合，快速增强自身的研发能力以推动金融创新。内部创新是基于组织内部的技术、资金以及人力等资源，开发增强现实、区块链以及人工智能等前沿科技，从而加快创新金融产品与服务。联合创新是以合作的形式，把外部金融科技企业、科技公司与自身的资源相结合，借力合作方的技术实力研发能够满足自身业务需求的金融产品。

13.3.1　自我培养发展道路

中小银行的发展较为缓慢和落后。与大型银行相比，中小银行缺乏高素

质创新人才和资金，这导致中小银行处于科技外包风险显露的两难困境。另外，互联网企业有强大的对外沟通能力，与之相比中小银行与大型科技企业合作通常处于劣势，这加大了合作的难度。中小银行的金融科技创新处在种种困境中，要更加清楚自身的优势，针对自身的特点实现精准创新。

1. 自主科技能力塑造路径

金融科技公司陆续成立，且分布在银行所有细分领域，传统银行业务因此受到了打击。中小银行为此在精细管理、风险防控、产品和服务创新上强化了金融技术的应用，且正在进行数字化转型。

中小银行发展金融科技，就要明确目前的"痛点"，在此基础上利用自身优势、抓住市场机遇、把握政策，推进个性化发展进程。首先中小银行需要确定自身的创新战略，在权衡挑战与机遇过程中寻求符合自身发展的金融科技创新战略。各中小银行面对的发展重点以及所处的经济、区域环境均不相同，要按照所处的环境明确找到适合自身的金融科技创新战略，在操作层面齐头并进，克服资金和人才障碍。

一方面，可以在"引入"与"合作"两个方面弥补人才劣势，与专业技术人才进行跨界合作，推出核心区域的人才培养规划，以各种方式引进人才，充分挖掘人才价值，增强研发投入，形成适合自身发展需求的核心技术竞争力。

另一方面，中小银行重视发展核心技术能力，在诸多发展方向中找准主要矛盾并切入，结合自身的需求，从核心发展方向的核心环节获取核心技术能力，在此基础上以外包、对外合作等方式加强技术实力，实现金融科技转型。

最后，自主创新并不意味着封闭创新，中小银行要秉持开放的态度构建自身的技术能力，充分挖掘市场的资金、人力资源以及技术资源，以合作开发、外购技术以及自我研发等形式，利用债权、股权等手段，从合作采购、生态建设以及与其他中小银行合作等渠道，克服目前的技术劣势，突破自身技术能力匮乏，与大型企业合作难度高的困境。

中小银行向金融科技转型的关键是培养自主研发能力。具备自主科技能力是中小银行核心竞争力的重要组成部分，更是其与其他技术企业进行合作的基础。

2. 自主科技能力塑造重点

目前，银行业内开始积极发展人工智能、大数据、云计算以及区块链等金融科技。在金融科技应用方面，城商行主要涉及运营、产品以及客服三个方面，与股份制商业银行和国有银行大致相同。在运营模式方面，金融科技推进中小银行整合渠道的进程，形成以移动支付与网络支付为主，自助终端与实体网点为辅的渠道融合模式。在产品方面，借助互联网实现用户快速触达，利用投资理财、借贷以及支付等产品，满足消费者的多样化金融需求。在客服方面，银行借助互联技术，通过微信银行、网上银行以及手机银行等渠道，增强银行连接和获客能力。金融创新的交易去信任化和网络去中心化等主要难题都可以通过区块链得到解决，会彻底改变中小银行目前的行业规则、组织架构以及基础设施等。

中小银行的大数据技术应用，一是在内部系统方面的应用，需要借助大数据对客户进行评分。中小银行通过金融科技结合实际情况调出用户的大数据，随时进行评分调整。这种方式既能保证客户受到公平对待，又可以确保银行利益最大化。在银行业内，这种金融科技应用十分重要，尤其是中小银行这种立足本地的企业，通过该技术应用，能够有效地降低风险，提高效率。二是大数据在营销方面的应用，对存量客户，中小银行借助大数据掌握客户需求，可以精准推荐相应的服务与产品。

中小银行加大金融科技投入。上海银行以小团队的形式研发新的技术，定期开展课题研究，并与外部力量相结合以提供支持。该行目前已经实现生物识别技术、大数据运维以及云计算等研究的落地应用。上海银行将机器学习和大数据等 AI 技术与其数据中心相结合，形成以大数据为基础的一体化运维服务管理机制，实现向数字化"智慧运维"转型。上海银行在 2017 年实施"以创新机制推动金融科技深入应用"的创新战略，将人脸识别技术、能听懂你的手机银行以及直销银行 Open API 运用到渠道业务和新柜台方面，迅速实施并运行电子化商务合同、数字化营销引擎等创新项目。上海银行在手机端着力构建手机银行移动端创新，将生物识别技术融入其中，让用户享受刷脸开通转账、指纹登录以及语音导航等全新体验。兰州银行推出人脸识别、百合生活网、全能自助银行、智能机器人等互联网金融平台和产品。宁波银行近日与默安科技建立契约关系，增强科技系统构建投入，围绕信息系统开发全生命周期的风险管理，从研发的源头出发，通过与金融科技同步确保银行信息系统安全。

3. 自主技术能力差异化

从总体战略与定位出发，中小银行要发展金融科技，需在当地市场中有一席之地，在专业领域深耕细作，形成具有自身特色的业务品牌。由此看来，中小银行金融科技的发展也需要与总体定位和发展战略相适应，基于金融科技的发展，打造城商行专业化、特色化以及差异化的错位竞争。具体来看，中小银行可以从运营高效化、资源独特性以及战略聚焦化等角度发展金融科技，立足当地市场，实现金融服务特色化。另外，中小银行在风险管控、数据基础以及科技基础方面的能力较为缺乏。所以，中小银行在着力提升科技和数据基础的同时，应借助金融科技提升风险防控能力，这也是未来的发展趋势。

中小银行在财富管理、消费金融以及普惠金融等方面，可以结合自身的优势有针对性地布局发展金融科技。

13.3.2　对外合作发展道路

中小银行通过构建金融科技平台，可以实现技术互补、系统互联、渠道互通以及风控互鉴，形成进一步业务合作的重要环节，在建设各应用系统的基础上，大力推进先进技术的应用。

1. 解决中小银行的实际问题

中小银行的优势在于风控，但对于信息不对称、信息成本高等问题无法通过传统手段有效解决，技术支撑及内外部资源的调动成为解决问题的关键。

（1）业务技术双赋能，打造智能生态圈

由于中小企业的融资流程烦琐，中小银行不具备强大的风控能力，所以

"痛点"就在于信用穿透难。特别是供应链金融领域存在很多中小企业，在信用甄别和风控方面仍有不足，所以中小银行难以拓展这个市场。中小银行通过共建金融科技平台，可以深度挖掘云计算、人工智能以及区块链等先进技术的价值，借助金融科技平台实现向参与银行的精准输出，形成智能金融生态圈，以期彻底打破中小企业融资慢、融资贵以及融资难的困境。

长期以来，中小银行开展金融业务的最大障碍就是信息不对称和信用难甄别，生态型平台突破了这一限制。将企业核心资源融入金融科技平台，中小银行在平台中借助科技手段交叉查验企业的贸易和信息真实性，利用风控手段，向其上下游企业或者核心企业进行授信与放贷。

共同构建生态型平台是在持续聚集资金供求两端资源的基础上，不断优化中小企业金融生态智能化。中小银行可以通过金融科技平台形成中小银行新型智能银团贷款平台、供应链金融平台、贸易融资平台、不良资产处置生态圈等，同时还能结合参与银行的需求，建设新产品的交易平台，以支持中小银行进行产品创新和业务拓展，中小银行能够以较为低廉的成本拥有风险可控的信贷资产，增强风险管控能力、有效保持客户黏性与获客、大幅度提高运营效率等。

（2）完善培训，全面赋能，打破知识鸿沟

专业人才是中小银行推进满足客户需求与市场发展的数字化转型的关键。目前，互联网行业与一线城市的金融科技人才居多，地区和行业布局不均衡。另外，知识结构老化与管理层年龄较大等问题普遍存在于各中小银行，其科技创新观念相对传统，在金融科技迅猛发展的时代，中小银行管理结构难以应对时代要求。有效解决管理结构与人才结构的断层问题，要在构建金融科技平台的基础上，完全掌握参与银行的"痛点"和需求，进行专业培训，打造同业交流平台，有针对性地增强会员银行的金融科技人才水平。在各个方面一齐发力，经过专业培训赋能，补足中小银行的技术人才短板，在战术与战略上有效提升中小银行的场景落地与创新驱动能力，开拓中小银行的发展领域，进一步提高银行各业务板块、各层级的人才水平，为数字化转型打下坚实的基础。

2. 充分运用资源

中小银行在财力资源、物力资源以及人力资源等方面存在不足，难以自主研发所有的金融科技系统，然而中小银行在自身擅长的金融业务领域都具备特有的长处。中小银行可以通过共同构建金融科技平台，输出自身特有的资源优势，不断优化金融科技平台，让各中小银行互相沟通与交流。同时，中小银行能够向金融科技平台提出要求，继而让金融科技平台更好地融合自身的具体特征。

目前，很多中小银行已经开始组建联盟，增强了市场竞争优势。比如，2013 年紫金山·鑫合金融家俱乐部成立，到 2018 年参与的中小银行从 2013 年的 65 家发展到 145 家，总资产达到 20 万亿元。2015 年在天津成立环渤海银银合作平台，参与成员遍布全国多个省市，包括河北、山东、山西、内蒙古、辽宁等，平台的参与方能够优先获取合作机会，并能享受流动性互助、功能互助和投资互助等服务。

2019 年恒丰银行在济南牵头成立了儒银合作发展联盟（儒银联盟），其他参与方包括山东省农信联社、青岛银行、齐鲁银行、烟台银行、威海市商业银行。儒银联盟设立了联盟基金，由参与方认缴，旨在为当地实体经济的发展提供资金支持；针对新旧动能转换等重大战略的资金问题推出银团贷款业务，满足企业发展和项目建设的融资需求；在联合授信方面深入探索，对金融资源进行合理配置，通过流动性互助机制实现资金的合理调度，使区域金融环境保持稳定。与单一机构或成员相比，儒银联盟有更加雄厚的资金背景和更多元化的资金来源，为山东省实体经济发展带来了更多的金融资源。儒银联盟的宗旨是合作互惠、优势互补、资源共享，各参与方共享发展机遇。中小银行特点决定了成立联盟的必要性，联盟成员之间优势互补，在资金上互相支持，在技术上相互输出和引进。

13.3.3 借助外力发展道路

《中国银行业信息科技"十三五"发展规划监管指导意见（征求意见稿)》规定，在"十三五"结束前，各银行需要将系统迁移云计算架构平台，其中面向互联网场景的重要信息系统迁移比例100%，其他系统不小于60%。这加大了银行业的转型压力，且银行需要应对越来越多的互联网金融或应用场景，另外客户需求越来越多样，金融产品快速迭代，这就要求业务要实现快速上线、IT资源要实现弹性供给。当前金融科技公司发展势头迅猛，旨在解决金融科技问题的第三方科技公司不断涌现，这些公司不仅能提供成熟的解决方案，还能为中小银行的转型发展提供新的选择。

1. 借用外部互联网银行平台

银行需要找到新的突破口实现转型目的，最重要的抓手就是借用外部互联网银行平台。从本质上看，互联网银行不是解决技术问题，而是解决战略问题——促进银行实现数字化转型、开拓全新互联网金融业务模式。互联网银行平台是迎合市场需求而产生的新型银行合作模式，借鉴互联网转型和零售转型的经验与成果，推出"技术＋业务"双赋能模式，促进银行实现数字化转型。

目前，部分金融科技公司在业务模块的基础上，针对促进中小银行开展互联网金融推出了相关业务。互联网银行平台通过接口形式与银行原有核心系统进行对接，不仅维持原有业务的稳定开展，还通过内置移动银行、中小企业融资、供应链金融、零售贷款等业务模块促进中小银行互联网金融业务的快速开展。同时借助合作平台，在获客、产品、运营、客服、风控等几个方面提升银行的能力，助力银行以低成本、高效率实现快速转型。

中小银行面临成本高、获客难、后台系统庞杂、客户画像不清晰、数据冗余等困难，为解决这些困难，中小银行建立了一体化互联网移动银行体系。通过将大数据分析、场景接入、智能决策、移动服务、账户管理、客户营销、会计核算集于一体，为合作银行打造一体化互联网综合业务云服务平台，助力互联网移动银行业务的快速开展，实现收入模式创新。

"互联网银行平台＋移动银行"这一方案以丰富的实践经验和业务资源为基础，对客户互动的流程和体验进行优化改进，从而提高客户转化率并增加营销源，建立起移动业务全场景服务体系。

中小银行在科技方面投入较少，大多数互联网银行平台对资源的消耗都很大，因此通过自建平台几乎不能完成转型。中小银行开展"开放银行"模式与大型银行有所不同。中小银行的开放主要指外部资源的引进，围绕自身核心客群，突破自我小闭环业务模式的限制，向产业生态链靠拢，通过与第三方的合作提高客服水平，增加客户黏性。互联网银行平台的优势体现在部署迅速、成本较低、方案成熟等方面，这为中小银行向金融科技快速转型提供了便利。

2. 积极利用公用云

目前我国针对云计算出台了相关政策，相关产业的宏观政策环境也基本形成。此外，我国也正逐步完善云计算在金融行业发展的政策环境，中小银行通过云计算实现金融科技转型是未来的发展方向和趋势。

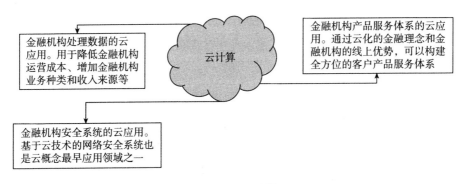

图 13 - 2　云计算

（1）云计算快速发展

金融行业按业务标准可划分为证券业、银行业、互联网金融、保险业等子市场。我国传统金融机构主要应用云计算的两种部署模型：私有云和行业云。金融业务未来的创新之本就是云上银行，金融云能够助力数字银行转型，为数字银行赋予全新的业务能力。

云计算主要分为四种部署模型：私有云、公有云、行业云（社区云）和混合云，划分依据是云计算平台用户范围、云资源归属和控制方。其中，私有云是指云服务只为一个云服务客户提供服务，该客户控制所有资源的部署形式。云服务客户或第三方独自拥有私有云，并掌握管理及运营权，一般私有云的客户是组织。私有云可在云服务客户的场内或场外，也可在维护自身利益的前提下授予其他成员访问权限。

行业云（社区云）是指一组特定的云服务客户单独拥有或共享云服务的部署形式。组内云服务客户或云服务供应商享受资源的控制权，客户的需求相互关联、彼此共享。社区内部组织和第三方单独或联合拥有社区云，并掌握管理及运营权。社区云可在云服务客户的场内或场外。行为云的客户对象仅限于行业内在安全需求、业务需求、政策符合性考虑以及其他方面有共同关注点的客户。

（2）中小银行运用云计算技术已成趋势

目前我国云计算产业发展、应用基础等方面的宏观政策环境已逐步形成。但金融行业对于云计算的具体应用仍存在三大"痛点"，亟待行业云打破现状。

银行和互联网公司都把云计算和生态建设作为未来顶级发展战略，充分表明云计算具有较高的商业价值，但搭建云计算基础服务的成本很高，且对研发战略眼光有很高的要求，并非任何一个机构都能够做到。在银行业，金融云已经占据较高的战略地位。在金融机构和互联网公司的共同努力下，逐渐打破金融云的使用门槛，中小银行也已具备使用金融云的条件。

《中国银行业信息科技"十三五"发展规划监管指导意见（征求意见稿)》针对银行业云计算的监管问题发布了相关意见，提出要主动规划云计算架构，积极开展架构迁移，支持金融业的行业云发展。《中国金融业信息技术"十三五"发展规划》对新技术落地提出了相关要求，这为金融创新发展、系统架构建设和云计算应用研究提供了支持。

大多数中小银行在应用云计算时面临三方面的困难，一是业务压力大，大银行已经上线信息系统，中小银行也不能落后，但是中小银行缺乏信息化建设能力；二是"缺钱少人"，中小银行缺乏足够的财力和人力；三是运营维护艰难，信息系统持续上线增加了运行维护难度，还对整合和管理提出了更高要求，增加了风险控制的难度。

行业云是解决云计算难点、实现中小银行转型的最佳部署模式。首先，行业云的运营成本较低，与私有云相比，行业云投入的人力、物力较少，体现了云计算按需、弹性的特征，中小银行可以采用"月租服务费"的方式投资，这种方式成本较低、占用的运营资金较少。其次，中小银行不需自行配备专业化IT运营和维护人员，但能享受到先进的应用技术。再者，行业云相比于公有云，也同样达到金融行业的监管要求。

3. 数据风险管理是重点

在数据使用的全生命周期各阶段都需要保护数据资产的安全，中小银行必须制定数据管理和数据安全保护措施，以确保云计算的安全应用，为金融科技转型提供保障。

目前金融机构在应用云计算时，一般的实施路径是从外围系统开始逐步迁移。辅助性业务系统出现问题时并不会带来巨大的风险，因此安全等级较低。金融机构利用这一特点，将云计算应用于客户营销系统和经营管理、渠道类系统等辅助性系统，在降低成本的同时提高了系统管理灵活性和用户体验。

提升信息化程度必选云计算技术，云计算的应用已是大势所趋。但是到目前为止，云计算的应用仍有很多困难，最大的困难是保证"金融云"的信息安全。金融信息安全由于"金融云"的兴起而出现更多问题，如数据安全问题、业务连续性问题、合规风险问题等。

中小银行在应用云计算时需要制定风险管理制度和安全保障体系，信息科技部门应根据监管要求的"三道防线"原则对风险管理体制结构进行设计，包含信息科技管理、信息科技风险管理和信息科技审计管理。另外在数据风险方面要重点防控，通过人才培养与技能储备体系强化主动进行风险管理的能力。

在数据使用的全生命周期各阶段都需要保护数据资产的安全，云资源使用者和云服务提供者需要共同维护和保障数据资产的安全。

第14章 中小银行转型建议，迈向未来的行动纲要

随着金融科技的发展，中小银行提出了全面转型的目标和实施路径。中小银行依据自身优势，走特色化数字转型之路，即瞄准差异化定位，实施错位竞争的策略，围绕客户需求，打造核心技术能力，并与内外部协同合作，培养新型价值创造能力。在此基础上，变革运营组织体系与风控体系，支撑中小银行向未来转型。

14.1 加强发展战略竞合，实现银行优势突围

在金融科技背景下，中小银行有着自身的优势和不足。充分发挥熟悉当地市场优势，与同业进行错位竞争，加强核心技术能力以及外部合作交流，形成良性自我发展生态，推进中小银行的跨越式发展。

14.1.1 实施错位竞争战略

中小银行与金融科技公司之间，中小银行与其他金融机构之间优势差异明显，中小银行应发挥深耕区域的优势，实施错位竞争策略，在自身优势领域，关注客户需求，打造快速敏捷的响应体系，在非核心领域与外部机构合作，形成具有竞争力的生态体系。

中小银行厚植区域，服务区域客户，形成了与区域良好的关系，而且中小银行经营灵活、决策迅速，在服务客户方面反应及时，此外中小银行还具

有信用品牌效应以及在风险管理等方面具有优势。

中小银行具有较好的信用优势，中小银行大都是政府出资设立的银行，有政府信用的基础，其在监管部门严格监管下开展业务，管理规范，对区域客户具有较好的品牌效应。而互联网银行大都是互联网公司发展起来的金融机构，除少数几个大型银行外，普遍较弱。这些金融机构的优势是新技术和新模式的应用，但也面临着技术风险、声誉风险。

中小银行具有较高的风险管理水平。银行是经营风险的金融机构，管理各种风险是银行安身立命之本。中小银行具备管控风险的文化、制度、评级模型，并且储备了大量的风险管控经验。与其相比，互联网银行的风控能力来源于数据分析，其积累的经验、数据有限，对各种复杂风险领域的探索还有待拓展。

互联网银行在金融科技支持下，快速发展，在数字化分析、快速创新等方面具有较大优势。在数字化分析方面，互联网银行通过各种方式，获取内外部客户数据资源，运用大数据、人工智能等分析技术，挖掘客户需求，筛选优质客户，精准营销和进行风险防控。在进行客户分析基础上，互联网银行可以快速创新，研究设计符合客户需求的产品与服务。因此，互联网银行的客户黏性更大。在创新方面，互联网银行重视产品创新，往往依据数据分析，瞄准客户需求变化动态，创新产品和服务，解决客户需求"痛点"。

中小银行与互联网银行以及大型银行相比，具有明显的优势，当然也存在一定的不足，因此，实施错位竞争，继续厚植区域优势，借助金融科技的力量，发展差异化、特色化业务，形成突破性创新模式、产品等，重塑竞争优势，实现在差异化领域的深化发展。

14.1.2 发展核心科技能力

目前，线下网点依然是中小银行开展业务的主要模式，因此，中小银行的 IT 系统依然是传统的集中式架构。而随着数字化时代的来临，这种集中式架构已经无法有效推进银行的数字化战略发展，也难以满足客户的金融需求。数字化时代对中小银行的科技创新能力提出了更高的要求，将彻底重塑中小银行的业务模块架构。一是中小银行需要运用技术手段加快推进现有业务的线上化改造，使用户通过手机银行等线上操作就能享受便捷、安全的金融服务。二是中小银行需要加强数字化渠道建设，提高用户使用数字银行的积极性，从用户体验入手逐步推广数字银行相关业务。中小银行的数字化建设能够降低线上网点成本，减少人员占用，最大限度地发挥人力资本效应，同时尽量采用系统、人工智能处理固定模式的业务，提高业务办理效率，改善客户服务体验。

14.1.3　加强外部交流合作

在金融科技研发上，受限于自身发展规模、盈利能力等因素，中小银行一般难以独立承担云计算、人工智能、大数据和区块链等技术的较高投入成本。在这种情况下，中小银行可以与其他中小银行成立行业联盟，组建线上共享平台，通过联盟合作开展金融服务业务，加强外部交流合作，比如联合贷款、聚合支付等。借助这种联盟合作，中小银行一方面能够将资源投到重要的业务上，减少资源浪费；另一方面可以加强与金融科技企业的合作交流，降低业务拓展成本，加快向其他领域发展。

在对外交流合作方面，南京银行的"鑫和联盟"是比较典型的例子。实践表明，构筑或者参与开放性的金融服务平台，是一种可行的业务模式，中小银行可以在以下方面与市场主体加强合作。

科技平台开放。中小银行可以凭借强大的基础设施能力，提供平台服务、应用服务等多种开放形式的金融科技服务，满足合作伙伴、上下游企业、同业机构对科技平台的需求。科技平台开放，不仅能够提升中小银行的科技创新能力和收益能力，还能够通过科技合作建立业务纽带，拓宽生态领域合作，比如，中小银行通过发展供应链金融，与核心企业建立稳定良好合作关系，并进一步拓展上下游企业客户。

场景开放合作。当前，银行的角色定位已经发生了改变，不再是仅提供金融产品的角色，而是向着"综合类服务的集成商"角色演变。场景化金融能够融入客户的每个生活场景，深入发掘客户金融需求，获取客户资源。同时，中小银行可以借助场景化金融与合作伙伴建立相互依赖关系，共同打造互惠共生的经济体。中小银行通过与第三方支付平台的业务合作，不断拓展和补充自身服务，共享客户资源，互学所长。

与电商平台合作。电商平台具有较强的信息优势，沉淀了海量的小微企业相关信息。因此，中小银行通过与电商平台合作，能够获取更多客户资源，拓展更多低风险、资质好的企业客户。中小银行应与各类互联网应用企业加强合作，积极布局金融场景，加快拓展线上客户，提升品牌知名度。

API 开放。中小银行可以通过 API 开放等方式提高金融业务能力，打造"无边界银行"，在企业管理流程中交互嵌入银行业务，使企业能够便捷调用银行 API 开放平台。比如支持客户在其业务上下游方便地进行聚合支付、交易见证、收款付款、代收代缴、账户托管、支付、结算、清算、对账等。

打造平台金融。中小银行联合了多方主体，将数字银行的平台化核心能力开放为平台金融能力，让分销代理商、合作服务商、同业分别提供产品、非金融服务、资金与客户，共同开发具有高附加值的金融业务。建设平台金融需要平台化的业务组建能力，成立产品中心、资产中心、客户中心、合约中心和清算中心等，是服务于全行所有业务共享的业务平台能力。中小银行通过打造平台金融，为客户提供个性化、专业化和差异化的综合服务，推进同业场外业务转向"数字化、线上化"。

加强技术合作。为打破技术短板的制约瓶颈，各银行普遍选择联合第三方科技公司，加强技术合作与交流。从国内实践来看，为发展金融科技，工农中建交五大行纷纷选择与 BATJ（百度、阿里巴巴、腾讯、京东）以及苏宁等第三方科技公司合作，并取得了明显效果。传统金融巨头与互联网巨头合作，实现了客户、资金、渠道、科技、平台等优势资源互补，深化了传统金融业务与金融科技的融合。为把握金融科技发展机遇，中小银行也积极布局。但由于缺乏规模优势和金融科技领域相关经验，中小银行的最佳选择是与第三方金融科技平台加强合作。2017 年，平安集团联合 200 多家中小银行共同成立了中小银行互联网金融（深圳）联盟，旨在助推中小银行金融科技的快速发展，缩小与大型银行之间的差距。

中小银行加强合作。建立合作联盟，加强同业合作，是提升中小银行竞争优势的有效途径。相较于大型银行，中小银行在资金规模、线下渠道、覆盖区域、市场影响力等方面的优势明显较弱，且普遍面临着资源、技术、人才等约束。因此，中小银行通过建立有机联盟让科技赋能生态圈，让生态圈赋能金融行业，从而不断提升整个金融生态的客户服务能力、风险管理能力、经营管理能力等。

14.2　增强技术要素投入，提升价值创造能力

由于中小银行科技团队较弱，中小银行科技战略应在业务战略的指引下制定和实施，加强人才培养、信息治理、运营支持，推进中小银行金融科技建设向着稳健务实、与时俱进的方向发展。

14.2.1　加强专业人才培养

受限于风控合规，中小银行在发展思路上注重的是控制、审核和职责划分，不符合互联网时代的合作、创新、灵活精神。因此，加强科技建设，应当首先树立业务与技术融合发展理念，把握技术实施促进业务价值实现的导向。在科技建设中，中小银行应充分发挥管理结构扁平、沟通链条较短的优势，加快推进技术与业务融合。科研团队将金融科技和理念清晰传递给业务部门，共同研发金融科技应用原型，探索金融科技提升业务价值的路径。在此过程中，有必要加强专业人才培养，加强对大数据、区块链、人工智能等金融科技培养，打造一批复合型科技人才队伍。金融科技的发展严重冲击了传统的人才资源配置和人才结构，使得科技研发人员的需求数量快速增长。中小银行的转型发展需要强有力的人才支撑，因此，中小银行应当重视专业人才培养，储备一批懂数字化技术、银行业务和数字化管理的人才。

═══ **专栏 14 - 1** ══════════════════════

中小银行加大科技人才投入

近年来，很多中小银行都将加速科技创新作为发展的重点，积极布局智

慧金融，加快各类业务的线上化转型，同时在人员配比上，都在积极增加金融科技人员数量，加大科技人员投入。

截至2018年，上海银行科技人员达469人，同比增长约21%。2017年上海银行成立科技管理委员会数字化创新管理办公室，全面管理全行数字化创新工作。其中，通过引入大数据技术，加快推进金融业务数字化、自动化和智慧化。在风险识别方面，引入量化的风险计量，实现精准授信、精确管理，大幅度提高在线消费贷款审批处理效率，每日最大业务处理量已经突破30万笔。

近年来江苏银行持续加大金融科技投入，2018年江苏银行在金融科技方面的投入占营收的比重已经达到1.3%。同时，江苏银行的科技人员比重也实现了大幅增长，在全行人员占比中已经突破4%。

截至2018年，宁波银行在岗员工13684人，其中信息科技人员511人，占比3.73%，而2017年末，宁波银行占比3.27%，可以看出，宁波银行信息科技人员数量增长较快。

资料来源：根据公开资料整理。

14.2.2 嵌入信息科技治理

在机制方面，中小银行结合自身条件，选择与自身发展最契合的管理模式。在软件研发方面，中小银行向敏捷开发转型，将研发管理体系引入手机银行等互联网应用领域，提高对每个研发周期的硬性要求，加快研发进程，并积极调整相应科技风险管理。在工具方面，积极引入快速迭代和自动化开发测试的管理工具，先建立试点应用并逐步扩大推广范围。在科技投入的审批方面，中小银行应加快构建业务价值的评价体系，在立项前后加大对项目业务价值评估和测试。

加大对合规科技的投入。在强监管、严监管的趋势下，全球银行业将面临更高的监管标准、更严厉的监管要求。在此背景下，增加合规科技应用已经成为全球银行业堵塞漏洞、避免损失的共同选择。合规科技有利于构建良好的遵规守规环境，加强机构自我监管意识，降低风险防范和治理成本，有利于机构灵活适应不断调整的监管条例。

14.2.3 改进运营支持系统

在互联网时代，中小银行面对的是复杂与多样的系统架构，并且以客户为中心的服务理念也对系统的响应性能提出了更高要求，中小银行的运营系统需紧跟时代发展的步伐。

在运行模式方面，加速从层级治理体系转向扁平化组织结构的进程，在总行成立金融科技事业部，壮大之后可以适时成立独立、专门的金融科技子公司。当前，我国中小银行正在发展应用金融科技，在进一步发展产业互联网的背景下，银行对公领域正在逐步改变，中小银行正在研究形成大型批发金融科技团队，对 IT、投行、风险以及公司金融进行整合。

在风险管控方面，借助人工智能、大数据等科技手段，对供需双方的风险和信用进行更加科学的评估，对风险管理方式进行完善，逐步从"经验依赖"向"数据依据"转变。在管理机制方面，以互联网科技公司为参考对象，形成内部孵化器对创新进行鼓励和引导，并基于信息系统对流程与组织进行改革，形成生产经营平台统一化，为团队的运营提供支持，建立一体化的前台销售。在信息系统运营能力建设方面，以增强系统运维效能为主，降低人为操作的失误率，对总体系统运维能力进行强化，通过新的技术形成自动化和规范化安装、切换以及巡检等操作，进一步优化自动化运维平台。把形成完善有效的信息监控机制作为目标，对信息系统的运行状态进行全方位监控，筛选所有报警信息和日志，形成故障点定位智能化，实现一体化、智能化的集中式监控平台。

14.2.4 提升精准营销技术

中小银行根据自身的定位进行获客战略布局，与大型及同业机构进行错位竞争。中小银行在金融科技的基础上，充分利用自己独有的优势，探寻实现成本最小化的途径。通过移动营销渠道建设、数字化营销技术建设等，提升精准化、低成本的营销技术，支持中小银行的差异化发展定位。

1. 移动端应用强化

在互联网时代，传统银行发生了从线下单一化物理网点发展为电子化和线上化业务的大变革。金融消费行为伴随着移动金融的兴起逐步转至移动端。银行业务通过手机银行触达客户的形式成为主流之一。由中国银行业协会发布的数据可知，当前，行业平均离柜业务率基本达到90%，通常是借助银行类APP或网上银行进行业务办理。银行类APP逐步把大部分业务和功能投放到移动用户群中。

虽然这种电子化业务拥有较高替代率，但它们却不是来自用户最贴切的需求与场景。据《2017年银行业用户体验大调研报告》，在银行类APP主要功能中，使用率最高的是转账汇款，可达57%，账户查询和管理排在第二位，占比54%，生活缴费占比为25%、信用卡还款占比为23%，商城购物、使用信用卡积分查询兑换等的占比均在14%以下。用户需求最大的功能只有查账、转账、还款等，其他功能缺乏应用场景，难以吸引用户。

中小银行需要对自身的产品、业务以及后台进行整合，对移动端应用APP进行强化，在场景中融入更多金融服务产品，打造"开放、场景、生态"的移动平台，把过去的支付、汇款以及理财工具场景化，让移动端成为智能服务、实施互联以及自然交互的核心力量。

中小银行经营模式在未来会产生颠覆性变化，要以场景和用户需求为主进行产品与服务创新，在此之前，风险和利润是银行产品设计的出发点，中小银行提供的服务也多是从风险管理和制度流程的角度考虑如何在物力、购物、消费以及生活等场景中融入更多自动智能手段。

未来，移动端应用是获取客户的极佳途径。中小银行要围绕移动端应用重新构建业务，将交易型APP转变为以运营为基础的B2C自销售平台，使未来的移动银行更加开放，生态更加完善，具有更佳的体验。

开放，中小银行在移动端应用方面，要形成开放的用户机制，从以客户为中心的经营理念出发，重新构建系统体系，基于开放战略，给移动端应用APP提供更多有价值的用户。

场景，是通过更加丰富、智能、交互的生活化体验，在生活与工作的环境中引入中小银行的金融产品和服务。移动端应用能够根据用户的需求把许多零散、单点的功能片段形成完善的生活场景。基于银行专业、丰富的探索分析、风险控制以及资产管理能力，可更具灵活性地满足用户的需求。扫码支付、远程开户、虚拟场景以及生物识别等前沿技术逐步发展成熟，运用 IT 科技的强大实力和完善的场景建设，让客户体验到方便、快捷的金融服务。中小银行基于丰富的场景和开放的生态，使客户享受到完善的移动金融服务，将移动端应用 APP 对接传统的金融服务，构建网上移动端银行，用户只需一部手机就可以在 ATM、网点、柜台与各种场景中获得信贷、理财与支付等与具体场景相结合的金融服务。

2. 线上线下渠道融合

在时代变革中，企业有限的资源与用户多样的需求产生的矛盾推动参与者走向共享和开放，在这场改革浪潮中，合作将会是大部分优质企业的必选渠道。形成具有巨大发展潜力、完善的"生态圈"是平台商业模式的核心所在。例如，招商银行与滴滴出行建立跨境合作关系，拓展了服务客户和场景的空间，带动产业链各方进行合作，形成多方合作共赢的局面。在连接移动端 APP 的基础上，对后端的风控能力、资产管理以及核心科技进行疏通，争取使前端更加体验化、智能化和交互化，实现"客户服务，如影随形"。

客户进行金融交易的渠道因互联网金融的兴起而不再限于网点，中小银行积极转变为以客户的出行、工作以及生活为主去探索金融服务需求，通过加大人力、物力以及财力的投入，形成由内到外的客户经营生态场景。金融科技跨界、监管趋严、息差收窄愈演愈烈，中小银行更加需要生存转型。然而，在资源能力、业务区域化以及资产规模等方面，中小银行仍有不足，一方面，难以形成全方位的客户经营生态圈；另一方面不能照搬大行的客户经营建设路径。

引进更多的智能自助设备、对业务流程进行再造以增强网点服务效能，充分利用金融科技支持营销决策与风控。借助数据挖掘技术对客户的行为数据进行深入分析，完善客户画像，从而准确掌握客户需求并快速响应。借助智能投顾帮客户做决策，通过人工智能对客户的风险偏好以及资产负债数据进行分析，让客户享受到标准化的投顾服务。金融科技赋能所投放的人力资源会在营销队伍中增添线下渠道，通过大数据智能营销系统形成精准化营销，让以"面对面"交流为主的客户拥有优质的服务体验。相比于线上渠道，线下渠道可以更有效增强客户体验，在面对面与客户交流的过程中增强客户的安全感和体验感。

中小银行要充分利用其本土的客群特点与金融服务优势，通过工具与数据驱动，形成差异化，有效结合线下线上场景完善区域客户经营，提高业务目标。线下渠道与线上渠道相融合形成了立体、全面的"新零售"渠道服务机制，实现了在任何时间、任何地点向客户提供高效、快捷的金融服务。在互联网时代，传统银行只有不断探索，主动面对，才能实现新时代银行转型。

3. 推动精准营销

金融科技发展迅猛，中小银行要迎合这个趋势，借助金融科技前沿技术，整合大数据，形成营销精准化，让客户体验到定制化、个性化的金融服务。中小银行要将经营理念转变为"客户是第一资源"，在深入发展精准营销管理的基础上，增强网点的竞争实力，形成区域内精准营销管理。

中小银行通常属于区域银行，对本土的客户更为熟悉。中小银行需要充分地收集、管理以及利用客户信息与行为数据。中小银行立足于市场的利器就是数据分析能力。以数据安全合规为前提，中小银行应该力图增强整合客户行为数据信息的能力，充分开展数据治理工作不断增强客户数据的完整性、时效性以及准确性，形成大数据和数据仓库等基础平台，通过引入行外数据，形成全方位的客户关系管理能力，打造金融服务和覆盖用户的全面标签机制，从而节约精准营销的成本，使其更具针对性。围绕增强客户体验与业务营销，着力开展数据分析工作，在触达客户的各方面寻求增强营销和客户体验的机遇。

中小银行在"大数据"的基础上，建立数据仓库平台，充分发掘数据信息的内在价值，对客群的特征进行深度分析，有针对性地推送营销信息，从而迅速加大手机银行、网上银行等电子银行的客户开通量。另外，通过整合电子银行，进一步挖掘客群潜能，有针对性地形成银行营销激励机制，以多种形式吸引客户使用，继而提高电子银行客户的使用量与客户黏性。

发掘目标客户，增强分析客户市场的能力，探索定位目标客户，有针对性地开展营销工作。根据目标客户，与第三方支付平台建立合作关系，制定激励性营销措施，比如使用快捷支付的用户同步开通手机银行支付等，深度挖掘网点前台的营销价值，形成整体营销。

在精准营销中，中小银行的企业文化与理念逐步转变为"一切从数据出发"。中小银行应尽可能地在前台引入大数据，形成以客户为中心的经营理念，充分发掘客户需求，实现个性化、定制化的客户体验。所以，在传统的数据分析基础上，充分挖掘客户需求，根据客户行为数据找出规律，再借助大数据技术获取细分群体的行为特征，实现目的明确、计划清晰的精准营销与服务。

14.3　变革运营组织体系，支撑核心业务发展

中小银行的产品和服务改革需要有灵活的组织体系支撑，在中小银行数字化转型的背景下，中小银行需要对传统运营流程进行改造，建立支持运营体系的新技术平台，并加快网点的转型发展，在此基础上，重新构建产品创新机制。

14.3.1　规划组织架构体系

中小银行按照自身战略定位向数字金融、消费金融、普惠金融等方向发展，应合理规划组织架构体系，建立运营架构调整和业务流程持续优化的目标，推进运营支持体系的变革。

中小银行在战略发展规划中纳入大数据能力建设，不受限于传统银行或信息技术部门的狭隘眼光，组织协调业务、管理、支持保障等多个部门大数据工作推进机制。同时，抓住与电商、电信、社交网络等大数据平台的合作机会，发展电子化金融商业模式，实现数据信息的交流和共享，加深金融服务与大数据平台的融合。另外，中小银行在大数据时代要加强各部门的交流

协作与互相支持，从而形成高效的金融服务体系。因此，为保障大数据项目符合战略层发展规划，中小银行必须强化决策层领导，在明确组织规划的同时确保组织具有较高灵活性和适应性。

在负债端，在大数据技术的支持下对客户需求进行深入了解，为客户提供符合其要求的产品与定价。在策略模型的基础上形成对市场需求的快速反应，及时为客户提供服务。借助场景直达客户需求，提升客户黏性。在智能平台的帮助下实现为客户提供全天候服务。

在资产端，建立资产配置体系。自主投资的核心是研发系统投资，通过金融数据库和资源配置模式与策略奠定底层基础，为建立资产配置体系提供投研支持；在标准化评价体系下，联合行内外数据库，实现对投资全流程进行评价，从而提高银行管理资产业务的能力。

系统建设的思路是基于管理系统、运营管理系统、资产配置系统建立智能化体系。系统建设要以金融逻辑和业务逻辑为基础，对系统的时间和功能标准进行规划，划分标准包括系统的紧迫性、重要性、所需资源数量、开发难度等，按照客户需求对标准版进行迭代升级，并将其嵌入银行原有系统模块中，实现运营架构全面整合。

14.3.2　储备灵活的运营技术

在运营领域，区块链、大数据、人工智能等新技术的应用越来越广泛。中小银行由于缺乏资金支持而无法完成对前沿技术的开发，而区块链等技术发展越发成熟从而导致成本降低，在这些技术上进行探索有助于未来银行业务的开展。中小银行要加强对技术应用场景的关注，借助技术提升灵活运营能力。

对于具有高潜力的金融科技公司，银行可以凭借股权投资、成立股权投资基金、并购等方式间接拥有这些公司的高技术人才和产品，从而实现金融科技创新。但银行要确保收购之后这些公司仍是独立组织且具备自主经营权，为业务拓展留下足够空间。比如，花旗风投是花旗银行设立的金融科技股权投资公司，美国 Square 公司是其投资标的，专注于支付过程中的商户服务和综合解决方案。

银行之间可以通过合作或合资的方式集中突破某特定产品、服务、功能，实现金融科技成果共享。银行通过与金融科技公司合作，利用其先进技术推动银行的流程与技术平台建设。比如，摩根大通通过与 On Deck Score 合作，共同开展小额贷款业务，借用对方的评分引擎解决了以往评分系统迟钝导致不能在当日或次日放款的问题，使小微客户享受到更优质的融资服务。另外，商业银行未必只能把互联网巨头定义为合作对象，可以根据自身实际，针对某产品或功能与中小型金融科技公司或互联网企业实行跨界合作。

中小银行可通过设立子公司作为培养金融科技研发和应用能力的孵化器。银行通过建立创新实验室、金融科技研究室等金融科技孵化机构实现与科技公司、创新企业、高校及科研机构的对接，这些金融科技孵化机构具备较强的抗风险能力和充足的资金，这不仅能够促进金融科技创新，还能储备人才。富国银行每年在新技术上的投资金额为 60 亿~80 亿美元，投资力度仅次于美国国土安全部。富国银行与具有潜力的新兴技术企业签署 Mentor 协议，对其进行专业银行知识指导，并为这些公司的技术测试开放银行后台。中小银行对于金融科技的具体应用应该加以思考。对于颠覆性强、符合自身发展需要、自身能力较强的底层技术创新，中小银行可以设立孵化器对该项技术进行把控；对于影响力大的技术创新，可在当前法律限制下争取政策先试先行，以投资、并购等手段实现快速切入并落地实施；对于发展潜力较大的金融服务前沿技术，以合作推动金融科技创新和成果共享。

14.3.3　更新产品创新机制

由于自身实力、区域和许可的限制，中小银行在产品研发方面通常处于被动地位，一是无力承担高成本主动创新，二是投放于市场的同质化产品不具有竞争优势。因此，中小银行应建立务实的产品研发战略，深耕区域市场资源，提升渠道和服务能力，支持产品创新。

1. 建立务实的产品研发战略

经济的不断发展促使中小企业成为中小银行优质稳定的服务对象。中小企业的发展会带来金融服务需求的增加，而中小银行则可以收获与中小企业共同成长之利。中小银行多为区域银行，更加熟悉当地的中小企业。中小银行需要积极利用大数据和机器学习等技术将中小企业发展成为未来客户，促进零售金融发展，以普惠金融为中心进行产品设计，实现营销成本、边际获客成本和风险管理成本降低。

在信贷授信方面，中小银行在人工智能、大数据技术的支持下，借助信用风险模型和机器算法，提高了识别欺诈风险的能力，创建高效的信贷授信流程，提升信贷审批和放款能力，从而获得较高的市场竞争优势，使客户需求得以满足。

在合约管理方面，中小银行在区块链技术的支持下，从各类数据源安全获取信息并进行计算，并在数据协作的基础上对数据治理基础进行优化完善，从而在多个环节提高了效率，包括营销、风控、身份认证、用户运营等环节；对合约进行多点化管理，部分场景业务下的道德风险也得以有效避免。

中小银行虽然在研发领域难以实现创新，但应紧跟这些技术的应用案例，结合自身特征将相对成熟的技术应用于自身发展，不把重心放在创新研发上，而是重点分析创新技术的业务价值，结合自身特点将金融科技创新成果应用于产品研发中。

2. 提升金融产品的服务价值

中小银行须以客户需求为中心，在建设产品体系时要形成对客户需求的动态管理能力，识别客户的显性金融需求，发掘客户的潜在金融需求。

中小银行须围绕客户体验，充分了解我国银行客户的年龄、消费行为、财产构成等特征，以收入水平、年龄结构、资产构成为依据细分客户群，为客户量身定制金融产品和服务，提高客户满意度，进一步优化产品体系建设，增加产品和服务的价值。

中小银行在与金融同业或相关机构合作过程中应充分发挥自身优势，通过错位竞争构建符合自身发展的金融生态，建立自身周围的金融产品"合作战线"，打通互联网金融企业和同行业周围的产品资源销售与管理渠道，使产品和服务的价值得以提高，充分利用市场资源，对渠道成本、运营成本和风控成本加以控制，提高客户体验。

3. 深耕区域内市场资源

中小银行在自身发展土壤的基础上，找到在本区域内深化业务和价值提升的机遇。目前我国经济发展迅速，立足自身所在区域深耕业务，不仅不会限制中小银行的发展步伐，反而有助于中小银行建立独具特色、不可复制的竞争优势。金融科技的快速发展降低了金融服务的门槛，在此背景下，中小企业可以在本区域内围绕自身熟悉的业务打造银企合作生态。比如与区域内税务机关建立合作关系，借助互联网和大数据技术，为当地企业报税提供自动化服务，同时通过大数据技术推动当地企业快速贷款业务的发展。又如，在小额快速支付技术的支持下与区域内交通部门针对公交卡开展业务合作。再如与当地医院建立合作关系，把挂号、缴费、叫号等功能嵌入网银、手机银行，提升客户体验。

4. 提升渠道服务能力

中小银行可以从客户接触频率最高的环节入手，对渠道协同能力和客户体验进行提高和改善；可以凭借人脸识别、机器学习等技术，实现账户开立和账户注销的智能化、自动化；可以与支付宝、微信等新支付方式全面对接，以互联网支付的客户体验标准对手机银行等业务流程进行重新梳理，通过指纹识别、人脸识别等技术，使客户体验快速业务办理，减少欺诈事件发生；可以凭借智能客服技术，使客户的问题能够被迅速回应。

中小银行要通过以人为本的互动设计来实现在所有渠道都能为客户提供个性化产品和服务，包括重新考虑和设计实体空间来反映数字化因素。数字和实体渠道与数据驱动的结合，可以激发各个渠道与客户互动的潜力。

目前一些中小银行通过建立直销银行、优化物理网点等方式实现与客户的互动，获客效果相当明显，然而大多数应用的成本相对较高但产能收效甚微。中小银行处在多渠道建设时段，各渠道通常"各行其是"，很难实现数据驱动的洞察，更不可能在所有渠道提供以人为本的统一体验。把客户旅程分析应用于渠道建设，站在客户的视角对线上线下渠道建设进行完善，将以人为本的数字化互动设计融入渠道设计中，建立具有原型设计、交付和大规模实现创新体验功能的互动渠道，加强与本地客户的互动。这就要求先要加强电子渠道建设，构造有层次的线下网点体系，然后再推进跨渠道协同整合，持续加强电子渠道建设并提高电子渠道柜面替代率，使线下资源得以释放。由此，可在大量需要人力物力的活动中投入柜员资源。基于线下网点体系，依据不同区域的需求，建设轻型网点、科技型网点、社区网点、专业化网点等。

第 15 章　谋定而后动，知止而有得

　　当前，技术革命推动经济社会从信息化社会向以人工智能广泛应用为特征的智慧社会迈进。互联网技术与金融科技的发展，不仅影响了中小银行传统业务领域，更是对中小银行的业务模式和经营理念形成了极大冲击。在此背景下，数字化转型成为中小银行未来生存发展的必然选择。数字化转型要求以体验为核心、以技术为驱动，在客户、场景、产品、服务等转化为数字形态的基础上，用数字思维和手段重塑中小银行业务和服务流程，实现内在价值提升。本书从经济环境、技术环境、监管环境方面探讨中小银行数字化转型的必然；从价值链理论、第一性原理和制度金融学理论出发，分析中小银行转型的内在逻辑；从内外部冲击、内外部交困以及差异化出路困境分析中小银行金融科技发展的问题；最后，从市场定位选择、技术发展策略、转型模式与对策建议，为中小银行金融科技发展提供路径支持。本书的主要结论对中小银行依据金融科技迈向未来，提供了丰富的理论意义与实践启示。

15.1　结论

　　本书立足于金融科技的分析框架，从中小银行面临的宏观经济环境、监管环境、技术环境和创新趋势出发，运用价值链理论、第一性原理、制度经济学理论，分析中小银行数字化转型困境，及如何运用金融科技手段探索中小银行转型策略、方法与模式，并基于对中小银行差异化定位、技术能力、

转型模式，提出中小银行转型路径建议。本书的主要研究结论主要有以下几点。

1. 内外部环境变化引发中小银行数字化转型的必然性

国内外经济环境发生了根本变化，外部经济环境错综复杂，全球化复苏不确定因素多，发达国家形势不明朗，新兴国家发展分化，全球经济治理滞后，使全球复苏仍待时日。外部环境困顿，推动我国转变发展模式，从要素、资本驱动向创新、知识驱动转变，经济增长要素发生根本变化。金融发展方向也发生了根本性变化，需要深化金融转型与发展，尤其是数字化转型，对接工业4.0、创新驱动发展战略，提升中小银行迈向未来的价值创造能力和市场竞争力。

经济下行压力与实体经济不振必然导致实体经济风险向金融领域传导，为防范化解重大系统性风险，监管部门基本监管逻辑着眼于着力防范化解重大金融风险，推动金融服务实体经济。通过分析金融系统风险传导路径，揭示金融潜在风险，预期未来金融监管从严趋势，以及金融监管理念思路创新，加速支持金融回归实体经济，对中小银行未来前瞻布局提供经验启示。

技术环境变化，为中小银行解决支持实体经济发展问题提供了新的手段。金融科技发展虽然影响传统银行业务，但给中小银行发展带来了机遇。一是技术机遇，为中小银行业务模式、风控模式、运营模式的迭代更新提供了支持；二是合作支持，中小银行与外部企业合作，可以形成良好的生态，增强核心竞争能力，降低成本；三是引入外部竞争，增强了中小银行的忧患意识，在金融多元化时代，让更多中小银行警醒，加快布局转型。

2. 相关理论阐释中小银行转型逻辑

随着信息技术、金融科技的发展，金融创新速度加快，中小银行价值链被重新拆分和再构。中小银行必须重新梳理价值链各环节，"以用户为中心、以服务谋发展"，深度理解用户需求，控制重要价值链环节，整合价值链并形成新型价值创造方式，保持核心竞争优势。

第一性原理阐释了中小银行创新本质是围绕用户需求对产品或服务进行的改造。第一性原理要求中小银行从用户需求出发，关注用户"痛点"，创造完全不同于传统线下的业务模式、业务流程，以更加便捷的方式为用户提供支持，实现虚拟银行的发展。

制度金融学理论指出，降低交易成本是银行转型的主要驱动力。回顾历史，银行从商业化到市场化，再到数字化，无不体现降低交易成本的需求。交易成本降低可以使中小银行将更多用户纳入服务范畴中，并以最低的风险为之提供综合化服务。金融科技手段支持中小银行交易成本降低，提高内外部交易效率，促进中小银行转型。

3. 中小银行面临的冲击与困境

随着互联网信息技术的发展，金融的进入门槛逐渐降低，中小银行面临着多元化的压力与挑战，侵蚀业务领域、分流客户、冲击发展模式等问题给中小银行转型带来了压力。中小银行的业务发展理念、服务运营模式、风险管理模式等亟待改变。

中小银行面临内外部交困局面，在外部合作方面，合作模式、风险防范、金融监管都面临着不确定性风险。在内部面临着战略支持、系统对接、组织支撑等方面的不足。在运营方面，场景建设、流程疏导、产品创新滞后，阻碍中小银行的转型发展。

金融科技成为中小银行化解压力，走出困境的有效抓手。中小银行在产品创新、渠道拓展、智能客服、风控管理等方面进行了探索，从发展方向、发展基础和发展路径等方面提出了中小银行金融科技差异化突围路径。

4. 中小银行金融科技转型策略

市场定位决定了中小银行的发展高度、发展思路和发展策略。中小银行根据技术能力、服务能力、运营能力等状况来确定自身定位，瞄准数字金融、普惠金融、虚拟金融、消费金融等发展方向，即数字金融改变业务模式，普惠金融是驱动中小银行未来业务发展和价值成长的蓝海，虚拟金融推动中小银行运营流程的改变，消费金融推动中小银行业务发展的场景化、平台化、开放性等，在此基础上，制定差异化金融科技发展策略，加快中小银行转型。

中小银行依靠金融科技能力实现突围。业务需求、用户需求决定了中小银行技术突围的新方向；在突围技术路线上，围绕业务发展进行线上技术改造，打通线上线下，推动业务协同发展。围绕业务流程，进行数字化技术革新，优化流程设计，提高流程效率。围绕运营进行智慧化技术创新，通过金融科技转型，构建虚拟网点、重塑流程模式设计，打造综合金融信息服务中心。创新转型策略，推动中小银行敏捷转型。

关于中小银行数字化转型发展建议，一是加强发展战略竞合，通过实施错位竞争战略，在发展核心技术能力的基础上，加强外部合作交流，增强优势突围能力。二是增强技术要素投入，加强专业人才要素培养，推动信息科技治理，改革运营支持系统，提高中小银行价值创造力和价值创造模式。三是变革运营组织体系，规划中小银行组织架构，储备灵活运营技术，更新产品创新机制，支撑核心业务发展。

15.2　进一步研究之处

本书基于金融科技框架探索了中小银行的未来发展之路，虽然以大量事实为依据，以前沿理论为支撑，但研究不足之处仍然较多，还需从以下几个方向进行进一步研究。

一是金融科技发展方兴未艾，目前本书只分析了主流金融科技对中小银行的影响，并且对其影响机制分析较为粗略。随着 5G 技术的发展，信息科学技术与金融科技会呈现出更多、更新的技术应用，这些技术对银行金融科技发展带来什么影响亟待进一步分析。如何在不确定技术应用前景下，选择合适的技术战略推进中小银行转型仍需进一步探索。

二是本书研究中小银行基于金融科技的未来发展，对于金融科技转型的效果和影响，多采用理论分析和案例讨论的方法，缺乏足够的样本数据进行实证研究。随着时间的推移，中小银行在金融科技支撑下的发展效果日渐显现，可以有充分的数据来支持采用数理统计方法进行分析，从实证研究的角度来验证本书的结论，使中小银行金融科技转型发展研究更为科学、严谨。

　　三是中小银行数字化转型策略、路径千差万别，与中小银行自身技术、人才、系统等诸多因素密切相关，如何才能化简去繁，为相似类型的中小银行转型提供可参考的路径选择模型及系统化的匹配资源步骤、实施方案等还需进一步深入研究。

参 考 文 献

[1] IMF课题组，李丽丽．金融科技、监管框架与金融服务业的变革［J］．新金融，2017（10）：8 - 14.

[2] 巴曙松，沈长征．从金融结构角度探讨金融监管体制改革［J］．当代财经，2016（9）：43 - 51.

[3] 蔡恒进，郭震．供应链金融服务新型框架探讨：区块链 + 大数据［J］．理论探讨，2019（2）：94 - 101.

[4] 曹宇青．金融科技时代下商业银行私人银行业务发展研究［J］．新金融，2017（11）：33 - 37.

[5] 曾薇，陈收，周忠宝．金融监管对商业银行产品创新影响——基于两阶段DEA模型的研究［J］．中国管理科学，2016（5）：1 - 7.

[6] 陈传龙．商业银行的转型发展［J］．中国金融，2016（24）：36 - 37.

[7] 陈洪转，徐佩，羊震．银行核心竞争力分析模型——价值链分析法［J］．统计与决策，2005（2）：103 - 104.

[8] 陈静．区块链技术下互联网金融的风险演化及防范［J］．宏观经济管理，2019（4）：76 - 84.

[9] 陈志峰，钱如锦．我国区块链金融监管机制探究——以构建"中国式沙箱监管"机制为制度进路［J］．上海金融，2018（1）：60 - 68.

[10] 程惠霞．银行价值链与竞争策略要素之矩阵研究［J］．当代财经，2007（8）：44 - 49.

[11] 道格拉斯·阿纳，亚诺斯·巴韦里斯，罗斯·伯克利，陈冲，朗玥．金融科技的发展：金融危机后的新模式［J］．新金融，2018（5）：9 - 15.

[12] 杜吕辉．农行农户小额信贷风险及规制路径［J］．财会学习，2019（11）：213.

［13］杜永红．大数据下的互联网金融创新发展模式［J］．中国流通经济，2015（7）：70－75.

［14］傅勇，邱兆祥，王修华．我国中小银行经营绩效及其影响因素研究［J］．国际金融研究，2011（12）：80－87.

［15］巩世广，郭继涛．基于区块链的科技金融模式创新研究［J］．科学管理研究，2016（4）：110－113.

［16］顾海峰，杨立翔．互联网金融与银行风险承担：基于中国银行业的证据［J］．世界经济，2018（10）：77－102.

［17］管征．商业银行转型的双轨策略［J］．中国金融，2017（10）：41－42.

［18］郭品，沈悦．互联网金融对商业银行风险承担的影响：理论解读与实证检验［J］．财贸经济，2015（10）：102－116.

［19］郭艳，王立荣，韩燕．金融市场中的区块链技术：场景应用与价值展望［J］．技术经济，2017（7）：110－116.

［20］洪崎．大数据与银行转型［J］．中国金融，2016（23）：55－56.

［21］侯敬文，程功勋．大数据时代我国金融数据的服务创新［J］．财经科学，2015（10）：26－35.

［22］侯世英，宋良荣．金融科技背景下中小银行转型研究：背景、战略布局与建议［J］．当代经济管理，2019（5）：85－91.

［23］胡援成，张朝洋．公司融资约束缓解：利率市场化与中小银行发展——来自中国上市公司的经验证据［J］．商业经济与管理，2016（10）：57－68.

［24］黄复兴．中小银行市场退出预警机制研究［J］．上海经济研究，2011（5）：60－71.

［25］黄林，李长银．智能化对银行业的影响及应对策略［J］．经济纵横，2017（10）：108－113.

［26］黄锐．金融区块链技术的监管研究［J］．学术论坛，2016（10）：53－59.

［27］姜明宇，周晓红．大数据背景下商业银行普惠金融信贷产品创新研究［J］．新金融，2019（3）：41－43.

［28］姜增明，陈剑锋，张超．金融科技赋能商业银行风险管理转型［J］．当代经济管理，2019（1）：85－90.

［29］蒋雨亭，史彦泽．我国商业银行金融创新的动力与监管制度的构建［J］．财经问题研究，2016（11）：51－58.

［30］黎映桃，刘伟．互联网与银行运营模式［J］．中国金融，2015（17）：96 – 97.

［31］李关政．经济周期、经济转型与商业银行系统性风险管理［M］．北京：经济管理出版社，2013.

［32］李桂花．新常态下的金融监管模式转型——制度和行为经济学的视角［J］．上海经济研究，2015（5）：19 – 25.

［33］李国平．中国银行业繁荣与危机［M］．厦门：厦门大学出版社，2014.

［34］李佳，钱晨，黄之豪．大数据时代：人工智能与商业银行创新［J］．新金融，2018（12）：31 – 36.

［35］李庆国．商业银行转型研究的文献述评［J］．现代经济探讨，2017（10）：117 – 125.

［36］李妍．金融监管制度、金融机构行为与金融稳定［J］．金融研究，2010（9）：198 – 206.

［37］李颖．科技与金融结合的路径和对策［M］．北京：经济科学出版社，2011.

［38］李增福．中小企业银行模式的国际比较及其历史经验批判——兼论我国科技银行的设立［J］．经济经纬，2010（2）：130 – 133.

［39］李政道，任晓聪．区块链对互联网金融的影响探析及未来展望［J］．技术经济与管理研究，2016（10）：75 – 78.

［40］梁斯，郭红玉．货币政策、商业银行杠杆与系统性金融风险［J］．学术论坛，2017（4）：92 – 99.

［41］林德发，余海萍．智能金融时代无人银行发展的困境及对策［J］．新金融，2019（2）：44 – 49.

［42］林后春．中国商业银行的转型［M］．北京：当代世界出版社，2008.

［43］林楠．基于区块链技术的供应链金融模式创新研究［J］．新金融，2019（4）：51 – 55.

［44］刘鹏．中国商业银行变革与转型：经济市场化中商业银行的作用与可持续发展［M］．北京：中国金融出版社，2014.

［45］刘泉．金融中介成长与价值链网络结构二元化升级——基于新新贸易理论拓展视角的经验研究［J］．中央财经大学学报，2013（10）：37 – 44.

［46］刘曦子，陈进，王彦博．互联网金融生态圈构建研究——基于商业生态系统视角［J］．现代经济探讨，2017（4）：53 – 57.

［47］刘志彪．科技银行功能构建：商业银行支持战略性新兴产业发展的关键问题研

究 [J]. 南京社会科学, 2011 (4): 1-7.

[48] 刘志强, 李学迎. 新常态背景下商业银行小微金融战略的路径选择 [J]. 理论学刊, 2017 (1): 84-89.

[49] 刘志洋, 宋玉颖. 商业银行流动性风险与系统性风险贡献度 [J]. 南开经济研究, 2015 (1): 131-143.

[50] 刘忠璐. 互联网金融对商业银行风险承担的影响研究 [J]. 财贸经济, 2016 (4): 71-85.

[51] 陆岷峰, 虞鹏飞. 互联网金融背景下商业银行 "大数据" 战略研究——基于互联网金融在商业银行转型升级中的运用 [J]. 经济与管理, 2015 (3): 31-38.

[52] 罗福周, 陆邦柱, 方永恒. 我国金融科技发展面临的现实问题与对策研究 [J]. 科学管理研究, 2018 (3): 100-103.

[53] 马莉莉, 徐丹凤. 价值链视角下金融深度、金融宽度与区域创新效率——基于 DEA-Tobit 两阶段模型 [J]. 科技管理研究, 2018 (4): 16-22.

[54] 马胜蓝. 以 "第一性原理" 思维构建银行科技项目需求管理体系 [J]. 福建金融, 2017 (9): 68-70.

[55] 马蔚华. 传统银行蝶变: 关于中国商业银行经营战略转型的思考 [M]. 北京: 中国金融出版社, 2012.

[56] 马宇. 风险分担机制变迁、银行经营模式转型与银行安全 [J]. 金融经济学研究, 2010 (3): 74-82.

[57] 梅良勇, 刘勇. 金融危机背景下日韩政策性银行转型及其启示——基于 DBJ 和 KDB 的转型分析 [J]. 财政研究, 2011 (1): 77-80.

[58] 倪以理等. 集约化、智能化、跨越式发展零售银行之路 [J]. 新金融, 2017 (10): 32-38.

[59] 聂正彦. 金融转型、技术创新与中国经济发展方式的转变 [J]. 经济理论与经济管理, 2012 (5): 72-79.

[60] 潘英丽. 论金融抑制与金融转型 [J]. 探索与争鸣, 2013 (2): 69-72.

[61] 潘英丽. 中国经济转型的紧迫性及其对金融转型的内在要求 [J]. 国际经济评论, 2010 (5): 87-98.

[62] 乔桂明, 吴刘杰. 多维视角下我国商业银行盈利模式转型思考 [J]. 财经问题研究, 2013 (1): 48-52.

[63] 乔海曙, 杨彦宁. 金融科技驱动下的金融智能化发展研究 [J]. 求索, 2017

（9）：53 – 59.

［64］乔海曙，谢姗姗．区块链驱动金融创新的理论与实践分析［J］．新金融，2017（1）：45 – 50.

［65］邱晗，黄益平，纪洋．金融科技对传统银行行为的影响——基于互联网理财的视角［J］．金融研究，2018（11）：17 – 29.

［66］阙方平．大数据时代银行业十大转型趋向［J］．银行家，2013（11）：25 – 29.

［67］李庆国．商业银行转型研究的文献述评［J］．现代经济探讨，2017（10）：117 – 125.

［68］申学清．新常态下城市商业银行战略转型研究［M］．北京：中国金融出版社，2016.

［69］沈伟．金融科技的去中心化和中心化的金融监管——金融创新的规制逻辑及分析维度［J］．现代法学，2018（3）：70 – 93.

［70］斯金纳．FinTech，金融科技时代的来临［M］．北京：中信出版社，2016.

［71］宋光辉，许林，郭文伟．中小商业银行发展战略效率评价研究——基于中小企业融资的视角［J］．山西财经大学学报，2010（7）：30 – 36.

［72］苏艳丽，谢君平．小额贷款公司业务风险识别与控制分析［J］．沈阳师范大学学报（社会科学版），2019（2）：79 – 84.

［73］粟勤，魏星．金融科技的金融包容效应与创新驱动路径［J］．理论探索，2017（5）：91 – 97.

［74］隋军．供给侧结构性改革背景下中小银行的转型发展研究［J］．上海金融，2017（5）：93 – 95.

［75］孙国茂．区块链技术的本质特征及其金融领域应用研究［J］．理论学刊，2017（2）：58 – 67.

［76］孙杰，贺晨．大数据时代的互联网金融创新及传统银行转型［J］．财经科学，2015（1）：11 – 16.

［77］孙娜．新形势下金融科技对商业银行的影响及对策［J］．宏观经济管理，2018（4）：72 – 79.

［78］孙宗宽．我国中小商业银行全面风险管理研究［J］．人文杂志，2012（6）：56 – 63.

［79］塔琳，李孟刚．区块链在互联网金融征信领域的应用前景探析［J］．东北大学学报（社会科学版），2018（5）：466 – 474.

［80］唐于红.小额贷款企业人力资源风险管理研究——基于广西小额贷款企业的调查［J］.知识经济，2019（12）：81－84.

［81］陶长琪，琚泽霞.金融发展视角下环境规制对技术创新的门槛效应——基于价值链理论的两阶段分析［J］.研究与发展管理，2016（1）：95－102.

［82］滕冲.城商行发展转型路径研究［M］.北京：中国金融出版社，2012.

［83］田娇，王擎.银行资本约束、银行风险外溢与宏观金融风险［J］.财贸经济，2015（8）：74－90.

［84］汪可，吴青，李计.金融科技与商业银行风险承担——基于中国银行业的实证分析［J］.管理现代化，2017（6）：100－104.

［85］汪可，吴青.金融科技对我国银行业系统性风险影响研究［J］.管理现代化，2018（3）：112－116.

［86］汪可.金融科技、价格竞争与银行风险承担［J］.哈尔滨商业大学学报（社会科学版），2018（1）：40－48.

［87］汪可.金融科技、利率市场化与商业银行风险承担［J］.上海经济，2018（2）：108－116.

［88］王聪聪，党超，徐峰等.互联网金融背景下的金融创新和财富管理研究［J］.管理世界，2018（12）：168－170.

［89］王刚，徐畅，苗露阳.引导银行业回归本源提升服务实体经济能力研究［J］.经济纵横，2017（8）：109－117.

［90］王炯.社会价值链理论与中国商业银行转型［J］.开放导报，2015（6）：88－90.

［91］王硕，张春霞.新常态下国有商业银行战略转型及创新重点分析［J］.现代管理科学，2015（10）：37－39.

［92］王硕.区块链技术在金融领域的研究现状及创新趋势分析［J］.上海金融，2016（2）：26－29.

［93］王伟光，张钟元，侯军利.创新价值链及其结构：一个理论框架［J］.科技进步与对策，2019（1）：36－43.

［94］王龑，史永东.科技金融反哺银行业的异质性研究——来自区域性银行的经验证据［J］.科学学研究，2017（12）：1821－1831.

［95］王应贵，梁惠雅.金融科技对商业银行价值链的冲击及应对策略［J］.新金融，2018（3）：53－58.

［96］王煜宇，何松龄．制度金融学理论与中国金融法治发展：理论述评［J］．经济问题探索，2017（4）：155 - 162.

［97］韦颜秋，黄旭，张炜．大数据时代商业银行数字化转型［J］．银行家，2017（2）：128 - 131.

［98］蔚赵春，凌鸿．商业银行大数据应用的理论、实践与影响［J］．上海金融，2013（9）：28 - 32 + 116.

［99］魏国雄．大数据与银行风险管理［J］．中国金融，2014（15）：25 - 27.

［100］吴朝平．商业银行跨界拥抱金融科技的动因、新特征和着力点［J］．上海金融，2018（6）：58 - 60.

［101］吴晓求，许荣．金融理论的发展及其演变［J］．中国人民大学学报，2014（4）：33 - 40.

［102］吴妍妍．科技金融服务体系构建与效率评价［J］．宏观经济研究，2019（4）：162 - 170.

［103］肖兰华．我国中小商业银行经营模式转型研究［M］．武汉：武汉大学出版社，2012.

［104］肖鹰．银行发展和监管转型探讨［J］．中国金融，2015（21）：43 - 45.

［105］谢平，邹传伟，刘海二．互联网金融监管的必要性与核心原则［J］．国际金融研究，2014（8）：3 - 9.

［106］谢治春，赵兴庐，刘媛．金融科技发展与商业银行的数字化战略转型［J］．中国软科学，2018（8）：184 - 192.

［107］熊良俊．聚焦银行科技前沿：来自金融机构和监管者的思考［M］．北京：中国金融出版社，2012.

［108］修永春，庞歌桐．我国银行系金融科技公司发展问题探究［J］．新金融，2019（4）：60 - 63.

［109］徐炜．浅析宏观审慎评估体系下商业银行的转型［J］．上海金融，2017（2）：88 - 91.

［110］徐忠，邹传伟．区块链能做什么、不能做什么？［J］．金融研究，2018（11）：5 - 20.

［111］鄢章华，刘蕾，李倩．区块链体系下平行社会的协同演化［J］．中国科技论坛，2018（6）：50 - 58.

［112］阎庆民，谢翀达，骆絮飞．银行业金融机构信息科技风险监管指标与资本计量

研究［J］．金融研究，2013（11）：111 – 125.

［113］阎庆民．银行业金融机构信息科技风险监管研究［M］．北京：中国金融出版社，2013.

［114］阳建勋．公司治理与金融监管互动中的银行股东道德风险规制［J］．现代法学，2018（4）：123 – 136.

［115］杨慧琴，孙磊，赵西超．基于区块链技术的互信共赢型供应链信息平台构建［J］．科技进步与对策，2018（5）：21 – 31.

［116］杨松，张永亮．金融科技监管的路径转换与中国选择［J］．法学，2017（8）：3 – 14.

［117］杨文尧天，何海锋．创新与监管：国内金融科技研究述评［J］．科技与法律，2019（1）：89 – 94.

［118］杨志华．美国中小银行发展经验与启示［J］．中共中央党校学报，2014（6）：46 – 48.

［119］姚舜达，朱元倩．银行业转型背景下的货币政策与金融监管协调［J］．金融经济学研究，2017（5）：19 – 29.

［120］易宪容．金融科技的内涵、实质及未来发展——基于金融理论的一般性分析［J］．江海学刊，2017（2）：13 – 20.

［121］羿建华，郭峰．小额贷款公司能服务普惠金融发展吗？——来自山东省的证据［J］．济南大学学报（社会科学版），2018（6）：105 – 118 + 159.

［122］尹海员，王盼盼．我国互联网金融监管现状及体系构建［J］．财经科学，2015（9）：12 – 24.

［123］于文强，郭继辉，李烨，邹小玉．商业银行转型升级的内驱动力——基于创新效率视角的研究［J］．金融论坛，2017（3）：37 – 50.

［124］俞燕．我国准金融机构监管的实践与反思［J］．世界经济与政治论坛，2014（4）：140 – 155.

［125］喻微锋，周黛．互联网金融、商业银行规模与风险承担［J］．云南财经大学学报，2018（1）：59 – 69.

［126］袁庆禄．监管当局与商业银行对资本充足率形成的影响测度［J］．上海经济研究，2014（5）：38 – 46.

［127］张建芬，佘运九，刘佳．大数据应用与商业银行智慧信贷转型［J］．农村金融研究，2018（7）：9 – 13.

［128］张杰．制度金融理论的新发展：文献述评［J］．经济研究，2011（3）：145－159.

［129］张守川．从金融监管改革新形势看商业银行风险管理转型升级的着力点［J］．宏观经济研究，2012（1）：33－37.

［130］张斯琪．金融科技视角下银行对民营企业的信贷支持及监管分析［J］．新金融，2019（3）：35－40.

［131］张暾，刘文芳，邢绪文．互联网金融背景下传统银行经营模式的转型及策略［J］．现代管理科学，2016（5）：39－41.

［132］张晓玫，梁洪，蒋昊然．区块链金融模式与小微企业信贷配给［J］．上海金融，2016（7）：35－40.

［133］张晓朴，卢钊．金融监管体制选择：国际比较、良好原则与借鉴［J］．国际金融研究，2012（9）：79－87.

［134］张影，高长元，何晓燕．基于价值链的大数据服务生态系统演进路径研究［J］．情报理论与实践，2018（6）：58－63.

［135］赵付玲，安锋，张晓锋．大数据时代商业银行信息化问题浅析［J］．金融理论与实践，2013（10）：56－60.

［136］赵增奎．以区块链技术推动互联网金融稳健发展研究［J］．经济纵横，2017（11）：112－117.

［137］周晓琛，杨青．商业银行客户关系管理的价值链模型研究［J］．金融论坛，2008（12）：48－53.

［138］周再清，姜雨含，彭磊．中国银行业资本监管新规的激励相容特性研究［J］．财经理论与实践，2016（2）：15－20.

［139］周仲飞，李敬伟．金融科技背景下金融监管范式的转变［J］．法学研究，2018（5）：3－19.

［140］朱娟．我国区块链金融的法律规制——基于智慧监管的视角［J］．法学，2018（11）：129－138.

［141］朱宁，梁林，沈智扬，杜文洁．经济新常态背景下中国商业银行内生性效率变化及分解［J］．金融研究，2018（7）：112－127.

［142］朱兴雄，何清素，郭善琪．区块链技术在供应链金融中的应用［J］．中国流通经济，2018（3）：111－119.

［143］Aleksandr G. The end of alchemy：Money，banking，and the future of the global economy [J]. Business Economics, 2017, 29 (2): 1 – 3.

[144] Alsajjan B, Dennis C. Internet banking acceptance model: Cross – market examination [J]. Journal of Business Research, 2011, 63 (9): 957 – 963.

[145] Atanasova C. Access to institutional finance and the use of trade credit [J]. Financial Management, 2007, 36 (1): 49 – 67.

[146] Avadhani V A. Rural retrogression and institutional finance [J]. Economic & Political Weekly, 1979, 14 (26): 75 – 84.

[147] Avgouleas E, Goodhart C, Schoenmaker D. Bank resolution plans as a catalyst for global financial reform [J]. Journal of Financial Stability, 2013, 9 (2): 210 – 218.

[148] Banker D, Mashruwala R, Tripathy A. Does a differentiation strategy lead to more sustainable financial performance than a cost leadership strategy? [J]. Management Decision, 2014, 52 (5): 872 – 896.

[149] Battilossi S. The eurodollar revolution in financial technology: Deregulation, innovation and structural change in western banking [M]. Financial Markets and Organizational Technologies. 2010.

[150] Beigi M, Shirmohammadi M. Effects of an emotional intelligence training program on service quality of bank branches [J]. Managing Service Quality, 2011, 21 (5): 552 – 567.

[151] Benjamin M. Tabak, Dimas M. Fazio, Karine O. Paiva O. Cajueiro. Financial stability and bank supervision [J]. Finance Research Letters, 2016 (18): 322 – 327.

[152] Campanella F, Peruta D, Giudice D. The effects of technological innovation on the banking sector [J]. Journal of the Knowledge Economy, 2017, 8 (1): 356 – 368.

[153] Chan K S, Dang V Q T, Yan I K M. Financial reform and financing constraints: Some evidence from listed Chinese firms [J]. China Economic Review, 2012, 23 (2): 482 – 497.

[154] Chishti S, Barberis J. Current trends in financial technology [M]. The FinTech Book: The Financial Technology Handbook for Investors, Entrepreneurs and Visionaries, 2016.

[155] Delis M D. Bank competition, financial reform, and institutions: The importance of being developed [J]. Journal of Development Economics, 2010, 97 (2): 450 – 465.

[156] Doumpos M, Gaganis C, Pasiouras F. Central bank independence, financial supervision structure and bank soundness: An empirical analysis around the crisis [J]. Journal of Banking & Finance, 2015, 61: 69 – 83.

［157］ Dymski G A, Veitch J M. Financial transformation and the metropolis：Booms, busts, and banking in Los Angeles ［J］. Environment & Planning A, 2015, 28 （7）：1233 - 1260.

［158］ Gaganis C, Pasiouras F. Financial supervision regimes and bank efficiency：International evidence ［J］. Journal of Banking & Finance, 2013, 37 （12）：5463 - 5475.

［159］ Garcia C A. Institutional development and bank competitive transformation in late industrializing economies：the Spanish case ［J］. Business & Politics, 2016, 18 （1）：27 - 62.

［160］ Herring R, Carmassi J. The structure of cross - sector financial supervision ［J］. Financial Markets Institutions & Instruments, 2010, 17 （1）：51 - 76.

［161］ Jagtiani J, Vermilyea T, Wall D. The roles of big data and machine learning in bank supervision ［M］. 2018.

［162］ Joju J, Vasantha S, Manoj K. Financial technology and service quality in banks：Some empirical evidence from the old private sector banks based in Kerala, India ［J］. International Journal of Applied Business & Economic Research, 2017, 15 （16）：447 - 457.

［163］ Kai K, Mørch L S, Sørensen H D. Managing the value chain in a large Nordic bank：The case of Danske Bank ［M］. Management Models for the Future, 2009.

［164］ Kolesova V, Girzheva S. Impact of financial technologies on the banking sector ［J］. 2018, 3 （2）：215.

［165］ Liu D, Chen S, Chou T. Resource fit in digital transformation：Lessons learned from the CBC Bank global e - banking project ［J］. Management Decision, 2011, 49 （10）：1728 - 1742.

［166］ Lundahl N, Silver L. Aiming for a perceived partnership in relationship lending：a viable tool for differentiation in financial services? ［J］. International Journal of Management & Enterprise Development, 2013, 12 （4/5/6）：277 - 295.

［167］ Macdonald T J, Allen D W E, Potts J. Block chains and the boundaries of self - organized economies：Predictions for the future of banking ［M］. Banking Beyond Banks and Money, 2016.

［168］ Zachariadis M, Hileman G, Scott V. Governance and control in distributed ledgers：Understanding the challenges facing block chain technology in financial services ［J］. Information and Organization, 2019, 29 （2）：105 - 117.

［169］ Neyapti B, Dincer N. Macroeconomic impact of bank regulation and supervision：A cross – country investigation [J]. Emerging Markets Finance & Trade, 2014, 50 (1): 52 – 70.

[170] Entrop O, Memmel C, Ruprecht B, et al. Determinants of bank interest margins: Impact of maturity transformation [J]. Journal of Banking & Finance, 2015, 54 (4): 1 – 19.

[171] Pietrobelli C, Staritz C. Upgrading, interactive learning, and innovation systems in value Chain interventions [J]. European Journal of Development Research, 2018, 30 (3): 557 – 574.

[172] Rahman N, Iverson S. Big data business intelligence in bank risk analysis [M]. 2015.

[173] Rui W, Lin Z, Hang L. Block chain, bank credit and SME financing [J]. Quality & Quantity, 2018 (2): 1 – 14.

[174] Schulte P. The next revolution in our credit – driven economy: The advent of financial technology years [M]. 2015.

[175] Shen M G, Huang J K, Zhang L X, et al. Financial reform and transition in China: a study of the evolution of banks in rural China. [J]. Agricultural Finance Review, 2010, 70 (3): 305 – 332.

[176] Thavaraj S. A study on identifying the level of emotional intelligence among bank managers in madurai district, south India [J]. Researchers World, 2012, 3 (2): 58 – 67.

[177] Ulieru M. Blockchain 2. 0 and beyond: Adhocracies [M]. Banking Beyond Banks and Money. 2016.

[178] Weiss C. The world bank's support for science and technology [J]. Science, 1985, 227: 261 – 265.

[179] Whaling L. Technological innovation and the U. S. banking industry: Innovation in the U. S. retail and wholesale banking sectors [J]. Technology in Society, 1996, 18 (4): 477 – 501.

[180] Wonglimpiyarat J. From SME Bank to technology bank: Managing the risk capital for generating new businesses and innovations [J]. International Journal of Entrepreneurship & Innovation, 2006, 7 (4): 251 – 259.

后 记

　　经济新常态背景下，我国银行业发展面临着利差缩小、利润增长变缓、金融杠杆升高、信用风险持续积累等问题，传统发展模式难以为继。中小商业银行主动顺应时势，加快推进数字化转型的步伐。

　　金融科技是推动中小商业银行数字化转型的决定性因素。一方面，金融科技的快速发展给中小商业银行数字化转型带来了新的机遇。"以客户体验为中心"和"特色化的产品与服务"作为差异化发展战略下的两翼，以金融科技作为发动机，在客户、场景、产品、服务转化为数字形态的基础上，用数字思维和手段重塑银行业务和服务流程，快速响应客户需求、迭代创新产品、变革业务模式等，驱动新型价值银行发展；另一方面，金融科技也给中小商业银行转型发展带来了新的挑战，金融科技聚焦于银行数字化转型，但数据割裂、信息孤岛、资源匮乏的中小商业银行，如何通过科技赋能才能更好地实现以客户体验为核心、以数据为基础、以技术为驱动的营销精准化、运营智能化、风控自动化、组织敏捷化、系统平台化等方面的突破式发展，成为当前中小商业银行实现数字化转型的关键。

　　结合理论与实践探索，作者致力于探讨中小商业银行金融科技背景下数字化转型问题，尝试着为我国中小商业银行的数字化转型发展贡献智慧力量。作者通过介绍新时代背景下的经济形势、监管形势、技术前沿，对中小商业银行转型背景及转型必然性进行分析；通过价值链理论、第一性原理、制度金融学理论阐释银行转型的内在逻辑，明确中小商业银行转型发展新思路；通过剖析中小商业银行转型的内外部困境及其根源，深入挖掘中小商业银行转型的制度障碍，并探索中小商业银行当前金融科技发展的现状，为中小商业银行数字化转型发展提供出发的基础；通过分析中小商业银行差异化定位、技术迭代、场景创新、模式再造等，为中小商业银行数字化转型发展提供实现的路径。

在本书即将出版之际，首先要感谢中国人民银行郑州中心支行行长、经济学博士、博士生导师徐诺金教授，国家金融与发展实验室副主任、经济学博士、博士生导师曾刚教授为本书作序；其次要感谢平顶山银行金融研究所、博士后科研工作站李文亮博士、感谢郑州银行金融研究院、博士后科研工作站王立清博士等，他们在帮助搜集基础资料方面做了最大的努力；最后，还要感谢中国金融出版社陈翎主任，她为本书的编辑、校对及出版做了大量工作。

本书虽历经多次修改完善，但由于笔者自身水平有限，仍难免存在一些错误和缺点，真诚欢迎各位关心中小商业银行数字化转型的同仁和社会各界读者朋友不吝赐教与批评指正。

2019 年 10 月 1 日